外国语言文学核心概念与关键术语丛书

庄智象◎总主编

# 生态语言学

## 100核心概念与关键术语

赵蕊华　黄国文◎编著

清華大學出版社

北　京

## 内 容 简 介

本书筛选生态语言学的30个核心概念和70个关键术语进行系统性梳理和阐释，包括其渊源、意义、功能和价值，并提供相关概念和术语的互参方法，集专业性、易读性、包容性于一体。本书展示了生态语言学（包括生态话语分析）核心概念和关键术语的内涵及其在学科和理论中的地位和作用，帮助读者形成对生态语言学由浅入深的理解。

本书适合初涉生态语言学领域的学习者，包括高等院校的本科生、硕士生、博士生和年轻教师，同时也可作为专业研究人员的术语参考用书，为生态语言学研究提供多个研究角度和研究起点。



**图书在版编目（CIP）数据**

生态语言学100核心概念与关键术语 / 赵蕊华，黄国文编著 . 北京：清华大学出版社，2025.6. --（外国语言文学核心概念与关键术语丛书）. --ISBN 978-7-302-68584-5

Ⅰ. H0-05

中国国家版本馆CIP数据核字第2025HD9975号

**策划编辑**：郝建华
**责任编辑**：杨文娟
**封面设计**：李伯骥
**责任校对**：王荣静
**责任印制**：刘　菲

**出版发行**：清华大学出版社
**网　　址**：https://www.tup.com.cn, https://www.wqxuetang.com
**地　　址**：北京清华大学学研大厦A座　**邮　　编**：100084
**社 总 机**：010-83470000　**邮　　购**：010-62786544
**投稿与读者服务**：010-62776969, c-service@tup.tsinghua.edu.cn
**质量反馈**：010-62772015, zhiliang@tup.tsinghua.edu.cn
**印 装 者**：三河市铭诚印务有限公司
**经　　销**：全国新华书店
**开　　本**：155mm×230mm　**印　　张**：19.25　**字　　数**：236千字
**版　　次**：2025年6月第1版　**印　　次**：2025年6月第1次印刷
**定　　价**：98.00元

---

产品编号：093067-01

# 总序

何谓“概念”？《现代汉语词典》（第 7 版）的定义是：“概念：思维的基本形式之一，反映客观事物的一般的、本质的特征。”人类在认识世界的过程中，把所感觉到的事物的共同特点提取出来，加以概括，就成为“概念”。例如，从白雪、白马、白纸等事物里提取出它们的共同特点，就得出“白”的概念。《辞海》（第 7 版）给出的定义是：“概念：反映对象的特有属性的思维方式。”人们通过实践，从对象的许多属性中，提取出其特有属性，进而获得“概念”。概念的形成，标志着人的认识已从感性认识上升到理性认识。概念都有内涵和外延，内涵和外延是互相联系、互相制约的。概念不是永恒不变，而是随着社会历史和人类认识的发展而变化的。权威工具书将“概念”定义为“反映事物本质特征，从感性或实践中概括、抽象而成”。《牛津高阶英汉双解词典》（第 9 版）中 concept 的释义是：“concept: an idea or a principle that is connected with sth. abstract（概念／观念：一个与抽象事物相关的观念或原则）; ~(of sth.) the concept of social class（社会等级的概念）; concept such as ‘civilization’ and ‘government’（诸如“文明”和“政府”的概念）。”《新牛津英汉双解大词典》（第 2 版）对 concept 词条的界定是：“concept: (Philosophy) an idea or thought which corresponds to some distinct entity or class of entities, or to its essential features, or determines the application of a term (especially a predicate), and thus plays a part in the use of reason or language［思想／概念：（哲学）一种观念或思想，与某一特定的实体或一类实体或其本质特征相对应，或决定术语（尤其是谓词）的使用，从而在理性或语言的使用中发挥作用]。"权威工具书同样界定和强调概念是从事物属性中抽象出来的理念、本质、观念、思想等。

何谓"术语"？《现代汉语词典》（第7版）就该词条的解释是："术语：某一学科中的专门用语。"《辞海》（第7版）给出的定义是："术语：各门学科中的专门用语。"每一术语都有严格规定的意义，如政治经济学中的"商品""商品生产"，化学中的"分子""分子式"等。《牛津高阶英汉双解词典》（第9版）中 term 的释义是："term: a word or phrase used as the name of sth., especially one connected with a particular type of language（词语；术语；措辞）; a technical/legal/scientific, etc. term（技术、法律、科学等术语）。" terminology 的释义是："terminology: the set of technical word or expressions used in a particular subject [（某学科的）术语，如 medical terminology 医学术语]。"《新牛津英汉双语大词典》（第2版）中 term 的释义是："term: a word or phrase used to describe a thing or to express a concept, especially in a particular kind of language or branch of study（专门名词，名称，术语）; the musical term 'leitmotiv'（音乐术语'主导主题'）; a term of abuse（辱骂用语；恶语）。" terminology 的解释是："terminology: the body of terms used with a particular technical application in a subject of study, theory, profession, etc.（术语）; the terminology of semiotics（符号学术语）; specialized terminologies for higher education（高等教育的专门术语）。"

上述四种权威工具书对"概念"和"术语"的界定、描述和释义以及给出的例证，简要阐明了其内涵要义，界定了"概念"与"术语"的范畴和区别。当然，"概念"还涉及名称、内涵、外延、分类、具体与抽象等，“术语”也涉及专业性、科学性、单义性和系统性等方面，因而其地位和功能只有在具体某一专业的整个概念系统中才能加以规定，但基本上可以清晰解释本丛书所涉及的核心概念和关键术语的内涵要义等内容。

从上述的定义界定或描述中，我们不难认识和理解，概念和术语在任何一门学科中，无论是自然科学学科还是人文社会科学学科，都扮演着重要的角色，在任何专业领域都起着至关重要的作用。它们不仅是学科知识的基石，也是专业交流的基础。概念和术语的内涵和外延是否界定清晰，描写、阐述是否充分、到位，对学科建设和专业发展关系重大。清晰界定学科和专业的核心概念和关键术语，能更好地帮助我们构建知识体系，明确学科研究对象、研究范围和研究方法，为学科建设和发展提供理论支撑；在专业发展、学术研究、学术规范、学术交流与合作中，为构建共同语言和话语标准、规范和体系，顺畅高效开展各类学术交流活动发挥积极的重要作用。无论是外国语言研究、外国文学研究、翻译研究还是比较文学与跨文化研究、国别与区域研究，厘清、界定核心概念和关键术语有利于更好地推进学科建设、专业发展、学术研究、人才培养、学术交流和国际合作，对于研究生的培养、学术（位）论文的写作与发表而言尤其重要。有鉴于此，我们策划、组织编写了“外国语言文学核心概念与关键术语丛书”。

本丛书聚焦外国语言学、外国文学、翻译学、比较文学与跨文化研究、国别和区域研究等领域的重点和要点，筛选出各领域最具代表性的100核心概念与关键术语，其中核心概念30个，关键术语70个，并予以阐释，以专业、权威又通俗易懂的语言呈现各领域的脉络和核心要义，帮助读者提纲挈领地抓住学习重点和要点。读懂、读通100核心概念与关键术语便能抓住并基本掌握各领域的核心要义，为深度学习打下扎实基础。

本丛书的核心概念与关键术语词目按汉语拼音编排，用汉语行文。核心概念 30 个，每个核心概念的篇幅 2000—5000 字，包括“导语”“定义”（含义）、“功能”“方法”“讨论”“参考文献”等，既充分发挥导学、概览作用，又能为学习者的深度学习提供指向性的学习路径。关键术语 70 个，以学习、了解和阐释该学科要义最不可或缺的术语作为选录标准，每条术语篇幅约 500 字，为学习者提供最清晰的术语释义，为学习者阅读和理解相关文献奠定基础。为方便查阅，书后还提供核心概念与关键术语的附录，采用英—汉、汉—英对照的方式，按英语字母顺序或汉语拼音顺序排列。本丛书的读者对象是外国语言文学和相关专业的本科生、研究生、教师和研究人员以及对该学科和专业感兴趣的其他人员。

本丛书的策划、组织和编写得到了全国外语界相关领域的专家、学者的大力支持和热情帮助。他们或自己撰稿，或带领团队创作，或帮助推荐、遴选作者，保证了丛书的时代性、科学性、系统性和权威性。不少作者为本丛书的出版牺牲了很多个人时间，放弃了休闲娱乐，付出了诸多辛劳。清华大学出版社的领导对本丛书的出版给予了极大的支持，外语分社的领导为丛书的策划、组稿、编审校工作付出了积极的努力并做了大量的默默无闻的工作。上海时代教育出版研究中心为本丛书的研发、调研、组织和协调做了许多工作。在此向他们一并表示衷心的感谢和深深的敬意！

囿于水平和时间，本丛书难免存在疏漏和差错，敬请各位读者批评、指正，以期不断完善。

庄智象<br>2024 年 4 月

# 前言

生态语言学，从字面上看，包含“生态”和“语言”，涉及生态学和语言学两个学科的知识。这是对生态语言学的狭义解释，将其视为融合了生态学和语言学的交叉学科研究。但是，为了深入且广泛地开展生态语言学研究，除了生态学和语言学这两个核心领域的知识以外，研究者还需要同时了解或具备哲学、伦理学、人类学、心理学、社会学、传播学等多个学科的知识和技能。因此，我们更倾向于将生态语言学视为涉及多个学科的跨学科研究或多学科研究。此外，国内外都有学者认为生态语言学是超学科研究。它作为一个上义词，包含了前述的各个学科，协调不同学科之间的关系并促成学科间合作，致力于构建系统化的普遍理论（参见 Jantsch，1972[1]；Klein，2004[2]）。不论采用哪种视角，生态语言学研究的都是自然科学与人文科学、自然界与社会文化、物质与意识的互动与融合过程中与语言和生态有关的问题，其本身超越了二分法的局限，在吸收不同学科智慧的基础上推动语言、文化和自然之间关系的可持续发展。

生态语言学是自然科学与人文科学的融合。生态语言学打破传统自然科学与人文科学的对立冲突，将两者有机地结合在一起。一般认为，

---

1 Jantsch, E. 1972. *Technological Planning and Social Futures*. New York: John Wiley & Sons.

2 Klein, J. T. 2004. Prospects for transdisciplinarity. *Futures, 36*(4): 515–526.

自然科学与人文科学的最大区别在于主体性，即自然科学研究的是脱离人的意识的存在，是客观的，而人文科学涉及哲学、历史、伦理、文化、社会等，是主观的。但是，这种截然区分受到越来越多的质疑，在自然科学和人文科学领域都出现了跨学科借鉴、跨学科融合的呼声。在一个完整的生态系统中，万事万物都是相互依存、相互影响的；要研究客体存在，不可能脱离人的思维，而要了解人的意识形态，也要从客体存在着手。因此，真正意义上的客观研究应该是自然科学和人文科学的结合。

生态语言学是自然界研究与社会文化研究的融合。自然界与社会文化统一于物质世界，而非割裂开来。生态系统包含人类社会，包括个体的语言、思维和活动、社群的传统和仪式、人类的文化与历史等，这些与自然界中的有机体、环境、资源并存，形成一个整体。举个简单的例子，如果某个社群或地区的主流文化仍然是经济增长至上，那么极有可能会对当地的生态环境产生破坏性影响。

生态语言学是物质研究与意识研究的融合。一般对物质与意识之间关系的解释是：物质决定意识，意识反映物质。但是，意识的作用并不仅限于反映物质，它还进一步反作用于物质并构建物质；而语言作为意识的载体和传播工具，对生态问题的作用是不言而喻的，这也成为生态语言学研究的一个切入点。

本书所收录的 100 个核心概念与关键术语（30 个核心概念和 70 个关键术语）跨越了多个学科，体现了生态语言学的跨学科属性。在概括层面，本书收录了“生态学”“语言学”“普通语言学”“适用语言学”和“生态语言学”这五个与生态语言学的产生和发展密切关联的术语，展示了生态语言学以问题（特别是生态、语言和文化相关问题）为导向，引导人的生态哲学观和价值观的特征。在具体层面，本书核心概念与关键术语的选取主要分为以下六个部分。

第一部分关于生态语言学的学科属性或学科定位、学科发展以及学科使命和目标。关于学科属性或学科定位的相关概念和术语包括“微观生态语言学”“宏观生态语言学”“跨学科”和“超学科”，其中“微观生态语言学”和“跨学科”将生态语言学视为语言学的一个应用分支，而“宏观生态语言学”和“超学科”将生态语言学看作超越了语言学和生态学及其他相关学科的上级学科。关于生态语言学学科发展特征的概念和术语包括“本土化”“生态学化”“生态转向”“政治性”等。关于生态语言学学科使命和发展目标的相关概念和术语包括“生态教育”“生态文明”“生态人”等。

第二部分关于生态语言学的研究模式、研究路径和研究视角。首先，本书纳入了生态语言学的两个经典模式——“豪根模式”（即“隐喻模式”“机构生态语言学”）和“韩礼德模式”（即“非隐喻模式”“系统生态语言学”）。此外，还包含一些目前被广泛认可的研究路径和研究视角，如“分布式语言观”“辩证语言学”“根性生态语言学”“和谐话语分析”“扩展生态假说”“绿色语法”“绿色语言”“生态话语分析”“语言世界系统”“语用生态语法”“环境”“生态系统语言学”“地球政治（环境政治）”等。

第三部分涉及不同研究模式和研究路径的进一步分类、具体概念、研究方法等。以豪根模式和韩礼德模式为例，在豪根模式下涉及“文化多样性”“语言霸权、语言帝国主义”“语言濒危”“语言多样性”“语言规划”“语言接触”“语言进化”“语言政策”等术语；在韩礼德模式下涉及“生态批评话语分析”“生态话语分析积极路径”“多层分析模式”“（概念）隐喻”“故事”“生态话语连续统”“以人为本假定”“良知原则”“亲近原则”“制约原则”“删略，提醒”“框架”“生态话语三分类型”“替代性话语”“反面话语”“生态哲学观”“双层分析框架”“凸显”“元功能生态维度”“言语行为”“身份”“叙事”等概念和术语。

第四部分关于生态语言学研究队伍的情况。伴随着不同的研究视角和研究内容侧重，世界各地出现了不同的研究团队，包括“阿德莱德团队”“比勒菲尔德学派”“地球语言组织”“格拉茨团队”“欧登塞团队”“国际生态语言学学会”“绿色运动”。这一部分术语主要介绍这些团队的代表人物及其研究侧重。

第五部分关于生态语言学研究中涉及的生态哲学观、价值观、意识形态、伦理等，包括“等级主义”“和谐”“可持续性”“浅层生态学”“人类中心主义”“深层生态学”“生态主义”“生态伦理”“意识形态”“消费主义”“物种主义”“增长主义”等概念和术语。一方面，这些意识领域的问题反映在语言中，以语言为载体进行传播；另一方面，语言的使用可以构建、强化、改变、重塑意识问题。

第六部分涉及不同学科和学派中影响生态语言学研究的概念和术语，主要涉及生态学、语言学、心理学、传播学、地质学、哲学和伦理学。生态学或环境学的一些理论和概念被应用到生态语言学中，被用于研究语言与其环境的关系，例如“传统生态知识”“盖亚假说”“生态位”“生态系统”等。在语言学领域，以问题和功能为导向的、推动生态语言学研究持续发展的思想和概念主要来自功能语言学和话语分析的相关理论，包括“及物性”“进化系统类型说”“马克思主义语言学观”“批评话语分析”“萨丕尔–沃尔夫假说”“语言功能”“主位”“信息”“情态”“模态”。除了生态学和语言学这两个主要领域，生态语言学研究还借用其他学科的理论和方法，如心理学领域的“给养”，传播学领域的“环境（传播）修辞”，地质学领域的“人类世”等，而上述第五部分关于生态哲学观、价值观、意识形态、伦理的概念和术语则来自哲学和伦理学领域。生态语言学研究吸收了其他学派或学科的思想、理念和方法，同时也推动生态语言学不断向多个学科延伸，展现了生态学化和生态泛化现象。

关于本书有五点特别说明。

第一，虽然本书分为核心概念和关键术语两个部分，但是二者并非泾渭分明，其界限有时是十分模糊的。划分的主要依据之一是：概念是较为宏观的思想，而术语是表达这些思想的符号。

第二，一些核心概念和关键术语并非局限于特定的学科或学派（如“故事”“叙事”“本土化”等），它们在不同情景下的解释既有相通之处，也有其自身的特点，因此，本书通常会对比这些概念和术语在不同领域的意义、功能和价值。

第三，为了更好地解释一些概念和术语（特别是涉及语篇或话语分析类概念和术语，如“生态批评话语分析”“和谐话语分析”等），文内附有相应的实例进行说明。

第四，某些概念和术语篇章内涉及更多其他相关的概念和术语，例如，“政治性”中涉及“价值取向”；“删略，提醒”中涉及“痕迹”和“空白”；“绿色语言”中涉及“漂绿”；“扩展生态假说”中涉及“统一的生态语言科学”和“自然语言观”；“生态主义”中涉及“动物福利论”“生命中心主义”“生态中心主义”“生态女性主义”“生态后现代主义”等。

第五，生态话语分析（包括对生态类话语的分析和对所有话语进行生态分析）是生态语言学的一个重要组成部分，本书中的很多核心概念和关键术语也是生态话语分析的重要概念和术语。

感谢上海时代教育出版研究中心和清华大学出版社联合推出“外国

语言文学核心概念与关键术语丛书”，促成了本书的撰写。感谢本书的策划编辑郝建华和责任编辑杨文娟为本书出版提出的建议和意见，以及提供的各方面支持和帮助。感谢中山大学杨炳钧教授提出修改建议。感谢我们所在的工作单位中山大学和澳门城市大学提供的宝贵的研究平台。

编著者

2025 年 5 月

# 目录

# 核心概念篇

# 本土化 LOCALIZATION

"本土化"(localization)这一概念较早出现在商业领域，可以从两个方面解释。一是跨国公司为降低成本、提高收益，以当地的政治、经济、社会和文化为依托，深入当地需求，研究区域特征，融入当地人文环境；二是本土企业在接受外来产品和技术时，糅合本土特色，并将具有本土特色的产品向国际传输，走向国际化。本土化并不是一个孤立的概念，它与国际化密切联系，是一个硬币的两面。同时，本土化也不是一个局限的概念，它推动了商业的发展，也在语言、文化和意识形态领域发挥巨大作用，是讲好中国故事，对外传播好中国故事的前提。

## 语言学研究的本土化

在语言学的不同领域，很多学者都提出并强调语言学研究的本土化，例如，功能语言学（陈旸，2012）、地理语言学（李建校，2019）、认知语言学（王寅、王天翼，2008；Shu et al.，2019）、生态语言学（范俊军、马海布吉，2018；黄国文，2016；苏新春，2020）等。一些学术活动和学术会议也旨在促进中国语言学研究的本土化，如 2016 年 11 月在成都理工大学举办的"第十六届中国系统功能语言学学术活动周"（参见彭宣维、段成，2017）、2017 年 11 月在北京外国语大学召开的"第二十一届功能语言学与语篇分析论坛"（参见李璐、何伟，2018；王敏辰、何伟，2018）、2019 年 11 月在四川外国语大学召开的"首届体认语言学国际研讨会"（参见刘玉梅等，2020）。此外，不少学者将国外的语言学理论应用于汉语研究（如何伟、邓若晨，2019；林华东，2015；石定栩，2016；赵宏伟、何伟，2019）。语言学本土化研究在因地制宜的基础上，既推动对国外理论体系的“建构、修正、发展和完善”（陈旸，2012：4），又推动本国语言学理论的创新和发展。因此，语言学本土化研究不仅是“当代中国语言学工作者需要迫切解决的重要问题”（李洪儒，2013：1），而且还是一项长期的事业。

## ☙ 语言学研究本土化的内涵

语言学研究本土化并非脱离国际语境的封闭的内部研究。对此，徐盛桓做出了解释：

> 本土化不是指将研究局限在本土的学术资源、理论观点、思维视野之内而游离于世界同行之外，而是指全球化语境下，按照国际研究的学术规范，参照外国研究的重点、热点、难点，吸收外国研究的理论、手段和方法，从本土对语言学研究的实际和长远的需要出发，充分利用和开发本土的语言资源和有关的理论资源和思想智慧，做出能够体现我们的水平且能同国际同行对话的研究成果。（徐盛桓，2007：7）

黄国文和赵蕊华（2021：141）也提到，语言学研究的本土化“需要以正确地、全面地、深入地了解国内外现有研究为基础和前提”。

语言学研究本土化讲求因地制宜、因时制宜，其哲学思想来源是马克思辩证唯物主义的具体问题具体分析。“具体问题”可以解释为：“具体”指的是语言学研究要考虑所处国家或地区的政治、经济、文化、社会、历史等具体因素，与时间和空间接轨；“问题”就是要以问题为导向（problem-oriented），将理论研究切实应用于解决本国或本地区的实际问题当中，用理论指导实践，并在实践中丰富、完善理论。

## ⋘ 生态语言学研究的本土化

生态语言学研究的本土化包含了本土理论发展和本土应用发展。本土理论发展主要有和谐话语分析（harmonious discourse analysis）的提出与发展（如黄国文，2016，2017，2018；赵蕊华、黄国文，2017，2021；周文娟，2017；Huang & Zhao，2021；Zhao & Huang，2026；Zhou & Huang，2017）和对系统功能语言学（systemic functional linguistics，SFL）元功能（metafunction）生态维度的描绘（如何伟、程铭，2021；何伟、马宸，2020；何伟、马子杰，2020；何伟、魏榕，2017；张瑞杰、何伟，2018）。本土应用发展主要涉及生态语言学视角下对汉语的研究（如刘科成、彭爽，2018；吴小馨，2010；赵蕊华，2018；赵蕊华、黄国文，2019；郑红莲、王馥芳，2020），对中国生态问题的话语研究（如陈令君，2019；董典，2021；卢健、常晨光，2019；赵蕊华，2020；赵蕊华、陈瑜敏，2021），语言研究、测评系统和机制的建立、完善与维护（如范俊军，2012，2013；肖自辉、范俊军，2011）等。目前，中国生态语言学本土化研究呈现出蓬勃的生机，但是摆在中国生态语言学学者面前的另一个任务是如何将本土化研究的成果推向国际。

### 参考文献

陈令君. 2019. 及物性系统视角下田园诗的生态话语分析——以陶渊明《归园田居》（其一）及其英译为例. 山东外语教学，（1）: 23–32.

陈旸. 2012. 功能语言学本土化研究：十年一回眸——黄国文教授访谈录. 山东外语教学，（3）: 3–9.

董典. 2021. 新时代新闻话语的多维度生态话语分析. 外语电化教学，（1）: 15，92–97.

范俊军. 2012. 基于调查字表词表注音的汉藏语言音系处理系统. 语言文字应用,（2）: 137–143.

范俊军. 2013. 汉语方言自然口语语料库建设的几个基本问题. 学术研究,（2）: 153–158.

范俊军，马海布吉. 2018. 生态语言学的概念系统及本土化研究方向. 广西民族大学学报（哲学社会科学版）,（6）: 100–109.

何伟，程铭. 2021. 生态语言学视角下的逻辑关系系统. 解放军外国语学院学报,（3）: 51–59，160.

何伟，邓若晨. 2019. 现代汉语“来”“去”的功能视角研究. 外语研究,（3）: 31–35.

何伟，马宸. 2020. 生态语言学视角下的主位系统. 中国外语,（4）: 23–32.

何伟，马子杰，2020. 生态语言学视角下的评价系统. 外国语,（1）: 48–58.

何伟，魏榕. 2017. 国际生态话语之及物性分析模式构建. 现代外语,（5）: 597–607.

黄国文. 2016. 外语教学与研究的生态化取向. 中国外语,（5）: 1，9–13.

黄国文. 2017. 论生态话语和行为分析的假定和原则. 外语教学与研究,（6）: 880–889，960.

黄国文. 2018. 从生态批评话语分析到和谐话语分析. 中国外语,（4）: 39–46.

黄国文，赵蕊华. 2021. 功能话语研究新发展. 北京：清华大学出版社.

李洪儒. 2013. 国际化、本土化与语言类学术期刊建设. 外语学刊,（1）: 1.

李建校. 2019. 地理语言学在中国的本土化. 中国社会科学报. 2019 年 7 月 23 日，第 003 版.

李璐，何伟. 2018. “继承与发展”：功能语言学本土化研究（I）——第 21 届功能语言学与语篇分析论坛综述之理论篇. 北京科技大学学报（社会科学版）,（1）: 1–6.

林华东. 2015. 中国语言学科如何处于领先地位. 当代修辞学,（1）: 87–93.

刘科成，彭爽. 2018. 基于语言生态学的汉语新兴词汇研究. 外语学刊,（6）: 64–67.

刘玉梅，王娟，井自纯. 2020. 认知语言学的本土化研究之路——首届体认语言学国际研讨会综述. 外国语文，（3）：158–160.

卢健，常晨光. 2019. 有益性话语中的变与不变：两首《洪湖水》的和谐话语分析. 外语教学，（5）：34–38.

彭宣维，段成. 2017. 国际本土化在中国——第十六届中国系统功能语言学学术活动周特色综述. 外语学刊，（3）：127.

石定栩. 2016. 石定栩教授专访：语言学理论与汉语研究. 香港理工大学中文及双语学系，6 月 2 日. 来自搜狐网站.

苏新春. 2020. 生态语言学的历史必然与当代使命. 外语教学，（6）：6–10.

王敏辰，何伟. 2018. "继承与发展"：功能语言学本土化研究（Ⅱ）——第 21 届功能语言学与语篇分析论坛综述之应用篇. 北京科技大学学报（社会科学版），（1）：7–11.

王寅，王天翼. 2008. 语言学新增长点思考之五：本土化的合璧式创新. 中国外语，（6）：25–32.

吴小馨. 2010. 生态语言学视角下的汉语外来词研究. 天津外国语大学学报，（4）：22–27.

肖自辉，范俊军. 2011. 语言生态的监测与评估指标体系——生态语言学应用研究. 语言科学，（3）：270–280.

徐盛桓. 2007. "照着讲"和"接着讲"——当代语言学研究自主创新问题思考. 中国外语，（1）：7–12.

张瑞杰，何伟. 2018. 生态语言学视角下的人际意义系统. 外语与外语教学，（2）：99–108，150.

赵宏伟，何伟. 2019. 现代汉语"被"字结构的功能视角研究. 外语学刊，（1）：45–51.

赵蕊华. 2018. 基于语料库 CCL 的汉语语言生态研究——以"野生动物"为例. 外语与外语教学，（5）：12–20.

赵蕊华. 2020. 生态语言学视角下中国不同时期生态建设对比研究——以 2001 年和 2018 年《中国日报》生态文章为例. 山东外语教学，（1）：33–45.

赵蕊华，陈瑜敏. 2021. 生态语言学视角下中国新生态故事研究. 外语学刊，( 4 ): 18–25.

赵蕊华，黄国文. 2017. 生态语言学研究与和谐话语分析——黄国文教授访谈录. 当代外语研究，( 4 ): 15–18，25.

赵蕊华，黄国文. 2019. 汉语生态和谐化构建的系统功能语言学分析. 外语研究，( 4 ): 44–49，108.

赵蕊华，黄国文. 2021. 和谐话语分析框架及其应用. 外语教学与研究，( 1 ): 42–53，159–160.

郑红莲，王馥芳. 2020. 环境话语构建所隐藏的生态认知问题——以“雾霾”的语义构建和阐释为例. 外语研究，( 5 ): 26–31.

周文娟. 2017. 中国语境下生态语言学研究的理念与实践——黄国文生态语言学研究述评. 西安外国语大学学报，( 3 ): 24–28.

Huang, G. W. & Zhao, R. H. 2021. Harmonious discourse analysis: Approaching peoples' problems in a Chinese context. *Language Sciences, 85*(PA): 101365.

Shu, D., Zhang, H. & Zhang, L. (Eds.). 2019. *Cognitive Linguistics and the Study of Chinese*. Amsterdam: John Benjamins.

Zhao, R. H. & Huang, G. W. 2026. *Harmonious Discourse Analysis: Ecolinguistics Through Chinese Culture and Philosophy*. London & New York: Bloomsbury.

Zhou, W. J. & Huang, G. W. 2017. Chinese ecological discourse: A Confucian-Daoist inquiry. *Journal of Multicultural Discourses, 12*(3): 264–281.

## 辩证语言学 DIALECTICAL LINGUISTICS

辩证语言学（dialectical linguistics）是丹麦语言学家 Jørgen Christian Bang 和 Jørgen Døør 在生态语言学领域提出的一个研究范式，始于 20

世纪 60 年代。20 世纪 60 年代至 80 年代早期，辩证语言学主要围绕女权主义（feminism）展开，而到 20 世纪 80 年代末 90 年代初，Bang 和 Døør 开始将目光转向生态问题，这与语言学界出现的生态转向（the ecological turn）一致。因此，辩证语言学也被称为“辩证生态语言学”（dialectical ecolinguistics），指的是“语言现象研究的生物学维度、意识形态维度和社会学维度”（the biological, the ideological and the sociological dimensions of the study of language phenomena）（Couto，2018：150）。

## ☙ 作为超学科的辩证语言学

辩证语言学致力于实证分析，其最大的贡献在于：它超越传统西方科学意识形态的界限，将科学实践视为某个特定语境中宏观的社会实践（social praxis）的一部分，传递了政治、社会、文化、道德、伦理等多个方面的意义（Steffensen，2007）。因此，科学实践不是脱离文化而单独存在的抽象系统，也不是完全中立的。在这样的背景下，辩证语言学被视为超学科的（trans-disciplinary），它在解决语言问题时“无法脱离哲学的、社会的和实践的问题”（cannot be separated from philosophical, societal and practical questions）（Steffensen，2007：16）。

## ☙ 辩证的思想

辩证语言学主要从辩证的视角探索语言、生态和社会三者之间的关系（Bang & Døør，2007），将对语言的词汇语法规则研究转向变异性、整体性和互动性研究。语言、生态和社会并不是独立的三个方面，而是形成一个具有三个维度的整体：语言影响社会并被社会影响，社会又影响生态并被生态影响，生态又影响语言并被语言影响。这一个三维整体作用于交际中的语言使用、全球资本主义社会现实以及当前威胁人类和非人类可持续发展的生态危机（Steffensen, 2007）。由此可见，语言［或者说语言潜势（language potential）］不再被视为大脑的产物，而是源自生命世界中生物体与其环境之间的关系与互动。

辩证语言学中的整体性是辩证的整体性，其含义是所有事物都辩证地相互关联。这一思想最初源自东方哲学，同时也吸收了马克思主义思想中关于整体性的观点。作为辩证语言学的关键概念和核心思想，事物间的辩证关系模型可以由下图展示。

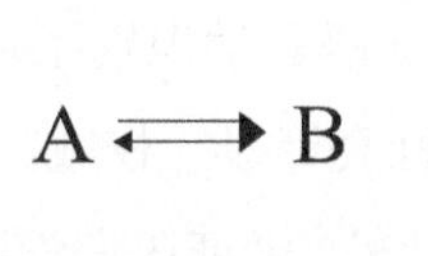


**辩证关系模型（Steffensen，2007：19）**

上图中A和B的关系从辩证的角度可以从以下五个方面解释：第一，A和B是一个整体中相对稳定的两个个体；第二，A和B相互依存、相互关联；第三，A和B并不对等，其中，A在这一对关系中占统治或主导地位，这可以从A指向B的两个箭头看出；第四，A和B是互动的关系，虽然A占统治或主导地位，但是B同样可以作用于A，在图中由B指向A的箭头显示；第五，A和B之间的关系和互动是历史的产物，并非一成不变的。举个简单的例子，在课堂这一教学环境中，教师和学生是两个稳定的个体，两者相互依存。没有教师，学生就称不上“学生”，而可能是其他场景中基于不同关系的个体存在，如家庭环境中对于父母而言的“孩子”、游戏或体育环境中基于共同行动者的“队友”等。教师也同理，没有学生，教师就无所谓“教师”，他们可能是社会公益环境中基于求助者的“义工”、商场（实体或线上）基于销售者的“消费者”等。教师在课堂环境下的师生关系中处于主导地位，虽然学生为导向成为当前的主流，但是学生为导向并不等同于学生主导，但学生必然影响教师以及教学活动。课堂环境下的师生关系可能随着环境的改变而发生变化，例如，在非课堂环境下，教师可能是学生的朋友（或哥哥、姐姐、叔叔、阿姨等），而在将来学生学成并回到教师所在的学校任教，他们则成为同事。

基于辩证关系模型，辩证语言学提出了一些语言分析模型，包括指称三分模型（triple model of reference）、对话模型（dialogue model）等，强调语篇与语境（context）之间的关系，并明确指出语境是语篇产生、传播和被消费的条件。辩证语言学识别了社会实践中的九组核心冲突，包括种族、年龄、性别、社会等级、权威、意识形态、城镇—乡村、私人—公共和文化—自然。此外，辩证语言学还提出了语义矩阵（semantic matrix）。（参见 Bang & Døør，1996，2007）

## 参考文献

Bang, J. C. & Døør, J. 1996. The dialectics of ecological experience. (An essay in eco-linguistics with a deixis analysis of a newspaper text commenting the Rio'92-Summit on the human environment) In J. C. Bang, J. Døør, R. Alexander, A. Fill & F. C. Verhagen (Eds.), *Language and Ecology—Ecolinguistics. Problems, Theories and Methods. Essays for the AILA 1996 Symposium*. Odense: Odense University, 91–105.

Bang, J. C. & Døør, J. 2007. *Language, Ecology and Society: A Dialectical Approach*. London: Continuum.

Couto, H. H. 2018. Ecosystemic linguistics. In A. Fill & H. Penz (Eds.), *The Routledge Handbook of Ecolinguistics*. London & New York: Routledge, 149–161.

Steffensen, S. V. 2007. Language, ecology and society: An introduction to dialectical linguistics. In J. C. Bang & J. Døør. *Language, Ecology and Society—A Dialectical Approach*. London: Continuum, 3–31.

# 多层分析模式

## THE MULTISTRATAL ANALYSIS FRAMEWORK

多层分析模式（the multistratal analysis framework）针对的是以语篇或话语为对象的生态话语分析（ecological discourse analysis / eco-discourse analysis），在语境（context）、语义（semantics）和词汇语法（lexicogrammar）多个层面开展。该模式以系统功能语言学（systemic functional linguistics，SFL）的意义观（semiotic view）为指导，突出不同层面在构建生态现实中的作用和张力（参见赵蕊华，2016）。

### 语言的层次

在弗斯学派（Firthian）、新弗斯学派（Neo-Firthian）、系统论（Systems Theory）以及系统功能语言学的研究中，"意义"都处于核心的位置。在John Rupert Firth的影响下（参见Palmer，1968），Halliday（1978）从系统（system）和结构（structure）两个概念阐述了系统功能语言学的意义观。语言是一个意义系统（semiotic systems）；不论是日常对话、公开演讲，还是随笔小记、正式撰文，都是一个从语言系统的不同层面进行选择的过程，是聚合的（paradigmatic），而这些选择最终形成组合的（syntagmatic）结构。在语言系统中不同层面的选择涉及语义系统、词汇语法系统、音系系统和语音系统；它们之间不是语符的（glossematic）关系，而是基于元冗余（metaredundancy）的体现关系（a relationship of realization）。其中，关系更为密切的是语义系统和词汇语法系统；它们同属内容层（the stratum of content），是一种自然的体现关系。而音系系统和语音系统则属于表达层（the stratum of expression），具有偶然性和规定性。

## ☙ 生态话语分析的问题导向

生态话语分析以问题为导向（problem-oriented），在分析过程中寻找解决问题的答案和方法。这些问题包括：语篇或话语所反映和构建的生态问题是什么？这些生态问题是通过什么语言手段体现的？语言与生态是如何相互影响的？语言背后所隐藏的生态哲学观（ecosophy）是什么？这些生态哲学观的构建和传播对生态系统（包括人在内）的可持续性产生什么样的影响？这些影响是有益性的、破坏性的，还是中性的？如果是中性的或破坏性的，应该如何从语言、行动和意识形态等方面改进，寻找替代性话语（alternative discourse）？这些问题从语言分析延伸到语篇或话语评估，从语篇或话语延伸到自然界、社会和意识领域，它们超越语言系统，由语言不同层面的元冗余关系体现。

## ☙ 案例分析

下面以一个汽车广告标题为例，展示如何从多个层面分析话语的生态问题。

一辆车不仅为出行带来便利，更为生活增添乐趣。

上面是一个广告标题，介绍了拥有私家汽车所带来的好处，其目的是吸引更多人购买小汽车。从表面看，该语篇以潜在消费者的利益为出发点，突出了出行便利和生活乐趣两个方面。但实际上该语篇的服务对象是包含汽车经销商、汽车制造商、汽车服务商等在内的整个汽车行业，其目的是通过刺激消费推动该行业的盈利和发展，传播的是“消费”和“生活享受”的价值理念。然而，随着私家车井喷式增长，其尾气排放所带来的越来越严重的大气污染和全球变暖问题却被完全删略（erasure）。汽车尾气不仅对自然环境造成污染，还损害人的身体健康。即使电动汽车也无法避免对自然环境的污染，这尤其体现在电力消耗和废旧电池处理两个方面。出于对这些不利影响的考虑，许多国家目前都提倡绿色出行，如以步行、骑自行车替代开车，以搭乘公共交通工具替代开私家车。因此，这一鼓励汽车消费的语篇不利于生态系统的健康，是破坏性话语（destructive discourse）。

上面的广告标题包含了两个小句。从及物性（transitivity）看，该语篇选择“一辆车”（实际上是私家汽车）作为两个小句的动作者（Actor）。在第一个小句中，“一辆车”的动作是“带来便利”，其受益者是“（人的）出行”；在第二个小句中，动作者仍然是“一辆车”，不过被省略了，其动作是“增添乐趣”，其受益者是“（人的）生活”。从逻辑语义关系（logico-semantic relationship）看，这两个小句之间是增补关系；第二个小句在第一个小句的基础上将小汽车的功用进一步提升，从交通出行领域扩展到整个生活，从实用主义提升至精神享受。从语气（mood）看，语篇采用了陈述（declarative）语气，向读者传递信息，描述拥有一辆私家汽车的好处。从主位（Theme）和信息（information）看，两个小句都选择“一辆车”作为主位，是信息的起点，而两个好处则作为信息焦点，吸引读者注意。由此可见，在词汇语法层，该语篇利用不同手段突出了私家汽车的功效，从而激发人们的消费欲望，反映了语篇所传递的价值理念。

### 参考文献

赵蕊华. 2016. 系统功能视角下生态话语分析的多层面模式——以生态报告中银无须鳕身份构建为例. 中国外语，( 5 ): 84–91.

Halliday, M. A. K. 1978. *Language as Social Semiotic: The Social Interpretation of Language and Meaning*. London: Arnold.

Palmer, F. R. (Ed.). 1968. *Selected Papers of J. R. Firth, 1952–1959*. London: Longman.

## 故事 STORY

在生态语言学中，故事（story）并不是指某种文学体裁，而是“个体脑海中影响他们感知世界的认知结构”（cognitive structures in the minds of individuals which influence how they perceive the world），而“人们赖以生存的故事”（stories-we-live-by）是指“一种文化中多个人脑海中的故事”（stories in the minds of multiple individuals across a culture）（Stibbe，2015：6）。故事的重要性在于它影响人们的所思所想，从而进一步引导人们的所说和所做。故事也可以被称为“隐喻”（metaphor）、“神话”（myth）或“范式”（paradigm）（Bowers，2014；Daffara，2011；Kingsnorth & Hine，2009；Robertson，2014；参见赵蕊华、陈瑜敏，2021）。

## ☙ 故事的分类

就对生态系统的影响而言，故事可以分为三类，即推动生态可持续性（ecological sustainability）的有益性故事、不利于生态可持续性的破坏性故事以及两种可能性皆有的中性故事。对于破坏性故事，Paul Kingsnorth 和 Dougald Hine 认为（方括号内为补充内容）：

What makes this story [human centrality] so dangerous is that, for the most part, we have forgotten that it is a story. It has been told so many times by those who see themselves as rationalists, even scientists; heirs to the Enlightenment's legacy—a legacy which includes the denial of the role of stories in making the world.

Humans have always lived by stories, and those with skill in telling them have been treated with respect and, often, a certain wariness. ... The storyteller weaves the mysterious into the fabric of life, lacing it with the comic, the tragic, the obscene, making safe paths through dangerous territory.（Kingsnorth & Hine, 2009: 16）

这个故事[人类中心性]之所以如此危险，很大程度上是因为我们已经忘记了它是一个故事。这个故事被那些自视为理性主义者甚至是科学家的群体反复讲述；这些人自居为启蒙运动遗产的继承者，而这一遗产包括否定故事在塑造世界中所扮演的角色。

人类一直以故事为生，那些擅长讲述故事的人既赢得敬畏，亦常招致戒备。……故事讲述者将神秘编织入生命的经纬，以滑稽、悲怆与亵渎为丝线，在危机四伏的疆域辟出坦途。

## ☙ 故事的特点

人们赖以生存的故事具有四个特点：第一，被广泛接受，即为多数人认同；第二，具有潜移默化的影响力，即人的认知、情感、态度和立场在不知不觉中受到故事的影响并发生变化；第三，在某个时期和某个地区或国家受特定社会群体推动，即特定社会群体出于自身的利益考虑塑造并推动特定语境下有关政治、经济、社会、文化和生态的故事；第四，借用多种渠道、形式、主体进行传播，渠道可以是传统媒体、新媒体或面对面口述等，形式可以是新闻报道、小说、报告、歌曲、舞蹈等，主体可以是政府、组织、团体、个人等。

从系统功能语言学（systemic functional linguistics，SFL）的情景语境［context of situation，即语域（register）］（Halliday & Hasan，1985）看，这四个特点与语域的三个功能变量相关联，包括语场（field of discourse）——政治、经济、社会、文化和生态领域的认知、情感、态度、立场和行动，语旨（tenor of discourse）——大部分人、特定社会群体（政府、组织、团体）和个人，以及语式（mode of discourse）——潜移默化、多种渠道和多种形式。

上述关于故事的四个特点展示了故事在人们生活中的重大影响。对于生态语言学学者而言，揭示、解释并评估这些故事是研究的重要任务之一。同时，在这一过程中实现对有益性故事的推广、对中性故事的改进以及对破坏性故事的抵制，由此将研究从意识层面落实到行动层面。此外，还要进一步寻找和讲述新的故事，引导人们不断适应新的环境，解决新的问题，这涉及对政治、经济、社会和文化的多方位思考。

## ☙ 不同时代的故事

Bowers（2014）指出工业文明时代的四个故事：个人主义故事（the story of individualism）、进步主义故事（the story of progress）、经济主义故事（the story of economism）和人类中心主义故事（the story of anthropocentrism）。Kingsnorth & Hine（2009）则指出了生态危机背后的三个神话：进步神话（the myth of progress）、人类中心性神话（the myth of human centrality）和人与自然分离神话（the myth of our separation from nature）。不论是哪一个故事（神话），它们都反映了生态危机中的社会现实，同时也进一步强化人的相关认知，左右其行动，塑造我们的世界。

随着生态问题的不断凸显以及人类从工业文明向生态文明（ecological civilization / eco-civilization）过渡，工业文明时代的故事无法持续推动自然界和人类社会的生存和发展。在这种情况下，人们需要反思和批判旧的故事，同时寻找或塑造新的故事。例如，Bowers（2014）以科技为核心，挑战了新数字时代中"科技是文化中立的"和"科技代表进步"两个故事。"科技是文化中立的"将自然生态与文化割裂开来，有意识或无意识地忽略科技改变自然生态背后的文化导向。更重要的是，它推行西方的思维模式和认知架构，实现对非西方国家或地区的文化殖民（cultural colonization）。"科技代表进步"将科技与进步画等号，传递的信息是科技推动社会进步和人类文明，忽略科技对自然生态造成的破坏（参见 Hynes，2016）。Kingsnorth & Hine（2009）也指出，西方文明在全世界扩张（冠以"全球文明"的术语），推动形成单一的价值体系，不利于了解故事所带来的问题。该价值体系强调进步神话，向人们讲述的故事是"人天生就是伟大的"以及"伟大是不计成本的"，其基础是人在自然界的中心地位和天赋异禀。

几乎所有不利于生态可持续发展的故事都是基于人类中心主义的，围绕人的能力和权利展开。要描绘人与自然的剥离、人征服自然的能力、人相对于其他生物的优越性以及人享受美好未来的权利，可以通过多种方式实现，其中比较常见的有宗教、土著文化、科技、经济、神学等。对于这类故事，人们需要做出思考，勇于挑战，重新构建尊重生命、敬畏自然的广泛的价值观。在生态文明时代，越来越多人关注生态可持续性（ecological sustainability）的问题，他们跳出人类中心主义的藩篱，重新思考并讲述人与自然的关系以及人类活动对自然的影响的故事。

## ☙ 中国的故事

不同的时代讲述着不同的故事（如上述工业文明故事和生态文明故事），而不同的国家或地区也讲述着不同的故事。讲好生态文明的中国故事是当前中国正为之努力的：在“绿水青山就是金山银山”理念和“人类命运共同体”价值观的指引下，中国将生态文明建设融入政治建设、经济建设、文化建设和社会建设当中，将这五个方面融为一个整体，推动国家的全面可持续发展。

当前中国的生态故事涉及法律、制度、经济、科技、文化、传统等方面（参见赵蕊华、陈瑜敏，2021），例如“法律是生态文明建设的保障”“经济是可持续性绿色经济”“利用传统文化推动生态文明建设”等故事。讲好生态文明的中国故事不仅面向国内民众，也面向国际。这意味着向国际展示中国的发展现状，传播中国文化，从而实现中西文化交流，深化中国在全球生态治理中的参与度。

## 参考文献


赵蕊华，陈瑜敏. 2021. 生态语言学视角下中国新生态故事研究. 外语学刊，(4)：18–25.

Bowers, C. A. 2014. *The False Promises of the Digital Revolution: How Computers Transform Education, Work, and International Development in Ways That Undermine an Ecologically Sustainable Future*. New York: Peter Lang.

Daffara, P. 2011. Rethinking tomorrow's cities: Emerging issues on city foresight. *Futures, 43*(7): 680–689.

Halliday, M. A. K. & Hasan, R. (Eds.). 1985. *Language, Context and Text: Aspects of Language in a Social Semiotic Perspective*. Geelong: Deakin University Press.

Hynes, M. 2016. Review of *The False Promises of the Digital Revolution: How Computers Transform Education, Work, and International Development in Ways That Are Ecologically Unsustainable*. *Irish Journal of Sociology, 25*(1): 86–88.

Kingsnorth, P. & Hine, D. 2009. *Uncivilisation: The Dark Mountain Manifesto*. Retrieved on November 8, 2014, from the Manifesto-Dark Mountain website.

Robertson, M. 2014. *Sustainability Principles and Practice*. London & New York: Routledge.

Stibbe, A. 2015. *Ecolinguistics: Language, Ecology and the Stories We Live by*. London & New York: Routledge.

# 和谐 HARMONY

和谐（harmony）既是世界中万事万物维持平衡、实现可持续发展的一种状态，也是一种价值观和生态哲学观（ecosophy）。

## ☙ 和谐状态

作为一种状态，和谐涉及人（作为个体存在）与自身（内心）、人与人（人际关系或群体关系）、人与社会各要素（如政治、经济、社会、文化、历史等）、人与其他生物、生物与资源和环境、语言与自然界之间的协调共处。因此，和谐不仅仅是自然界中各个组成部分的关系和互动，还是社会中不同个人、不同民族、不同族群、不同国族之间的关系和互动，是一个广阔的概念。要达到和谐的状态，需要各个组成部分形成一定的比例，相互配合，在保持自身特点的同时形成一个整体。例如，一盘美味的菜肴需要各种调料以及调料与原材料之间的协调，一首动听的歌曲需要不同乐器以及歌词与旋律之间的协调，一部精彩的电影需要情节、台词和配乐等的协调，而一段感人的发言需要措辞、语音语调、肢体语言及话语氛围的协调。

## ☙ 和谐价值观和生态哲学观

作为一种价值观和生态哲学观，和谐根植于中国的传统文化，其基本要义是“和”。中国传统文化中的“和”并不是“同”，不是指完全一样，而是尊重差异的“和”。基于此，赵蕊华和黄国文（2017）提出，包含了个性和多样性的“和”才是生态，才是可持续发展的状态。早在西周末年，史伯就对“和”的含义进行了阐释：“夫和实生物，同则不继。以他平他谓之和，故能丰长而物归之。若以同稗同，尽乃弃矣。”（《国语·郑语》）这句话说的是：和谐产生万物，如果一切都完全相同，就无法延续和发展；和谐的状态是通过不同事物的相互平衡形成的，因此万物才能繁荣生长；如果一切都相同而没有差异，最终万物将会消亡，无法存续。孔子从人的角度对“和”进行了阐释：“君子和而不同。”（《论语·子路篇》）除了“和实生物”和“和而不同”，中国传统文化中的“和”还指“中和”［如“喜怒哀乐之未发，谓之中；发而皆中节，谓之和。中也者，天下之大本也；和也者，天下之达道也。致中和，天地位焉，万物育焉。”（《礼记·中庸》）］以及“太和”［如“太和所谓道，中涵浮现、升降、动静、相感之性，是生絪缊、相荡、胜负、屈伸之始……”（《正蒙·太和篇》）］。

包含差异的和谐不等于一味赞同、顺从或者歌颂，而是包含了内省和批评，从对问题的识解出发，寻找推动生态可持续发展的各个参与者和各类关系的平衡与协调。

## ଓ 和谐话语分析对“和谐”的定义

在对事物关系状态和中国传统文化理解的基础上，黄国文结合中国语境提出了和谐话语分析（harmonious discourse analysis），并对“和谐”进行了定义：

在中国语境下，“生态”不仅仅是指生命有机体与其生存环境之间的关系以及它们之间的相互关系和相互作用所形成的结构和功能的关系，而是被用来表示“和谐”：人与自然的和谐、人与人之间的和谐。要做到和谐，就必须在“环境的选择力、分配力和调节力”（Park et al.,

1925）的影响下找到个人的平衡和适应。从这个角度看，“生态”也是一种选择，一个过程，一种适应，最终是人与自然的整体和谐。（黄国文，2016：12）

黄国文将“和谐”视为“生态”的关键，赋予了“和谐”动态和静态两个方面的含义。动态的“和谐”与人的行动相关，是一个寻找平衡与适应的过程；而静态的“和谐”则是人与人以及人与自然之间关系的一种状态。

## 参考文献

黄国文. 2016. 外语教学与研究的生态化取向. 中国外语，（5）：1，9–13.

赵蕊华，黄国文. 2017. 生态语言学研究与和谐话语分析——黄国文教授访谈录. 当代外语研究，（4）：15–18，25.

Park, A., Burgess, E. & McKenzie, R. 1925. *The City*. Chicago: University of Chicago Press.

# 和谐话语分析

## HARMONIOUS DISCOURSE ANALYSIS

深生态主义的奠基人 Arne Naess 在阐释其生态智慧 Ecosophy T 时提到，生态智慧是一种智慧的哲学，研究的是生态平衡与生态和谐，包含了规范、规则、推论、价值优先说明和假设。因此，研究个体可以根据自身所处的不同的社会、文化和历史背景，提出符合自身发展需求的生态智慧（Bodian，1982；参见岳伟，2020）。和谐话语分析

（harmonious discourse analysis）作为生态语言学的研究路径之一，正是在中国的历史和现实发展基础上提出的。

黄国文（2016：10）认为，“我们对话语所做的生态分析，重点要探讨‘和谐话语’（harmonious discourse）的构建和推广，而不是采用西方的批评话语分析路径，带着批判的眼光看待世界（如 Fairclough，1992，1995）”。黄国文（2016：10）提出，中国的生态语言学要推进本土化（localization）研究，以中国的社会背景为依托构建“中国式的‘和谐话语分析’理论，并把它应用于中国的语言实践和理论之中”。

## ☙ 和谐话语分析的内涵、理论依托、研究方法和哲学思想

黄国文在接受赵蕊华的访谈（赵蕊华、黄国文，2017）时进一步阐释了和谐话语分析的内涵、理论依托、研究方法和所蕴含的中国传统哲学思想。

和谐话语分析的内涵是基于对“和谐”（harmony）的理解，是对各种关系和互动的协和的分析，也是在内省和批判的基础上致力于促进各种关系的协和的研究，还是推动形成协和的价值观和生态哲学观（ecosophy）的实践。

和谐话语分析的理论依托是系统功能语言学（systemic functional linguistics，SFL）。与系统功能语言学相同，和谐话语分析践行的也是马克思主义语言学观（the Marxist linguistic view）。马克思主义语言学观主张将语言研究置于社会语境当中，强调语言研究的社会理据，同时将语言学研究应用到社会当中，突出对社会活动的干预作用，这就要求以问题为导向（problem-oriented），理论联系实际。此外，系统功能语言学关于语言与现实的辩证关系、语境（context）、进化系统类型说

（typology of evolving systems）和元功能（metafunction）的思想也指导着和谐话语分析的研究。

和谐话语分析采用多层次、多维度的研究方法。借用系统功能语言学从上至下的研究方法，和谐话语分析从语境出发，分析话语的文化语境（context of culture）和情景语境（context of situation）[语场（field of discourse）、语旨（tenor of discourse）、语式（mode of discourse）]，进而观察语境在话语和语篇中语义层（the semantic stratum）的体现及其进一步在词汇语法层（the lexicogrammatical stratum）的体现。从另一个方向来看，和谐话语分析借用从下至上的研究方法，从分析话语和语篇的词汇语法特征出发，观察其所体现的语义以及更高层面的语境要素选择。

和谐话语分析注重生态哲学观在分析中的重要地位，继承了中国传统哲学文化中的儒道思想，奉行"天人合一"。和谐话语分析的生态哲学观的总则是"Live and let live"。它包含了六个方面的内容：差异和多样、宽容和共情、制约和惩处、协调和融合、当下和未来以及关爱和推爱（参见赵蕊华，即出；Zhao & Huang，2026）。

## 研究假定和分析原则

和谐话语分析的研究假定是以人为本假定（the assumption of human-orientedness），分析原则是良知原则（the principle of conscience）、亲近原则（the principle of proximity）和制约原则（the principle of regulation）。这三个分析原则是动态的、交互的：良知原则是人对万事万物的情感、态度、观点和判断，需要落实到与实践的结合，突出知行合一；亲近原则是生态系统中不同参与者之间的亲疏远近关系及其在不同维度下的变化与协调；制约原则是人和机构在不同层面对自我和他人的约束。在和谐话语分析中，“以人文本”是基本前提，三条分析原则通常共同作用，但是也可能侧重其中的一个或两个原则。需要注意的是，和谐话语分析的研究假定和分析原则并非局限于以语篇为对象的分析，还包括对行为的分析，即超越语篇的社会实践（social praxis）的分析（黄国文，2017）；这也成为提出和谐话语分析双层分析框架（two-layered analytical framework）的前提。

## ☙ 双层分析框架

以 Foucault（1972）对“话语”的论述为基础，和谐话语分析主张从两个层面展开研究：微观层面基于语篇的分析以及宏观层面超越语言的对其他有可能影响生态系统的社会实践的分析。从微观的视角看，和谐话语分析与生态批评话语分析（eco-critical discourse analysis）均属于生态话语分析（ecological discourse analysis / eco-discourse analysis），两者都是生态话语分析的研究路径；当和谐话语分析关注积极的、正面的语篇时，它与生态批评话语分析形成互补；当和谐话语分析从自省和批判出发，寻找推动生态持续性的话语方式和语言表达时，它与生态批评话语分析形成一个连续统。这里，自省和批判并不是传统意义上的“反对”，而是以辩证的思想考察互补的关系，例如，理论与实践、自身与他者、包含与排除、团结与疏远等（de Beaugrande，2004）。从宏观的视角看，和谐话语分析超越语篇，将研究拓展到其他领域，与生态话语分析同属生态语言学的研究分支。但是，即使和谐话语分析的部分研究超越语篇，甚至语言的范畴，它仍属于语言学，而生态语言学也仍被视为广义的应用语言学（applied linguistics）。（参见黄国文，2018；赵蕊华、黄国文，2021；Huang & Zhao，2021）

## 案例分析

下面以一个案例展示微观层面的和谐话语分析，该语篇的题目是“它升‘国家一级’了，再吃可能要坐 10 年牢”[1]。

读者留言：[1] 一级保护对很多铤而走险的人来说就等于涨价信号。建议一命换一命。

[2] 这漫画很棒很形象，希望每个人，特别是那些非法猎捕的人能好好地看完这幅漫画。要说的要做的全在漫画里了。

[3] 谢谢你们为了环境做出的努力！

[4] 保护穿山甲，人人有责。

[5] 终于升级了。

为了比较和谐话语分析和生态批评话语分析，我们在解释这两个概念（两种研究路径）时所选择的实例都是与穿山甲相关的语篇。同样是对穿山甲的描述，该案例与生态批评话语分析中的案例存在明显差异。上面的语篇（它升“国家一级”了，再吃可能要坐 10 年牢）通过对亲近关系的协调，从良知和制约两方面增强读者的代入感，唤醒读者对穿山甲的保护意识。

该语篇从解决问题的措施（主要强调国家制约）出发，如标题“它升‘国家一级’了，再吃可能要坐 10 年牢”和正文的第一句话“穿山甲已经升级为国家一级保护动物，任何非法交易、走私、食用穿山甲及其制品等行为将受到严厉打击”，追溯采取相关措施的原因，即人的问

1 来自野生救援 WildAid 公众号，溯于 2021 年 4 月 10 日。

题——对穿山甲猎杀造成的物种濒危。

保护濒危物种可以从多个方面开展，如媒体宣传、公益活动、生态教育（ecological education）、法律强制等，其中法律的强度最高、适用范围最广，也最具权威性。就穿山甲而言，对相关罪行惩处力度的加强（“情节特别严重的，处十年以上有期徒刑，并处罚金或者没收财产”）源自穿山甲在《国家重点保护野生动物名录》中的“升级”（从二级保护动物升级为一级保护动物）。穿山甲的“升级”虽然对人的行为做出更大、更强制约，但是这也意味着该物种的分布范围在不断缩小，种群数量在急剧下降，面临灭绝的风险。这是语篇第一部分所传递的信息，接下来的第二部分以漫画的形式展示穿山甲的特征、属性以及面临的生存难题。

第二部分最突出的特征是将穿山甲拟人化：漫画的主人公穿山甲利用第一人称讲故事的方式自述，拉近与读者的情感，增加双方互动。故事的开端首先强调了穿山甲的珍贵和稀少，它是“全世界唯一身披鳞甲的哺乳动物”，而且“一胎只生一个”，接下来讲述穿山甲特有的能力，体现在两个物质过程（material process）当中（“我的爪子能轻易挖开蚁丘”“也能超快挖好三四米深的洞”）。同时，语篇强调了穿山甲身上鳞片的保护作用，并利用穿山甲的天敌狮子对穿山甲鳞片的无可奈何（“我全身覆盖的鳞甲，连狮子也咬不开”）暗示人类才是造成穿山甲濒临灭绝的原因。在介绍完穿山甲的珍贵性、能力和自我防御之后，语篇进一步介绍了穿山甲的习性（“我们最爱吃蚂蚁、白蚁”），并利用增补类小句复合体解释白蚁对人类的危害（“我们最爱吃蚂蚁、白蚁，而白蚁会危害林木、堤坝、建筑”），将目光转向穿山甲为人类带来的好处，所传递的信息是：穿山甲对人类的生存环境有益，是人类的朋友，应该受到保护；由此，拉近穿山甲与人的关系。尽管穿山甲在维护人类生存环境中发挥巨大的作用，但是不法分子受经济利益的驱使，仍然铤而走险猎杀穿山甲，这体现在两个盗猎者的对话中（“快抓住，不要让它跑了！”“抓住卖了！”）以及紧随其后对由盗猎所导致的穿山甲存续问题的描述中（“2016—2019 年，超过 500000 只穿山甲被盗猎。平均每 5 分钟，就有一只穿山甲在野外被抓走”“穿山甲 8 个家族中的 6 个被列入‘濒危’和‘极度濒危’物种。从 1960 年到 2003 年，中华穿山甲的数量就下降了 94%”）。从亲近的不同维度而言，穿山甲在生物维度下与森林关系密切，是森林的卫士，但是在经济维度下穿山甲与经济利益关系密切，是狩猎者的猎物。由此可见，不同的亲近维度引导了对穿山甲的定位和人的行动差异，而恰当地理解亲近关系是引导人的认知和行动的前提。鉴于穿山甲面临的严峻形势，漫画插入画外音强调国家目前采取的制约措施（“保护穿山甲，已经刻不容缓。自 2020 年 6 月 5 日起，穿山甲已经升级为国家一级保护野生动物。任何交易、走私、食用穿山甲及其制品等违法行为，都将受到严厉打击”），与第一部分形成呼应。但是，这一部分并非止步于国家制约，而是进一步利用对穿山甲归属的判断（“生活在野外，而不是被关在笼子里，或者放在货架上”“所有生物，都是自然的一分子”）突出穿山甲的自然属性，利用对穿山甲作用的描述（“为了人类的可持续发展，为了自然的多元生态”）拉近穿山甲与人的可持续发展和多元生态的关系，并发出号召（“请拒绝非法捕猎、交易、食用野生动物及其制品。行动起来，加入我们！”）唤醒人的良知。从介绍穿山甲的自然属性和作用到发出号召这一语篇发展过程可以看出，要实现对穿山甲的保护，需要从对穿山甲的正确认知出发，约束自身行为，达到知行合一。

以上对语篇的分析从良知原则、亲近原则和制约原则出发，展示了穿山甲的生存现状、人类对穿山甲的认知以及相关行动。相对于“生态批评话语分析”中的两个案例，这一案例的生态度（ecological degree）最高，更有利于推进穿山甲保护事业。

该案例由野生救援组织在其官方网站上发布，读者阅读之后会发表评论、表达看法，这是不能忽视的。读者评论展示了读者对信息的解读和态度，也是检验文章是否能达到其目的的重要途径之一。对于穿山甲的“升级”，有两类相悖的解读：一类（第 [1] 条评论）将“升级”解读为消极的，因为它会引导眼中只有经济利益的人铤而走险；另一类（第 [2]、[3]、[4]、[5] 条评论）将“升级”解读为积极的，认为它可以推动对穿山甲的保护。消极态度源自对穿山甲与经济亲近关系的侧重，该评价利用一个关系过程（relational process）（由“等于”体现）将保护升级与穿山甲的经济价值和（个人）经济收益对等，并建议采取更强的制约措施。而积极态度源自对穿山甲与人类可持续发展和自然多元化亲近关系的侧重，更倾向唤醒良知。虽然第 [2]、[3]、[4]、[5] 条评论都展示了积极的态度，但是它们针对的对象和传递的信息各有特点。就针对的对象而言，第 [2] 和第 [4] 条评论面向所有人，但是第 [2] 条评论还特别提到非法捕猎者，第 [3] 条评论面向环保人士（如野生救援组织），第 [5] 条评论应该是面向相关政策的制定者。就传递的信息而言，第 [2] 条评论与其他三条评论最大的区别在于除了表达对事件的态度，读者还对宣传手段（漫画）进行评价。就评论的语气而言，第 [2] 条评论面向所有人（由“每个人”体现），特别强调对非法捕猎者约束自身行为的期望，第 [3] 条评论以对话（由“你们”体现）的形式表达谢意，第 [4] 条评论用更为正式的口吻表达制约，第 [5] 条评论通过“终于”表达自己长久的期盼，传递的潜在含义是：鉴于穿山甲严峻的生存问题，提升其受保护级别是早就应该实现的事情。

## 参考文献

黄国文. 2016. 外语教学与研究的生态化取向. 中国外语，(5)：1，9–13.

黄国文. 2017. 论生态话语和行为分析的假定和原则. 外语教学与研究，(6)：880–889，960.

黄国文. 2018. 从生态批评话语分析到和谐话语分析. 中国外语，(4)：39–46.

岳伟. 2020. 生态文明教育研究. 北京：中国社会科学出版社.

赵蕊华. 即出，生态哲学观与和谐话语分析的生态哲学观. 北京第二外国语学院学报.

赵蕊华，黄国文. 2017. 生态语言学研究与和谐话语分析——黄国文教授访谈录. 当代外语研究，(4)：15–18，25.

赵蕊华，黄国文. 2021. 和谐话语分析框架及其应用. 外语教学与研究，(1)：42–53，159–160.

Bodian, S. 1982. Simple in means, rich in ends: A conversation with Arne Naess, ten directions. California: Institute for Transcultural Studies, Zen Center of Los Angeles, Summer/Fall.

de Beaugrande, R. 2004. Critical discourse analysis from the perspective of ecologism: The discourse of the "new patriotism" for the "new secrecy". *Critical Discourse Studies, 1*(1): 113–145.

Fairclough, N. 1992. *Discourse and Social Change*. Cambridge: Polity Press.

Fairclough, N. 1995. *Critical Discourse Analysis: The Critical Study of Language*. London: Longman.

Foucault, M. 1972. *The Archaeology of Knowledge* (S. Smith, trans.). London: Tavistock.

Huang, G. W. & Zhao, R. H. 2021. Harmonious discourse analysis: Approaching peoples' problems in a Chinese context. *Language Sciences, 85*(PA): 101365.

Zhao, R. H. & Huang, G. W. 2026. *Harmonious Discourse Analysis: Ecolinguistics Through Chinese Culture and Philosophy*. London & New York: Bloomsbury.

# 环境 ENVIRONMENT

环境（environment）在一般意义上指人生存的条件集合，主要包括自然条件［即自然环境（natural environment）］、社会条件［即社会环境（social environment）］和心理条件［即心理环境（mental environment）］。自然环境指未经人加工改造的天然环境，主要包括气圈、水圈、土壤圈和生物圈。社会环境既包括人类创造的各种物质成果（集中体现在经济领域），也包括各种非物质成果（集中体现在文化领域和历史传承）。心理环境主要由三方面构成：心理形态、价值观和哲学观、认知结构。

在生态语言学领域，对环境的区分至少有三种看法。第一种是传统的环境两分法（dichotomy of environment），将环境分为隐喻环境（metaphorical environment）［即言语社区（speech community）］和非隐喻环境（non-metaphorical environment）（即自然环境）；第二种是环境三分法（trichotomy of environment），将环境分为自然环境、心理环境和社会环境；第三种是环境四分法（quadchotomy of environment），将环境分为符号环境（symbolic environment）、自然环境、社会文化环境（sociocultural environment）和认知环境（cognitive environment）。

## ☙ 环境两分法

生态语言学研究的是语言与环境的关系与互动。对于语言的环境，最常见的划分方法是两分法。受豪根模式（the Haugenian approach）和韩礼德模式（the Hallidayan approach）影响，环境可以分为语言的言语社区环境和语言的自然环境。

语言学领域的多个学者都对言语社区进行了界定和解释，如Bloomfield（1933）、Gumperz（1968）、Hockett（1958）、Hymes（1974）、Labov（1972）、Lyons（1970）等。简单来说，言语社区就是使用某一特定语言的一群人所处的环境，包括社区人口及其互动、所处的地理或虚拟（如网络）环境、社区文化、社区历史、社群意识、社群生活方式以及社区的体系、制度和设施；这些要素相互依存、共同作用。言语社区并不是按照地理位置划分的，某一地区经常出现多种语言共存的情况。多种语言共存地区可以是某地区具有双语能力（bilingualism）或多语能力（multilingualism）的一群人，也可以是某地区只会使用其本身一种语言的多个群体。在后一种情况下，语言成为群体身份（identity）的导向。例如，在我国黔东南苗族侗族自治州州府所在地凯里，最常见的两个少数民族是苗族和侗族；其中有这样一部分人，他们是侗族（户口本上所载），但是他们并不会说侗语，因此他们并不将自己视为侗族人（根据实地交流），但是同时他们也不是苗族（或其他少数民族），而汉族却又将他们视为少数民族。在这种情况下，如果有人问他们："你是什么民族的人？"，他们通常会解释很多，但却很难直接确定自己的身份。由此可见，语言对社区划分以及社区身份认同产生十分关键的影响。

## ☙ 环境三分法

在生态语言学中，关于环境的第二种划分方法是三分法，分为语言的自然环境、心理环境和社会环境（参见Couto，2007a，2007b，2009，2014；Fill，1993）。其他类似的环境三分法虽然采用的术语有所不同，如Bang & Døør（1996）所区分的生物环境（bio-environment）、思想/意识形态环境（ideo-environment）和社会环境，以及Peter

Finke 和 Wilhelm Trampe 所提出的"语言世界系统"（Language-World-System），但其基本含义都大致相近。

自然环境观将语言视为一种活动，该活动发生的环境以及开展该活动的人都被视为语言的自然环境，如 Sydney Lamb 的层次语法（stratificational grammar）；心理环境观将语言视为一种心理活动，人的大脑或精神构成了语言的精神环境，如 Noam Chomsky 的生成语法（generative grammar）；社会环境观认为语言发生、发展的环境是使用该语言的社会，如 Einar Haugen 的语言生态研究（Couto，2014）。

## ☙ 环境四分法

环境四分法是 Steffensen & Fill（2014）关于语言所处"生态"的划分。虽然他们使用的是"生态"（ecology）一词，但是这里的"生态"即"环境"; Steffensen & Fill（2014：7）也将"语言所处的某种生态"（language exists in a... ecology）说为"语言的环境"[the environment of (a) language]。

Steffensen & Fill（2014）将语言所依存的环境（也是语言生态概念化的途径）（参见何伟、魏榕，2017）分为四类：语言的符号生态（环境）（symbolic ecology）、语言的自然生态（环境）（natural ecology）、语言的社会文化生态（环境）（sociocultural ecology）和语言的认知生态（环境）（cognitive ecology）。

语言的符号生态是指某个语言处于语言网络之中，而网络中的不同语言是相互依存的，其他语言的状况会对该语言产生影响。例如，Voegelin, C. F. & Voegelin, F. M.（1964）提出的语间生态（inter-language ecology），说的就是在某个特定区域内研究某个语言时，是无法脱离对该区域内其他语言的研究的。语言符号生态的常见研究议题是语言接触（language contact），包括语码转换、洋泾浜语（Pidgin，或皮钦语）、克里奥尔语（Creole）等。语言符号生态研究的另一个议题是语言多样性（language diversity），包括语言生存和发展、语言活力、语言濒危（language endangerment）、语言灭绝（language death）、语言复兴等。语言符号生态研究的第三个焦点议题是语言规划（language planning）、语言政策（language policy）、语言保护等。但是语言的符号生态并不仅限于语言与语言这一生态网络，还包括语言与其他非语言符号的共存。

语言的自然生态涉及语言与其生物学意义上的自然环境之间的关系，重点关注语言是如何影响人类、其他物种及其所处的自然环境的，可以采用批评路径［生态批评话语分析（eco-critical discourse analysis）］或者和谐路径［和谐话语分析（harmonious discourse analysis）］开展研究。关于语言的自然生态，既有对语言与生物多样性（biodiversity）关系问题的讨论，如 Peter Mühlhäusler 所做的一系列调查（Mühlhäusler，1996，2003），也有关于语言（话语）特征和语言系统（语法）与生态问题关系的讨论，如 Halliday（1990）、Goatly（1996）、Alexander（2000，2009）等。

语言的社会文化生态关注人类语言互动与构成言语社区的社会和文化因素之间的关系，可能涉及广泛的语言学科，较为常见的有话语分析、社会语言学、应用语言学和人类语言学。语言社会文化生态领域的研究议题有语言教育、语言习得等。

语言的认知生态指的是语言与影响生物互动和适应性的心理、思维、认知等因素之间的关系，主要借用了生态心理学领域 James

Jerome Gibson 的思想，如 Carol Fowler 和 Bert Hodges 等人的相关研究（Fowler & Hodges，2011；Hodges，2007，2009，2014；Hodges & Fowler，2010，2011）。

## 参考文献

何伟，魏榕. 2017. 生态语言学：整体化与多样化的发展趋势——《语言科学》主编苏内沃克斯特芬森博士访谈录. 国外社会科学，（4）: 145–151.

Alexander, R. 2000. The framing of ecology: Some remarks on the relation between language and economics. In B. Kettemann & H. Penz (Eds.), *Econstructing Language, Nature and Society. The Ecolinguistic Project Revisited. Essays in Honor of Alwin Fill*. Tübingen: Stauffenburg Verlag, 173–190.

Alexander, R. 2009. *Framing Discourse on the Environment: A Critical Discourse Approach*. London & New York: Routledge.

Bang, J. C. & Døør, J. 1996. Language and truth—dialogue and dialectics. In A. Fill (Ed.), *Sprachökologie und Ökolinguistik (Vol. 1)*. Tübingen: Stauffenburg Verlag, 17–26.

Bloomfield, L. 1933. *Language*. New York: Holt, Rinehart & Winston.

Couto, H. H. 2007a. *Ecolinguística: Estudo das Relações Entre Língua e Meio Ambiente*. Brasília: Thesaurus.

Couto, H. H. 2007b. The ecology of spatial relations: The case of Kriol prepositions. In M. Schrader-Kniffki & L. M. Garcia (Eds.), *La Romania en Interacción: Entre Historia, Contactoy Política*. Frankfurt/Madri: Iberoamericana/Vervuert, 479–514.

Couto, H. H. 2009. On the so-called complex prepositions in Kriol. *Révue Roumaine de Linguistique, 54*(3): 279–294.

Couto, H. H. 2014. Ecological approaches in linguistics: A historical overview. *Language Sciences, 41*(PA): 122–128.

Fill, A. 1993. *Ökolinguistik: Eine Einführung*. Tübingen: Gunter Narr Verlag.

Fowler, C. A. & Hodges, B. H. 2011. Dynamics and languaging: Toward an ecology of language. *Ecological Psychology, 23*(3): 147–156.

Goatly, A. 1996. Green grammar and grammatical metaphor, or language and the myth of power, metaphor we die by. *Journal of Pragmatics, 25*(4): 537–560.

Gumperz, J. J. 1968. The speech community. In D. L. Sills (Ed.), *International Encyclopedia of the Social Sciences (Vol. 9)*. New York: Macmillan, 381–386.

Halliday, M. A. K. 1990. New ways of meaning: The challenge to applied linguistics. *Journal of Applied Linguistics*, (6): 7–16.

Hockett, C. F. 1958. *A Course in Modern Linguistics*. New York: Macmillan.

Hodges, B. H. 2007. Values define fields: The intentional dynamics of driving, carrying, leading, negotiating, and conversing. *Ecological Psychology, 19*(2): 153–178.

Hodges, B. H. 2009. Ecological pragmatics: Values, dialogical arrays, complexity, and caring. *Pragmatics & Cognition, 17*(3): 628–652.

Hodges, B. H. 2014. Righting language: A view from ecological psychology. *Language Sciences, 41*(PA): 93–103.

Hodges, B. H. & Fowler, C. A. (Eds.). 2010. Distributed, dynamical, and dialogical: New coordinations for language [Special issue]. *Ecological Psychology*, 22(4).

Hodges, B. H. & Fowler, C. A. (Eds.). 2011. Distributed, ecological, and dynamical approaches to languaging and language [Special issue]. *Ecological Psychology*, 23(3).

Hymes, D. 1974. *Foundations in Sociolinguistics: An Ethnographic Approach*. Philadelphia: University of Pennsylvania Press.

Labov, W. 1972. *Sociolinguistic Patterns*. Philadelphia: University of Pennsylvania Press.

Lyons, J. (Ed.). 1970. *New Horizons in Linguistics*. Harmondsworth: Penguin.

Mühlhäusler, P. 1996. *Linguistic Ecology: Language Change and Linguistic Imperialism in the Pacific Region*. London & New York: Routledge.

Mühlhäusler, P. 2003. *Language of Environment—Environment of Language*. London: Battlebridge.

Steffensen, S. V. & Fill, A. 2014. Ecolinguistics: The state of the art and future horizons. *Language Sciences*, *41*(PA): 6–25.

Voegelin, C. F. & Voegelin, F. M. 1964. Languages of the world: Native America fascicle one. *Anthropological Linguistics*, *6*(6): 2–45.

# 可持续性 SUSTAINABILITY

可持续性（sustainability）指的是一种长期的、持久的过程或状态，其关键在于整体性、交互性与和谐性。可持续性产生于经济、政治、文化、社会、环境、生活的协同合作之中，其中任何一个要素的不协调都可能导致可持续性无法实现。

Du Pisani（2006）认为，可持续性是关于进步主义（progress）和现代化叙事（narrative）的反面。进步主义和现代化推崇资本，追求的是经济增长和物质进步。在这样的背景下，可持续性话语对进步主义和增长主义（growthism）提出质疑，并对环境问题进行思考（Zappettini & Unerman，2016）。

## 核心问题

可持续性的核心问题是经济发展与环境保护之间的关系问题，这也是最有可能出现对立和矛盾的一对关系。在工业文明时代，经济发展是主题，人们无限度、不恰当地向大自然索取经济发展所需的资源，造成全球变暖、大气污染、资源枯竭、生物多样性（biodiversity）减少等严重问题，影响生态系统的可持续性。人作为生态系统的组成部分，自然而然也面临同样的问题。在这种情况下，人类需要思考：为了下一代的生存和发展，我们应该怎么做？是改变传统的生产方式，如在考虑环境容量的基础上对环境资源适度、适当利用？是从传统的消费方式向生态消费或绿色消费转变［参见“消费主义”（consumerism）］，即在权衡当前经济水平和生态水平的基础上进行适度消费、精神消费和可持续消费？是开发新的技术和手段作为支撑，减少对传统能源的依赖，开发新能源？是普及生态知识、唤醒生态意识和提升生态素养（eco-literacy），使人们充分了解人与自然密不可分、唇齿相依的关系，从心理上和认知上改变对环境、资源、非人类动物的认识、情感和态度？还是改变不利于环境的生活方式和传统，如推动绿色出行方式，减少放天灯、放鞭炮等活动？简言之，就是要从生产、生活、消费、思想等各个方面推动可持续性发展。

## 国内外关注

1980 年，国际自然和自然资源保护联合会（International Union for Conservation of Nature and Nature Resources）公布的纲领性文件《世界自然资源保护大纲》（World Conservation Strategy）提出了可持续发展的前提，即系统研究自然、社会、生态与经济的相互作用，以及这些因素在自然资源利用中的动态关联与协同机制。1987 年，世界环境与发展委员会（World Commission on Environment and Development）出版的报告《我们共同的未来》（Our Common Future）首次正式提出了“可持续发展”的概念，并对其意义进行了解释："既能满足当代人的需要，又不对后代人满足其需要的能力构成危害的发展"（"development that meets the needs of the present without compromising the ability of future generations to meet their own needs"）。1989 年，第 15 届联合国环境规划署（United Nations Environment Program）理事会通过了《关于可持续发展的声明》（Declaration on Sustainable Development）。随后，1992 年在巴西里约热内卢召开了联合国环境与发展大会，该会议通过了以可持续发展为主题的一系列文件，包括《二十一世纪议程》（Agenda 21）、《里约环境与发展宣言》（Rio Declaration on Environment and Development）[也称《地球宪章》（Earth Charter）]。中国也在 1994 年提出了第一个国家级可持续发展战略——《中国 21 世纪人口、环境与发展白皮书》（也称《中国 21 世纪议程》）。

## ☙ 生态语言学的研究主题与目标

可持续发展的应用范围十分广泛，包括政治、经济、社会、历史、文化、地理、科技等。不同领域的研究侧重有所不同，有侧重经济发展的、侧重社会发展的、侧重国际关系的、侧重文化传承的，也就产生了与经济可持续发展、社会可持续发展、国际关系可持续发展、文化可持续发展等相关的一系列议题。

在生态语言学领域，可持续性是核心概念，是生态语言学研究想要实现的目标。首先，生态语言学产生的背景和研究动力与当前包括人类社会在内的生态系统发展所面临的极限性相关，可以说，生态语言学的研究主题就是如何推动可持续发展，这从不同学者和机构对生态语言学的定义或研究范围的描述可见一斑：

（1）语言和生态 2021（Language & Ecology 2021）：

Articles [submitted] must be clearly relevant to both language and ecology in its literal sense of the life-sustaining interactions of humans, other species and the physical environment.[1]

（提交的）文章必须与语言和生态有明确的相关性，研究的是人类、其他物种和物理环境之间维持生命的相互作用。

（2）国际生态语言学学会（International Ecolinguistics Association, IEA）：

Ecolinguistics explores the role of language in the life-sustaining interactions of humans, other species and the physical environment. The first aim is to develop linguistic theories which see humans not only as part of society, but also as part of the larger ecosystems that life depends on. The second aim is to show how linguistics can be used to address key ecological issues, from climate change and biodiversity loss to environmental justice.[2]

生态语言学探讨语言在人类、其他物种以及物理环境之间维持生命互动中的角色。其首要目标是发展一种语言学理论，该理论将人类不仅视为社会的组成部分，更视为生命赖以生存的更大的生态系统的一部分。第二个目标是展示如何利用语言学应对气候变化、生物多样性丧失、环境正义等关键生态问题。

1 来自 Ecoling 网站，溯于 2022 年 1 月 4 日。

2 来自 Ecolinguistics Association 网站，溯于 2022 年 1 月 4 日。

（3）Richard Alexander 和 Arran Stibbe：

Ecolinguistics is the study of the impact of language on the life-sustaining relationships among humans, other organisms and the physical environment. It is normatively orientated towards preserving relationships which sustain life.（Alexander & Stibbe，2014：105）

生态语言学研究语言对人类、其他生物和物理环境之间维持生命关系的影响，其规范导向在于维护这些维持生命的关系。

以上三个定义都以维持生命可持续关系为目的，讨论的是语言对四类生命可持续关系的影响，涉及人与人之间的生命可持续关系、人类与其他生物（其他物种）之间的生命可持续关系、人类与自然环境之间的生命可持续关系以及其他生物与自然环境之间的生命可持续关系。

## 生态语言学的三个可持续发展

生态语言学至少关注三方面的可持续发展——语言的可持续发展、自然环境（生态）的可持续发展和社会环境（生态）的可持续发展。

### 1. 语言的可持续发展

语言的可持续发展是生态语言学的重要研究对象；在近几十年的诸多成果中，具有代表性的研究成果之一是 Alwin Fill 和 Hermine Penz 在 2008 年主编的《保持语言可持续发展：应用生态语言学论文集》（*Sustaining Language: Essays in Applied Ecolinguistics*）。该议题可以从隐喻的和非隐喻的两个视角展开讨论。

在隐喻视角下，语言与言语社区（speech community）的关系被比喻为生物与自然环境的关系；语言多样性（language diversity）是语言可持续发展的关键。正如生物多样性消失会对自然环境产生破坏性影响一样，语言多样性丧失同样会破坏其所依存的社区的可持续发展。因此，虽然在全球一体化的推动下产生了“国际通用语”用以国际交流合作，但是尊重各国、各地区、各民族的语言差异和语言使用差异，维护语言多样性及其所承载和传递的文化也是生态语言学研究人员的主要任务之一。

在非隐喻视角下，语言是生态系统的有机组成部分，语言会影响人与自然环境以及人与其他物种的关系。因此，生态语言学研究人员要观察、了解语言系统的发展轨迹，洞悉其促进生态系统和谐发展的因素和与生态系统不协调的因素，使语言系统更适合、更适应生态系统。此外，研究者可以从语篇和话语出发，分析语篇和话语的语言特征（如词汇语法特征、修辞等），鼓励、推广有利于生态系统可持续发展的有益性话语（beneficial discourse），批评、揭露、抵制不利于生态系统可持续发展的破坏性话语（destructive discourse），不断提升各类话语的生态度（ecological degree）。

总而言之，语言的可持续性既包括隐喻模式（the metaphorical approach）下的语言多样性，还包括非隐喻模式（the non-metaphorical approach）下的语言系统和话语与生态系统的协调性。

**2. 自然环境（生态）的可持续发展**

自然环境（生态）可持续发展是可持续发展的重中之重。生态语言学致力于从语言的途径观察、分析、评估、解决环境问题。语言之所以可以帮助推进自然环境的可持续发展，是源于语言、现实和思维（认知）之间的互动。Edward Sapir 和 Benjamin Lee Whorf 将语言视为反思的形式，认为语言不仅反映经验，并且塑造经验，影响人对经验的感知。Halliday（1990）也提出了类似的看法，认为语言不仅反映现实，还主动构建现实，这一构建过程是通过对人的思维影响实现的。语言作为一种手段，可以巩固或改变人对现实的情感和认知，从而进一步影响人的行动。例如，在百度搜索“可持续发展”[1]，页面首条搜索结果如下图所示。

可持续发展(经济增长模式) - 百度百科

百度搜索“可持续发展”首条展示

百度百科对“可持续发展”的定义被置于页面顶部，应该是最多人点击阅读的。作为标题，“可持续发展（经济增长模式）”展示的是正文的主题，使读者在第一时间大概了解语篇的主要内容。关于该标题括号中的“经济增长模式”，可以有两种理解：一种是理解为“可持续发展是经济增长的一种模式”，在这种情况下，“可持续发展”和“经济增长模式”之间是类属关系；另一种是理解为“可持续发展就是保持经济增长的模式”，在这种情况下，“可持续发展”与“经济增长模式”是等同关系。不论采用哪种理解方式，都至少存在以下两个问题。第一，可持续发展涉及各个领域，而这一呈现方式将可持续发展限定在经济领域，是比较局限的；第二，经济增长模式仍然以增长主义（growthism）为核心，可能引导对可持续发展的错误理解。这样一来，该标题通过语言对可持续发展进行构建，影响读者的理解。在英语中，描述经济发展时与 sustain 搭配的词汇通常指的是“prolonged, durable and also profitable business”（Zappettini & Unerman，2016：537）。基于此，语言、现实和思维之间的关系可以表述为：语言左右人的思想和行为，影响自然环境的可持续发展。

1　来自百度百科网站，溯于 2021 年 7 月 8 日。

### 3. 社会环境（生态）的可持续发展

关于社会环境（生态）可持续发展，Brendon Larson 的描述是：

We seek not just ecological sustainability, but a more encompassing socioecological sustainability. We want a sustainable relationship between humans and the natural world rather than a sustained ecological system without humans which, to many of us, would be a sign of failure...（Larson，2011：17，转引自 Stibbe，2015：11）

我们追求的不仅仅是生态可持续性，而是更具包容性的社会生态可持续性；我们渴望建立的，是人类与自然世界之间的可持续关系，而不是一个脱离人类而独立存续的生态系统——在我们看来，那恰恰意味着失败……

在 Larson 的概念中，"生态可持续性"特指没有人类参与的自然生态可持续性；他将社会生态可持续性置于更广阔的范围，包含了（自然）生态可持续性。

社会生态系统（socio-ecological system）研究可以从不同的角度展开，比较具有代表性的是：（1）Bronfenbrenner（1979）从心理学角度建立的人与所处环境相互作用的行为系统，从内到外依次区分为微系统（与个体直接发生关系和互动的环境）、中系统（微系统之间发生关系和互动的环境）、外系统（个体未直接参与但却发生作用的环境）和宏系统（存在于微系统、中系统和外系统的，更为广阔的文化和社会体系，是一种意识形态）；（2）Germain & Gitterman（1980）在自我心理学（ego psychology）和系统理论（system theory）指导下提出的社会工作的生命模式，其中的重要观点之一是"人的发展是持续与其环境的不同层面进行交换并适应的过程，人们与生态环境之间是互惠的关系，即通过交换彼此影响”（卓彩琴，2013：114）；（3）Charles H. Zastrow 提出的社会生态系统理论，将人所处的社会生态系统分为微观系统（即社会环境中看似单个的个人）、中观系统（即小规模群体，如家庭、职业群体、社会群体）以及宏观系统（即更大规模的群体，如文化、社区、机构、组织），这三个系统总是处于相互影响、相互作用的关系之中（参见师海玲、范燕宁，2005；Zastrow & Kirst-Ashman，2004）。

## 参考文献

师海玲，范燕宁. 2005. 社会生态系统理论阐释下的人类行为与社会环境——2004 年查尔斯 · 扎斯特罗关于人类行为与社会环境的新探讨. 首都师范大学学报（社会科学版），（4）: 94–97.

卓彩琴. 2013. 生态系统理论在社会工作领域的发展脉络及展望. 江海学刊，（3）: 113–119.

Alexander, R. & Stibbe, A. 2014. From the analysis of ecological discourse to the ecological analysis of discourse. *Language Sciences, 41*(PA): 104–110.

Bronfenbrenner, U. 1979. *The Ecology of Human Development: Experiment by Nature and Design*. Cambridge: Harvard University Press.

Du Pisani, J. A. 2006. Sustainable development: Historical roots of the concept. *Environmental Sciences, 3*(2): 83–96.

Fill, A. & Penz, H. (Eds.). 2008. *Sustaining Language: Essays in Applied Ecolinguistics*. Vienna & Berlin: LIT Publishers.

Germain, C. B. & Gitterman, A. 1980. *The Life Model of Social Work Practice*. New York: Columbia University Press.

Halliday, M. A. K. 1990. New ways of meaning: The challenge to applied linguistics. *Journal of Applied Linguistics*, (6): 7–16.

Larson, B. 2011. *Metaphors for Environmental Sustainability: Redefining Our Relationship with Nature*. New Haven: Yale University Press.

Stibbe, A. 2015. *Ecolinguistics: Language, Ecology and the Stories We Live by*. London & New York: Routledge.

Zappettini, F. & Unerman, J. 2016. "Mixing" and "bending": The recontextualisation of discourses of sustainability in integrated reporting. *Discourse & Communication, 10*(5): 521–542.

Zastrow, C. H. & Kirst-Ashman, K. K. 2004. *Understanding Human Behaviour and the Social Environment* (6th ed.). Belmont: Thomson Learning.

# 良知原则

## THE PRINCIPLE OF CONSCIENCE

良知原则（the principle of conscience）是和谐话语分析（harmonious discourse analysis）以人为本假定（the assumption of human-orientedness）的自觉条件。所谓良知，是一种本能，也是一种智慧。正是因为有这样的一种本能，人们才可以判断：什么是正确的，什么是错误的；什么是美好的，什么是丑恶的；什么是应该做的，什么是不能做的。也正是因为有这样的一种本能，人们才会因为做了自己认为是对的、美好的事情而感到愉悦，会因为做了自己认为是错误的、丑恶的事情而感到内疚、羞愧。当这样的一种本能上升为智慧时，便可以推动社会和自然界向更和谐的方向发展。

### ☙ 知行合一

"良知"一词源自孟子，它不用学习，是与生俱来的。如孟子所论，"人之所不学而能者，其良能也，所不虑而知者，其良知也"（《孟子·尽心章句上》)。但是，孟子所述之“良”并非“善良”的意思，而是指“天生的”,“知”可以解释为“智慧”。王阳明哲学理论的核心“致良知”中的“良知”则是指道德意识，这是一种内在力量，并且人人有之；而“致”是一个将良知付诸实践的过程。因此，“致良知”也就是知行合一，在实践中遵循和落实良知。举个简单的例子，我们内心爱自己的孩子，因此在实践中也就努力奋斗，尽量为他们创造良好的生活条件。同样，我们看到受伤的流浪猫狗会心生怜悯，因此会救助它们，比如提供食物，送往救护站，或者收养（如平时所提倡的“收养代替购买”)。再举个例子，我们知道鲨鱼被割掉鱼鳍后会死亡就会感到痛惜，那么在实际行动中就应该拒食鱼翅。良知原则的深层含义是“致良知”原则，强调对事物和事件的判断要落实到实践，达到认知和行为的统一。这是因为对于某些人来说，他们虽然明白生态环境的重要性，也会因做出破坏环境的行为而感到羞耻和难过，但是在利益驱动下却仍然做出破坏性行为，这就是知行不一。

## ☙ 内在的善性和语言的作用

良知强调的是内在的善性。我国传统儒家文化认为，人的本性是善良的：“恻隐之心，仁之端也；羞恶之心，义之端也；辞让之心，礼之端也；是非之心，智之端也。人之有是四端也，犹其有四体也。”(《孟子·公孙丑章句上》)“四端说”表达的含义是：恻隐心、羞耻心、辞让心和是非心分别是仁、义、礼、智的开端；人有这四个开端正如人有四肢一样，是与生俱来的。孟子还说道：“人性之善，犹水之就下也。人无有不善，水无有不下。”(《孟子·告子章句上》)这段话表达的主旨是，所有人的本性都是善良的。人的恶意和恶行是后天环境所带来的。因此，生态语言学的研究目的之一就是利用语言的力量，唤醒人的良知，摒弃恶的观念和行为，实现知与行的一致，推动生态系统的可持续发展。

## ☙ 生态良知

在生态语言学中，良知被拓展到涉及整个生态系统的生态良知，是判断与生态相关的是、非、善、恶的天赋智慧，体现在人对生态问题的态度和评价以及基于态度和评价所做出的行动。生态良知最重要的是推动人们对生态系统的保护从外在制约向内在自省和自律转化。例如，尽管各国对非法捕杀、走私野生动物行为开展了严厉打击，但是仍然有很多不法分子铤而走险，这就是违背人的良知。对于这些人而言，并不能否定其良知的内在天赋，但是在现实中他们受到各种利益的诱惑而蒙蔽了良知，或者即使他们的良知仍在，但是却没有遵循良知，没有实现知行合一。

更多参见黄国文（2017）、黄国文和赵蕊华（2019）、赵蕊华和黄国文（2017，2021）、Huang & Zhao（2021）和 Zhao & Huang（2026）。

## 参考文献

黄国文. 2017. 论生态话语和行为分析的假定和原则. 外语教学与研究，（6）：880–889，960.

黄国文，赵蕊华. 2019. 什么是生态语言学. 上海：上海外语教育出版社.

赵蕊华，黄国文. 2017. 生态语言学研究与和谐话语分析——黄国文教授访谈录. 当代外语研究，（4）：15–18，25.

赵蕊华，黄国文. 2021. 和谐话语分析框架及其应用. 外语教学与研究，（1）：42–53，159–160.

Huang, G. W. & Zhao, R. H. 2021. Harmonious discourse analysis: Approaching peoples' problems in a Chinese context. *Language Sciences, 85*(PA): 101365.

Zhao, R. H. & Huang, G. W. 2026. *Harmonious Discourse Analysis: Ecolinguistics Through Chinese Culture and Philosophy*. London & New York: Bloomsbury.

## 绿色语法 GREEN GRAMMAR

绿色语法（green grammar）是 Andrew Goatly 于 1996 年在《绿色语法和语法隐喻，或语言和权力的神话，或我们为之而死的隐喻》（"Green Grammar and Grammatical Metaphor, or Language and Myth of Power, or Metaphors We Die by"）一文中正式提出的，其目的是为批评话语分析（critical discourse analysis，CDA）提供另一个选择。绿色语法认为，相对于及物性（transitivity）分析，名物化（nominalization）结构和作格分析（ergative analysis）（参见 Davidse，1992）可以挑战人类控制自然的思想，展示自然界中过程的"多向性、多元性和交互性"（黄国文、赵蕊华，2019：168），摆脱及物性分析的单向性，更适合描述真正的自然生态，因此绿色语法也被称为"协和语法"（consonant grammar）。Goatly 将及物性分析视为"一致语法"（congruent grammar），认为凡是偏离"名词词组表征事物，动词词组表征过程，形容词词组表征事物特质，副词表征过程特质"（何伟、安德鲁·格特力，2020）这一映射的语法都是隐喻的。

## ☙ Goatly 对及物性的挑战

Goatly 反对 Hallliday & Martin（1993）关于名物化的看法。Halliday & Martin（1993）认为，虽然名物化在科学语言中有利于术语分类和过程推进，但却不利于从相对论的视角展示世界。这是因为名物化模糊了事物（Thing）与过程（Process）之间的区别，将世界构建成事件而非过程。相反，Goatly 认为正是事物和过程之间模糊的界限可以消除对施动者（Agentive Participant）和受动者（Affected Participant）的区分，展示一个更为交织相融的状态。有关名物化不同的看法，胡壮麟（1999：2）认为，这一看似"系统功能语言学内部的一场论争，实际上是 Goatly 对数百年来近代语言学的一次挑战"。

基于相对论、热力学和熵、混沌理论和盖亚假说（Gaia Hypothesis），Goatly（1996：539）提出，对于生态科学而言，它强调的是"过程、相互关系和相互作用"（process, interrelatedness and reciprocity），因此需要的是一个非一致式语法（incongruent grammar），也就是隐喻式语法（metaphorical grammar）。然而，及物性过程对施动者、受动者和环境（Circumstance）进行明确划分，可能会造成四个方面的问题（Goatly，1996）：第一，[施动者 · 受动者 · 环境] 这一结构不利于对世界整体性的理解；第二，[施动者 · 受动者] 这一结构展示的是一个错误的单向因果关系；第三，施动者 / 受动者和环境的划分错误地暗示了环境不受影响；第四，即使在近代物理学中，将现象划分为过程和事物也是有待商榷的。为了解决这四个问题，Goatly（1996）提出构建协和语法，即绿色语法。绿色语法以过程为中心，突出过程的本质、自发性和向心性，可以通过"标记激活……、经验 / 现象激活……、环境激活……、类似 it 或 there 等形式结构的运用……、创造类过程与同源物体的使用……、互相动词和反身代词的使用……、作格动词的使用……、动词的名物化……”（何伟、安德鲁·格特力，2020：3；参见 Goatly，2007）来实现。

## ☙ Mary Schleppegrell 对 Andrew Goatly 的挑战

Schleppegrell（1997）对 Goatly 关于名物化的看法提出质疑。基于对中学环境教育教科书名物化使用的分析，Schleppegrell 提出，Goatly 的观点在教学领域是站不住脚的。不论是从个体发生（ontogenesis）的角度还是从语篇发生（logogenesis）的角度，及物性结构都是更早发生的，也是更重要的。教师通常会利用及物性结构对名物化进行解释，而学生也通常利用及物性结构进行写作。另外，Schleppegrell 认为，为了更好地理解环境问题，学生需要了解造成环境问题的具体责任者，而名物化结构无法提供这一信息。在将名物化解构的过程中，解读者通常利用类属或不确定的成员来补充，如 human、people、we 等，但这实际上模糊了责任主体，无法传递正确的、充分的信息，因此不利于解决环境问题；而及物性过程则可以有效地弥补这一缺陷。此外，Stibbe（2015，2021）同样认为，名物化不利于生态和谐，因为该结构隐藏了（不论是有意还是无意）造成生态问题的责任者。

对绿色语法的详细论述和评价可参见胡壮麟（1999）和王晋军（2006）。

## 参考文献

何伟，安德鲁·格特力. 2020. 生态语言学的学科属性及其分支生态文体学——安德鲁·格特力教授访谈录. 北京科技大学学报（社会科学版），（1）：1–7.

胡壮麟. 1999. 科学理论新发现与语言学新思维——兼评 Goatly 协和语法. 外语教学与研究，（4）：1–6.

黄国文，赵蕊华. 2019. 什么是生态语言学. 上海：上海外语教育出版社.

王晋军. 2006. 绿色语法与生态和谐. 华南理工大学学报（社会科学版），（2）：57–60.

Davidse, K. 1992. Transitivity/ergativity: The Janus-headed grammar of actions and events. In D. Martin & L. Ravelli (Eds.), *Advances in Systemic Linguistics: Recent Theory and Practice*. London: Pinter, 105–135.

Goatly, A. 1996. Green grammar and grammatical metaphor, or language and the myth of power, metaphor we die by. *Journal of Pragmatics*, *25*(4): 537–560.

Goatly, A. 2007. *Washing the Brain: Metaphor and Ideology*. Amsterdam: John Benjamins.

Halliday, M. A. K. & Martin, J. R. 1993. *Writing Science: Literacy and Discursive Power*. London: Falmer.

Schleppegrell, M. 1997. What makes a grammar green? *Journal of Pragmatics*, *28*(2): 245–248.

Stibbe, A. 2015. *Ecolinguistics: Language, Ecology and the Stories We Live by*. London & New York: Routledge.

Stibbe, A. 2021. *Ecolinguistics: Language, Ecology and the Stories We Live by* (2nd ed.). London & New York: Routledge.

## 绿色语言 GREENSPEAK

绿色语言（greenspeak）最早出现在《绿色语言：环境话语研究》（*Greenspeak: A Study of Environmental Discourse*）（Harré et al., 1999）中，它链接了环境主义（environmentalism）和环境话语，以及环境与环境

话语。绿色语言中的“语言”有多种呈现形式，包括书面的、口头的、图画的，而话语则是绿色语言的方言。

Rom Harré 等人的研究受到 M. A. K. Halliday 关于语言与现实关系看法的影响，赞同语言不仅反映、描述、记录现实，还塑造和改变现实，因此他们认为语言作为一种重要的工具和认知资源，可以帮助理解环境现象和问题。绿色语言研究关注环境话语的语言、哲学、心理和文化历史方面，讨论语言如何与自然和文化互动，从而发现绿色语言的运作机制。

## ☙ 绿色语言的特征

绿色语言是独立的，它虽然涉及文化、科学、经济、道德等领域，但是并不隶属于其中任何一个；绿色语言是随着环境问题的凸显，在不同领域出现的语言“绿化”（greening）问题。绿色语言有不同生态度（ecological degree）之分。例如，自然诗歌和推动生态文明（ecological civilization / eco-civilization）的话语的生态度较高，但是诸如工业绿色语言、绿色产品广告的生态度则较低。工业绿色语言和绿色产品广告存在的最大风险是通过心理的手段将语言植入文化，使受话者无法察觉其问题所在。此外，当前一些行业或公司开展了形象绿化行动，包括响应环保需求、做绿色广告等。虽然这些行动有可能在一定程度上减少对环境的破坏，但是其最终目的仍然是销售产品，推动消费主义（consumerism）（Howlett & Raglon，2001）

## ☙ 漂绿

绿色语言的部分研究对象被视为“漂绿”（greenwash），如工业或商业领域与产品、政策、活动相关的环境语言。Greenwash 由 green 和

whitewash合成，是美国环保主义者Jay Westerveld在1986年提出的，其含义是企业借用环保的名义，展示（更多是伪装）企业的绿色形象，进行虚假宣传或者误导宣传，而这样做的目的是追求经济利益而不是出于对环境问题的考虑（Laufer，2003；Polonsky et al.，1997；参见黄玉波、雷月秋，2021）。Stibbe（2015，2018）也注意到了话语或语篇漂绿的问题。这些漂绿的话语或语篇在表面看来有利于环境保护，但是这只是表层生态。如果深入研究其语言和非语言资源并探索背后的生态哲学观（ecosophy）就可以发现，这些只不过是披着绿色外衣的破坏性话语（destructive discourse）或者中性话语（ambivalent discourse），即生态度偏低的话语。

## 参考文献

黄玉波，雷月秋. 2021. 企业漂绿行为的类型与识别—— 一项针对受众的扎根理论研究. 国际新闻界，（2）: 98–117.

Harré, R., Brockmeier, J. & Mühlhäusler, P. 1999. *Greenspeak: A Study of Environmental Discourse*. Thousand Oaks: Sage.

Howlett, M. & Raglon, R. 2001. Constructing the environmental spectacle: Green advertisements and the greening of the corporate image, 1910–1990. In A. Fill & P. Mühlhäusler (Eds.), *The Ecolinguistics Reader: Language, Ecology and Environment*. London: Continuum, 245–257.

Laufer, W. S. 2003. Social accountability and corporate greenwashing. *Journal of Business Ethics, 43*(3): 253–261.

Polonsky, M. J., Carlson, L., Grove, S. & Kangun, N. 1997. International environmental marketing claims: Real change or simple posturing. *International Marketing Review, 14*(4): 218–232.

Stibbe, A. 2015. *Ecolinguistics: Language, Ecology and the Stories We Live by*. London & New York: Routledge.

Stibbe, A. 2018. Positive discourse analysis: Rethinking human ecological relationships. In A. Fill & H. Penz (Eds.), *The Routledge Handbook of Ecolinguistics*. London & New York: Routledge, 165–178.

# 批评话语分析
# CRITICAL DISCOURSE ANALYSIS, CDA

批评话语分析（critical discourse analysis，CDA）采用否定的、批判的视角分析话语，讨论语言、意识形态和权力之间的关系，揭示语言所反映和构建的权力关系以及意识形态的运作和传播方式，重点关注社会和政治领域的问题，代表人物有 Norman Fairclough、Ruth Wodak、Roger Fowler 等。批评话语分析为弱势群体（被压迫的、被操控的、被剥削的、被控制的一方）发声，主要针对不平等的权力分配以及扭曲的意识形态，旨在改变不公平、不平等的社会秩序。因此，批评话语分析不仅仅是一个描述性活动（话语是什么），而且还要在基于话语描述的基础上对话语发生的方式（话语怎么样）和原因（话语为什么）进行解释，并进一步介入现实甚至改变现实（话语做什么）。

## ☙ 批评话语分析和生态批评话语分析

批评话语分析与生态批评话语分析（eco-critical discourse analysis）相似，是跨学科的（inter-disciplinary），吸收了来自社会学、语言学、政治学、人类学、心理学、符号学、历史学、认知科学等学科的思想。生态批评话语分析并不是批评话语分析下面针对生态类或环境类话语的分析，但是它吸收了批评话语分析和批评语言学（critical linguistics）的思想（参见 Fairclough，1989；Fowler，1991；Wodak & Meyer，2001）。

生态批评话语分析和批评话语分析都从批判的视角出发分析语篇或话语，关注不公正、不公平和不合理现象。但是，不同于批评话语分析侧重于揭露人类社会中不同群体间的权势争斗和利益分配，生态批评话语分析侧重于揭示生态系统中不同组成部分（包括人、植物、动物、环境、资源等）之间的不平等关系。鉴于两者不同的研究目的，批评话语分析常常选择政治或社会领域的冲突性语篇或话语作为研究对象，而生态批评话语分析常常选择环境类语篇或话语作为研究对象。不过，这只是一种选择倾向；生态话语分析（ecological discourse analysis / eco-discourse analysis）可以对所有类型的语篇和话语进行分析，而作为其主要路径之一的生态批评话语分析也是同理。对于同一个语篇或话语，既可以从批评话语分析的路径研究语篇或话语中的权势分配及其所反映的意识形态斗争，也可以从生态批评话语分析的路径研究语篇或话语所传递的生态哲学观（ecosophy）及其对生态可持续发展所产生的影响。这里，“生态”是广义上的生态，包括了自然生态、社会文化生态（sociocultural ecology）、国际关系生态、话语生态等。

## ☙ 案例分析

下面以一段短文为例展示如何在这两个不同视角下分析同一个语篇。

The U.S. intelligence focus is chiefly aimed at Russia’s military buildup in the far north under President Vladimir Putin. The country’s Northern Fleet is based above the Arctic Circle at Murmansk.

...

Alaska Gov. Bill Walker complained that the Pentagon is closing bases and shedding troops while Moscow has begun rebuilding a military force that was eviscerated after the collapse of the Soviet Union.[1]

上面一则新闻的主题是美国在北极地区的活动。从语域（register）层面看，选文的语场（field of discourse，即话语主题）是美俄两国在北极地区的军事对抗和争斗，语旨（tenor of discourse，即话语参与者）是两个主体——美国和俄罗斯，语式（mode of discourse，即话语发生方式）是通过网络传播的正式新闻语篇。下面将分别从批评话语分析和生态批评话语分析两个视角进行对比讨论。

**1. 批评话语分析**

在词汇语法层（the lexicogrammatical stratum），美俄两个主体间的冲突首先表现在第一段第一句的关系过程（relational process）中（“is... aimed at”），作为方向性信息的俄罗斯北极军备增加是美国情报机构的关注对象。其次，两国在北极区域的冲突还表现在第二段的言语投射（projection）中——时任阿拉斯加州州长的 Bill Walker 抱怨美国对北极不重视。此外，选文还利用一个表示地点的环境成分（Circumstance）介绍俄罗斯北方舰队在北极圈的驻扎位置（“above the Arctic Circle at Murmansk”），并利用一个表示时间类增强关系的小句复合体（“while”）展示两国的行动对比；这两个手段构建了美国在北极地区建立情报网络的背景，即俄罗斯在北极地区日渐增强的军事力量以

1 来自 Los Angeles Times 网站，溯于 2021 年 7 月 24 日。

及美国在该地区控制力量的减弱。虽然美国将建立北极情报网络归因于他国威胁和自身安全需要，但这实际上是美国在新的区域（北极地区）弥补薄弱环节、巩固全球霸权的表现，是其霸权主义在新区域的拓展。

**2. 生态批评话语分析**

随着近年来全球变暖趋势加快，北极的地缘政治地位不断提升，该地区一方面成为一些国家进行领土扩张、军事对抗、资源争夺、文化侵入的冲突点，另一方面也成为各国开展科学研究和环境保护的合作区域。上面一段选文集中展示了美俄两国在北极地区的军事抗衡。军事基地建设和驻军势必对当地环境构成极大影响，但这些影响在文中被完全删略（erasure）了。从这个意义上来说，美俄两国在北极的军事行动都会对当地的自然生态产生破坏性影响。除了对自然生态的破坏，北极驻军还会冲击当地的社会文化生态，尤其表现在北极土著居民的语言使用和身份认同两个方面（Medby，2017，2018，2019；Patrick，2005；Pietikäinen，2018）。此外，美俄两国在北极的军事冲突还会对国际生态产生负面影响。正如包含多种生物的自然生态系统一样，国际生态系统包含了不同的国家和地区，它们有各自的特性和发展进程，但是最终实现的应该是一个和谐的、可持续的关系。

## 参考文献

Fairclough, N. 1989. *Language and Power*. London: Longman.

Fowler, R. 1991. *Language in the News: Discourse and Ideology in the Press*. London & New York: Routledge.

Medby, I. 2017. *Peopling the State: Arctic State Identity in Norway, Iceland and Canada*. Durham: Durham University Press.

Medby, I. 2018. Articulating state identity: "Peopling" the Arctic state. *Political Geography, 62*: 116–125.

Medby, I. 2019. State discourses of indigenous "inclusion": Identity and representation in the Arctic. *Antipode, 51*(4): 1276–1295.

Patrick, D. 2005. Language rights in indigenous communities: The case of the Inuit of Arctic Québec. *Journal of Sociolinguistics, 9*(3): 369–389.

Pietikäinen, S. 2018. Investing in indigenous multilingualism in the Arctic. *Language & Communication, 62*(Part B): 184–195.

Wodak, R. & Meyer, M. (Eds.). 2001. *Methods of Critical Discourse Analysis*. London: Sage.

# 亲近原则

## THE PRINCIPLE OF PROXIMITY

亲近原则（the principle of proximity）是和谐话语分析（harmonious discourse analysis）以人为本假定（the principle of human-orientedness）的具体表现，主要从两个方面讨论：爱有差等；亲近的起点和维度选择。

### ☙ 爱有差等

传统儒道思想主张“生”的哲学，如“天何言哉？四时行焉，百物生焉，天何言哉？”（《论语·阳货》）以及“道生一，一生二，二生三，三生万物”（《道德经》第四十二章），讲的都是世间万物起源、生长于自然界。生的哲学（参见乔清举，2013）主张的是人和其他生物的起源相同（“天”或者“道”）以及人与其他生物统一于自然界。生的哲学讨论生态系统中的各种生命形式及其关系和互动，关注人类对生命和价值的思考以及对环境所做的行动，有利于推动人与自然和谐共处。因此，人对自然环境和其他生物应该是有爱的，这也是人的良知使然。

虽然生态系统中的万物平等，但万物享有相同的、相等的爱是一种生态乌托邦，是难以实现的。在现实生活中，爱是有分别的，存在种类和程度上的差异，这也就是儒家所说的“爱有差等”。生态系统中的万物有其个体特征和特定的角色与作用，相互之间的亲、疏、远、近关系也有所不同，不能一概而论。儒家主张的“推爱”就是从最近的、最亲密的关系扩展到较远的、较生疏的关系，这是一个由近及远，最后直至大爱的延伸过程。推爱可以通过孟子的话理解：“君子之于物也，爱之而弗仁，于民也，仁之而弗亲，亲亲而仁民，仁民而爱物。”（《孟子·章句尽心上》）这句话的意思是：对于万物，君子爱之却非仁爱，对于人民，君子有仁爱之心却非亲近，由爱亲人推及爱人民，由爱人民推及爱万物。因此，亲亲、仁民、爱物虽然描述了爱的差异，但最后也走向大爱。和谐话语分析的亲近原则始于万物“生”的平等，经历不同种类和不同范围的爱的差异，最终落脚于爱万物。

## ☙ 亲近的起点和维度

关于生态系统中不同成分的定位，中国传统儒家代表人物之一荀子认为：“水火有气而无生，草木有生而无知，禽兽有知而无义，人有气、有生、有知、亦且有义，故最为天下贵也。”（《荀子·王制》）这是一个进化的观点，其含义是：水火有气却没有生命，草木有生命却没有知觉，禽兽有知觉却没有道义，而人兼而有之，因此是天下最可贵的。这与进化系统类型说（typology of evolving systems）所提到的现实世界中四类系统之间的关系相似。以水火为起点，草木、禽兽和人所包含的要素依次增多，复杂性依次增强，概括性依次降低，而人具备气、生命、知觉和道义四个要素，既享受权益也要承担责任，如图 1 所示。

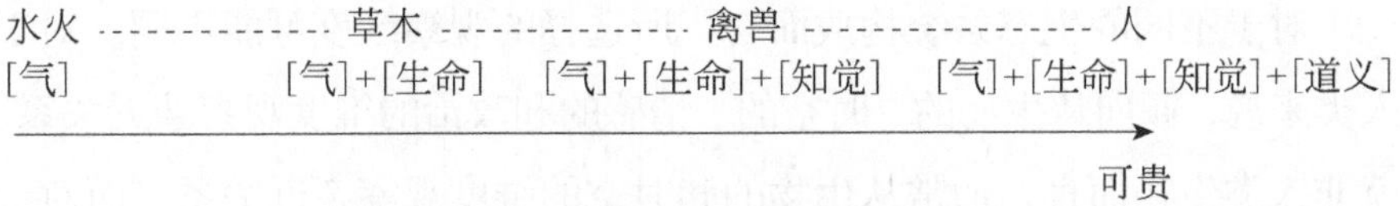

水火 -------------- 草木 -------------- 禽兽 -------------- 人
[气]　[气]+[生命]　[气]+[生命]+[知觉]　[气]+[生命]+[知觉]+[道义]
——————————————————————→
可贵

**图 1　生态系统中不同组成部分的定位**

在对话语的分析中，亲近原则既包含了观察起点的选择，也包含了判断维度的选择。Huang & Zhao（2021）展示了亲近原则中涉及的不同观察起点和判断维度，如图 2 所示。

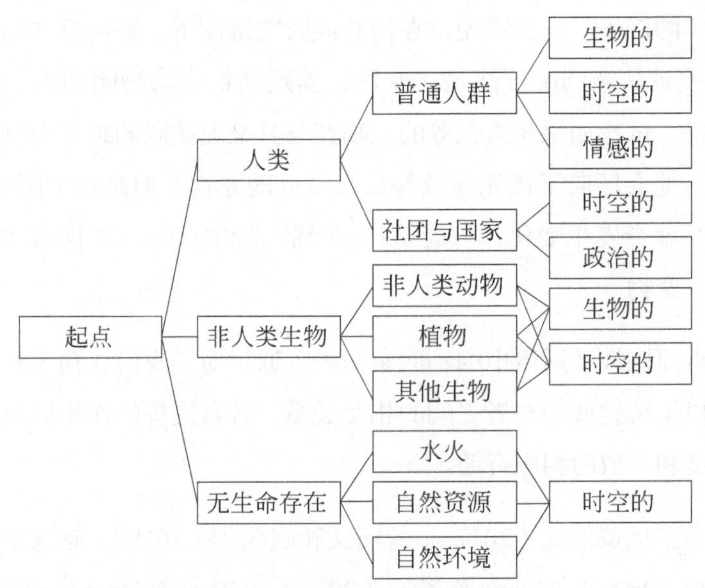


**图 2　亲近原则中的起点选择和观察维度（Huang & Zhao，2021：11）**

受荀子对水火、草木、禽兽和人的划分的启发，亲近关系评估的起点分为三类，即人类、非人类生物以及无生命存在，其中人类进一步分为普通人群和社团与国家，非人类生物进一步分为非人类动物、植物和其他生物，无生命存在（但是有气）进一步分为水火、自然资源和自然环境。

对于不同的生态系统构成而言，所选择的观察维度可能不同。对于人类来说，倾向从生物的、时空的、情感的和政治的维度观察亲近关系。就非人类生物而言，通常从生物的和时空的维度观察亲近关系，而对于无生命存在而言，一般观察其时空维度。但是，这并不是说某个特定起点的观察维度仅限于图 2 所展示的，比如以社团与国家为起点的观察维度除了常见的时空维度和政治维度，也可以是情感维度。

为了简要说明起点选择和观察维度对亲近关系所产生的影响，这里举个简单的例子。一般来说，在情感或时空维度下，普通群众与非人类动物的关系从亲到疏可能是：宠物、养殖动物或动物园动物、（珍稀）野生动物。试想如果某人饲养的宠物和与其毫无关联的野生动物同时遇到危险，他会倾向于优先拯救与自己亲近的宠物。但是对于国家而言，这个排序就会发生变化，可能是：（珍稀）野生动物、动物园动物或养殖动物、宠物。

亲近原则涉及话语中的不同参与者，通过对其身份、角色和互动的分析可以了解这些参与者之间的相互关系、各自发挥的作用以及展示的相应态度和采取的相应行动。

更多参见黄国文（2017）、黄国文和赵蕊华（2019）、赵蕊华和黄国文（2017，2021）、Huang & Zhao（2021）和 Zhao & Huang（2026）。

## 参考文献

黄国文. 2017. 论生态话语和行为分析的假定和原则. 外语教学与研究，(6): 880–889，960.

黄国文，赵蕊华. 2019. 什么是生态语言学. 上海：上海外语教育出版社.

乔清举. 2013. 儒家生态思想通论. 北京：北京大学出版社.

赵蕊华，黄国文. 2017. 生态语言学研究与和谐话语分析——黄国文教授访谈录. 当代外语研究，(4): 15–18，25.

赵蕊华，黄国文. 2021. 和谐话语分析框架及其应用. 外语教学与研究，(1): 42–53，159–160.

Huang, G. W. & Zhao, R. H. 2021. Harmonious discourse analysis: Approaching peoples' problems in a Chinese context. *Language Sciences, 85*(PA): 101365.

Zhao, R. H. & Huang, G. W. 2026. *Harmonious Discourse Analysis: Ecolinguistics Through Chinese Culture and Philosophy*. London & New York: Bloomsbury.

# 删略，提醒 ERASURE, RE-MINDING

删略（erasure）在社会科学中并不是一个陌生的概念，它已经出现在很多不同的领域，用于讨论诸如性别（如 Baker，2008；Lutz，1990；Namaste，2000）、种族（如 Ferber，2007）、科技与文化（如 Barnet，2003）等问题。删略可以被解释为压制（suppression）、缺省（absence）、背景化（backgrounding）、排除（exclusion）、抽象化（abstraction）等。（参见 Baker & Ellece，2011；Fairclough，2003；van Leeuwen，2008）

## ☙ 话语分析中的删略

Baker & Ellece（2011）在《话语分析核心术语》（*Key Terms in Discourse Analysis*）中将删略定义为一种排除或边缘化的手段。在话语分析中，删略主要用于消除次要范畴以及维护统治范畴与次要范畴之间的清楚界限。

## ☙ 生态语言学中的删略

在生态语言学研究中，删略指的是“人们脑海中的故事，认为生活中的某个领域不重要或者不值得关注”（a story in people’s minds that an area of life is unimportant or unworthy of consideration）（Stibbe，2015：146）。由此可见，删略讲述了与凸显（salience）相反的故事（story）。但是删略与凸显相同，它们都受发话者生态哲学观（ecosophy）的影响。在特定生态哲学观的指导下，发话者有目的地选择使用某种删略模式（erasure pattern），即使用“一种语言表征将某个生活领域呈现为不相关的、边缘的或不重要的”（a linguistic representation of an area of life as irrelevant, marginal or unimportant），主要“通过该领域在语篇中的系统化缺失、背景化或扭曲”（through its systematic absence, backgrounding or distortion in texts）（Stibbe，2015：146）实现。删略的手段可以通过语言实现，如吸引较多研究者注意的名物化（nominalization）、被动语态、上下义词等，也可以通过完全不提及被删略的事物实现。因此，删略是一个程度化的概念：如果完全不提及，是强删略［即“空白”（void）］，如果提及部分或者以另一种形式提及，是弱删略［即“痕迹”（trace）和“面具”（mask）］（Stibbe，2015）。生态语言学领域对删略开展详细讨论的代表作有 Berger（2009）、Chen et al.（2021）、

Everett & Neu（2000）、Kahn（2001）、Pierson（2005）、Stibbe（2012）等。

## ☙ 提醒

生态语言学通过对语言系统、话语和语篇的分析，揭示被删略的是什么及其删略模式，并对删略进行评估。如果删略对生态系统的可持续发展是有益的，则可以保持并推广；但是，如果删略对生态系统的可持续发展是不利的，则要显示所删略的，并进行补充和改进，这就是“提醒”（re-minding），它指的是：“明确呼吁关注某一特定语篇或话语中所删略的生活的重要领域，并要求重新思考该领域”（explicitly calling attention to the erasure of an important area of life in a particular text or discourse and demanding that it be brought back into consideration）（Stibbe，2015：162）。Stibbe（2015）进一步指出，生态语言学本身就是一种提醒，因为生态语言学研究的目的之一就是将在追逐人类利益最大化时被删略的生态系统及其成分显示出来，提请人们关注这些问题。

## ☙ 案例分析

下面是一段关于北极石油开采的摘选。

Oil companies have eyed the Arctic for years. With an estimated 90 billion barrels of oil lying north of the Arctic Circle, the circumpolar north is arguably the last corner of the globe that is still almost entirely unexplored.

As drilling technology advances, conventional oil reserves become harder to find, and climate change contributes to melting sea ice, the

Arctic has moved up on the list of priorities in oil company board rooms. ( Cunningham, 2015 )

上面两个段落节选自一篇关于北极石油开采的长文。选文的第一段介绍了北极丰富的石油储备，第二段介绍了石油公司对北极地区石油的渴望，并将渴望归因于不断进步的技术、传统石油储备的开发难度和全球气候变暖。该选文中完全没有出现对北极脆弱的生态环境的考虑以及在该地区开采石油存在的潜在风险，如石油泄漏带来的环境污染问题，以及人和机器对当地居民和动物的干扰问题。该选文甚至将北极地区的环境、生物、居民完全删略，将北极构建成一个似乎没有生命的、可以随意占领并利用的偏远地区。这样的强删略不仅存在于上面所节选的两个段落中，而且贯穿了整个语篇。该语篇强调的是石油公司所面临的困境、北极石油开发对石油公司的重要性以及石油公司在北极地区的石油开采计划。从这方面来看，它以人类的经济利益为中心，非常不利于北极地区的生态保护，是破坏性的。

接下来看另一段摘选。

Vast and spectacular, the Arctic reaches from Russia’s Far East to Spitsbergen to Arctic Norway. Covered in ice pack for most of the year, it is during the short summer months we are offered the opportunity to witness the diverse scenery, unusual wildlife and interesting peoples the Arctic has to offer. Whether it is an adventure into history, an exploration of natural wonders, or a look at rare and amazing cultures, there is a voyage for everyone in the land of the midnight sun.

We provide complete trip planning services for cruises and land based trips to the various Arctic regions, including the Canadian Arctic, Greenland,

Spitsbergen, Alaska and the Russian Far East.

The High Arctic is best explored in July to September, as the pack ice recedes. From the decks of huge ice breakers to Luxury Cruise Ships to 50 passenger converted research ships and land based camps and lodges, there's a lot to explore. Polar bears, walrus, seals, and even Arctic foxes haunt the ice edge, while millions of seabirds breed and raise their young on ledges and barren islands. Remote villages, icebergs and magnificent scenery and historic sites make for unforgettable vacations.[1]

上面的语篇选自 Steppes Travel 网站上以北极为目的地的旅游宣传。该语篇首先在第一个段落介绍了北极的相关知识，例如，地理位置（“from Russia's Far East to Spitsbergen to Arctic Norway”）、旅游时间（“the short summer months”）和构成（“scenery”“wildlife”“peoples”“natural wonders”“cultures”），并利用一系列的评价性词汇（“vast and spectacular”“diverse”“unusual”“interesting”“rare and amazing”）展示北极地区的独特性，从而吸引潜在客户。在这一段中，作者对北极进行了具体、生动的描绘，将北极旅游形容为一次冒险（“an adventure”）、一次探索（“an exploration”），为普通的旅游披上了神秘的面纱。第二段和第三段描述了公司可以提供的服务以及游客可以探索的内容。公司的旅游服务覆盖广袤的地域（“including the Canadian Arctic, Greenland, Spitsbergen, Alaska and the Russian Far East”），提供多种类型的游轮或游船（“from the decks of huge ice breakers to Luxury Cruise Ships to 50 passenger converted research ships and land based

1 来自 Steppes Travel 网站，溯于 2021 年 7 月 21 日。

camps and lodges”)，因此游客可以有多种选择。此外，作者还展示了北极地区的各种动物、村庄、背景、历史遗迹等，向读者描绘了一个较为完整的北极面貌。

上面的两个选文存在一个共同点和两个不同点。共同点是：两个选文都没有提及外来活动（不论是石油开采还是旅游）对北极环境的污染和对当地居民和动物的打扰。不同点是：第二个选文并没有完全删略北极及其构成，而是保留了北极的自然和人文“痕迹”，以探险（实则旅游）为名，强调人可以获得的利益，隐蔽北极生态系统可能受到的影响，这种掩盖现实的弱删略就是“面具”（Stibbe，2015）。

## 参考文献

Baker, P. 2008. *Sexed Texts: Language, Gender and Sexuality*. London: Equinox.

Baker, P. & Ellece, S. 2011. *Key Terms in Discourse Analysis*. New York: Continuum.

Barnet, B. 2003. The erasure of technology in cultural critique. Retrieved September 23, 2021, from Fibreculture Journal website.

Berger, J. 2009. *Why Look at Animals?* London: Penguin.

Chen, W., Bartlett, T. & Peng, H. 2021. The erasure of nature in the discourse of oil production: An enhanced eco-discourse analysis, Part 1. *Pragmatics & Society, 12*(1): 6–32.

Cunningham, N. 2015. Arctic Oil on Life Support. Retrieved July 21, 2021, from Oil Price website.

Everett, J. & Neu, D. 2000. Ecological modernization and the limits of environmental accounting? *Accounting Forum, 24*(1): 5–29.

Fairclough, N. 2003. *Analysing Discourse: Textual Analysis for Social Research*. London & New York: Routledge.

Ferber, A. 2007. Whiteness studies and the erasure of gender. *Sociology Compass, 1*(1): 265–282.

Kahn, M. 2001. The passive voice of science: language abuse in the wildlife profession. In A. Fill & P. Mühlhäusler (Eds.), *The Ecolinguistics Reader: Language, Ecology, and Environment*. London: Continuum, 232–240.

Lutz, C. 1990. The erasure of women's writing in sociocultural anthropology. *American Ethnologist, 17*(4): 611–627.

Namaste, V. 2000. *Invisible Lives: The Erasure of Transsexual and Transgendered People*. Chicago: University of Chicago Press.

Pierson, D. 2005. "Hey, they're just like us!": Representations of the animal world in the Discovery Channel's nature programming. *Journal of Popular Culture, 38*(4): 698–712.

Stibbe, A. 2012. *Animals Erased: Discourse, Ecology, and Reconnection with the Natural World*. Middletown: Wesleyan University Press.

Stibbe, A. 2015. *Ecolinguistics: Language, Ecology and the Stories We Live by*. London & New York: Routledge.

van Leeuwen, T. 2008. *Discourse and Practice: New Tools for Critical Discourse Analysis*. New York: Oxford University Press.

# 生态话语分析

## ECOLOGICAL DISCOURSE ANALYSIS / ECO-DISCOURSE ANALYSIS

生态话语分析（ecological discourse analysis / eco-discourse analysis）是生态语言学的"主要研究路径之一"（a central approach）（Alexander & Stibbe，2014：104），可以从批评的、积极的、和谐的多个视角展

开。生态话语分析以话语或语篇为研究基点，在特定的生态哲学观（ecosophy）的指导下，通过考察话语或语篇中的语言特征和篇章模式，揭示语言如何反映并构建生态问题，从而利用语言的影响为识别、分析、评估、缓解和解决生态问题提供语言、哲学、伦理等方面的支持。

## ☙ 话语分析的三个转向

话语分析通常与哲学中的“语言转向”（the linguistic turn）（Bergmann，1964；Rorty，1967）和人文社会科学中的“话语转向”（the discursive turn）（Booth，1965；Kuhn，1962）相关。在语言转向中，研究者开始反思语言在解释“意识”等哲学概念中的作用，将语言视为哲学反思的起点。在话语转向中，研究者在探讨语言使用对社会的影响和语言使用者之间的关系时，不再孤立地研究句子的形式和结构，而是考虑语境（context）和话语因素。（黄国文等，出版中；黄国文、赵蕊华，2019；Huang & Zhao，2021）这两个“转向”突出了语言、社会和人类意识的相互关联和相互依存，重点讨论的是社会环境中的问题。生态环境的日益恶化和生态意识不断提高带来了另一个“转向”，即“生态转向”（the ecological turn）（Stibbe，2015）。在生态转向中，语言学家需要承担起保护生态系统的责任，研究语言和其他各种与语言相关的活动中的生态因素。这一转向突出了语言、社会、人类意识与自然环境的交织，将研究范围从人类社会拓展到整个生态系统。

## ☙ 从对生态话语的分析到对话语的生态分析

生态话语分析可分为对生态话语的分析（the analysis of ecological discourse）和对话语的生态分析（the ecological analysis of discourse）

（Alexander & Stibbe，2014）。对生态话语的分析是对直接以生态问题为主题的话语或语篇所展开的分析，这类话语或语篇（如生态语篇或环境语篇）突出、集中地反映了生态问题。以“为了获得鱼翅，每年有大量的鲨鱼被捕杀”为例，这类话语展示了一个生态现状，而通过对这一现状的深度挖掘，有可能了解到问题产生的原因和造成的结果。获得鱼翅通常是为了满足人的消费欲望，受背后的消费主义（consumerism）的驱动。获取鱼翅的过程是十分残忍的，通常是生割鲨鱼鳍并将鲨鱼尸体抛回大海，对鲨鱼的生存构成极大威胁，破坏海洋生物链的完整和平衡，严重影响海洋生态环境。

近年来，大量的研究将生态语篇或环境语篇作为研究的主要对象，批评其不利于生态可持续发展的因素，但是这类语篇并非生态语言学“唯一的”（the only），甚至不是“主要的”（the primary）关注焦点（Alexander & Stibbe，2014：108）。生态话语分析需要将研究拓展到其他一切对生态系统可能产生影响的话语或语篇，如畜牧业手册（animal industry handbooks）、时尚杂志（lifestyle magazines）、经济学教科书（economics textbook）等，这些话语或语篇虽然不是直接与生态相关，但是它们所传递的潜在信息可能对生态系统产生破坏性影响（Alexander & Stibbe，2014）。举个简单的例子，许多购物网站上都出现过这样一句话：“越买越开心。”这句话将商品购买和心理状态（生活状态）联系起来，传递的信息是：不开心的时候买东西就会开心，为了开心就要买更多的东西。这句话的目的是促进消费，很可能导致非理性消费和过度消费。这不仅不利于消费者本身和经济的长期、健康、持续发展，还会造成资源浪费，破坏生态环境。

生态话语分析需要更为广阔的视野，将一切话语和语篇纳入生态语言学研究的框架下，并从对话语和语篇的分析延伸到对语言系统生态因素和非生态因素的研究（参见 Poole & Spangler，2020）。

## 参考文献

黄国文，陈旸，赵蕊华. 出版中. 生态语言学的理论与实践. 北京：高等教育出版社.

黄国文，赵蕊华. 2019. 什么是生态语言学. 上海：上海外语教育出版社.

Alexander, R. & Stibbe, A. 2014. From the analysis of ecological discourse to the ecological analysis of discourse. *Language Sciences, 41*(PA): 104–110.

Bergmann, G. 1964. *Logic and Reality*. Madison: The University of Wisconsin Press.

Booth, W. 1965. The revival of rhetoric. *PMLA, 80*(2): 8–12.

Huang, G. W. & Zhao, R. H. 2021. Harmonious discourse analysis: Approaching peoples' problems in a Chinese context. *Language Sciences, 85*(PA): 101365.

Kuhn, T. S. 1962. *The Structure of Scientific Revolutions*. Chicago: University of Chicago Press.

Poole, R. & Spangler, S. 2020. "Eco this and recycle that": An ecolinguistic analysis of a popular digital simulation game. *Critical Discourse Studies, 17*(3): 344–357.

Rorty, R. (Ed.). 1967. *The Linguistic Turn: Essays in Philosophical Method*. Chicago: University of Chicago Press.

Stibbe, A. 2015. *Ecolinguistics: Language, Ecology and the Stories We Live by*. London & New York: Routledge.

# 生态话语分析积极路径

## POSITIVE APPROACH TO ECO-DISCOURSE ANALYSIS

生态话语分析积极路径（positive approach to eco-discourse analysis）建立在积极话语分析（positive discourse analysis，PDA）的基础上。积极话语分析由 James R. Martin 于 1999 年在英国伯明翰（Birmingham）召开的批评话语分析国际研讨会上首次提出。Martin 认为，批评话语分析（critical discourse analysis，CDA）过于集中讨论社会的黑暗面，本质上是消极的、解构的，会使读者对社会现状和未来产生负面情绪，而积极话语分析关注世界的美好面，本质上是积极的、建构的，可以在揭示现实问题的基础上进一步提供解决途径，从而建立一个和谐的、宽松的社会（参见朱永生，2006）。就研究对象而言，批评话语分析倾向于分析充满冲突的话语，而积极话语分析则聚焦关于和解、协调、团结的话语。

### ☙ 积极路径的必要性

在生态语言学领域，生态批评话语分析（eco-critical discourse analysis）是目前较为常见的研究路径，但也有学者从积极的视角展开生态话语分析（ecological discourse analysis / eco-discourse analysis），如 Stibbe（2018）和 Chen et al.（2021）。在《积极话语分析：人类生态关系的再思考》（“Positive Discourse Analysis: Rethinking Human Ecological Relationships”）一文中，Arran Stibbe提出了一个重要的观点：

> Although exposing dominant negative discourses is essential, it is just

the first step. There is little point exposing the problems with current ways of using language unless there are beneficial alternative forms of language available to move towards. The next step is to search for new discourses to base society on; for example, discourses which promote being more rather than having more, well-being rather than growth and respecting rather than conquering nature.（Stibbe, 2018: 165）

尽管揭露占主导地位的消极话语至关重要，但这只是第一步。若没有可供追求的有益替代性语言形式，仅仅揭露当前的语言使用方式问题的意义是有限的。下一步是要寻找能重构社会根基的新话语；例如，推动存在更多而不是拥有更多，推动福祉而不是增长，推动尊重自然而不是征服自然的话语。

这段话对生态话语分析的启示有两个。第一，分析者不仅要曝光消极话语［即破坏性话语（destructive discourse）］，还要寻找可以替代消极话语的积极话语［即有益性话语（beneficial discourse）或替代性话语（alternative discourse）］。同样，分析者不仅要揭露消极故事（破坏性故事），还要寻找可以替代消极故事的积极故事（有益性故事）。简而言之，积极视角下的生态话语分析强调解决问题，强调合作。第二，虽然批评视角与积极视角通常被视为“互补”的（参见胡壮麟，2012），但是如果以问题为导向（problem-oriented），那么批评视角与积极视角形成递进的关系：批评视角是揭示问题，积极视角则是在揭示问题的基础上进一步寻求解决问题的途径。不过，这并不意味着积极视角比批评视角更高级或者更深刻，只是说在不同的研究目的下需要选择合适的研究视角。

## ☙ 积极路径、批评路径与和谐路径的关系

作为生态话语分析的三个重要路径，积极路径、批评路径与和谐路径既有相似之处，又有各自的研究侧重。

生态话语分析的积极路径、批评路径与和谐路径存在三个相同点：第一，借用系统功能语言学（systemic functional linguistics，SFL）的研究理论和研究方法，与系统功能语言学有着密切的联系；第二，具有跨学科的（inter-disciplinary）属性，吸收了来自生态学、语言学、社会学、哲学、伦理学、人类学等学科的思想；第三，受特定环境的影响，具有明显的价值取向（value-laden）并以特定的生态哲学观（ecosophy）为指导。

生态话语分析的积极路径、批评路径与和谐路径在研究目的、研究起源、哲学指导和研究重点方面存在差异。就研究目的而言，批评路径要批判、揭示话语中所反映和构建的生态系统中的不公平和不平等，积极路径则是在揭示问题的基础上寻找替代性话语，而和谐路径旨在分析话语中的各种关系以推动和谐的状态和思想。就研究起源和哲学指导而言，积极路径和批评路径都源于西方，受西方的哲学思想影响，而和谐路径则源自中国，受中国的儒道文化影响。就研究重点而言，以研究语料为例，批评路径关注充满冲突的话语，积极路径重点研究积极的、和平的话语，而和谐路径则两者兼顾（参见 Zhao & Huang，2026）。

### 参考文献

胡壮麟. 2012. 积极话语分析和批评话语分析的互补性. 当代外语研究，（7）：3–8，76.

朱永生. 2006. 积极话语分析：对批评话语分析的反拨与补充. 英语研究，(4)：36–42.

Chen, W., Bartlett, T. & Peng, H. 2021. The erasure of nature in the discourse of oil production: An enhanced eco-discourse analysis, Part 1. *Pragmatics & Society*, *12*(1): 6–32.

Stibbe, A. 2018. Positive discourse analysis: Rethinking human ecological relationships. In A. Fill & H. Penz (Eds.), *The Routledge Handbook of Ecolinguistics*. London & New York: Routledge, 165–178.

Zhao, R. H. & Huang, G. W. 2026. *Harmonious Discourse Analysis: Ecolinguistics Through Chinese Culture and Philosophy*. London & New York: Bloomsbury.

# 生态话语连续统

## ECO-DISCOURSE CONTINUUM

聚焦 Stibbe（2015）提出的有益性话语（beneficial discourse）、破坏性话语（destructive discourse）和中性话语（ambivalent discourse）的生态话语分类，黄国文和陈旸（2018）基于生态哲学观（ecosophy）和 M. A. K. Halliday 的“不确定性”（indeterminacy）（Halliday，1970，1981，1992，1996；参见黄国文、赵蕊华，2013）概念，提出生态话语连续统（eco-discourse continuum）。

### 两个不确定性因素

生态语言学视角下对话语类型的判断基于分析者所持的生态哲学观，如果话语所传递的信息与分析者所持的生态哲学观一致，就被视为有益性话语，反之，则被视为破坏性话语。然而，不同的分析者所处的背景不同，小到其成长环境、受教育程度和从事的职业，大到其所处国家或地区的政治体制、经济发展水平、社会文化背景和历史传统等因素，都会对分析者的生态哲学观产生重大影响，也就会影响其对话语的评估和判断。因此，不同的人受生态哲学观的影响，可能会对同一话语做出不同的判断，而即使同一个人对同一话语的判断，也可能在不同的时期或者不同的地区随着阅历和经验的变化而发生改变。换句话说，对话语的判断不但存在个体差异，还存在时空差异。

语言是对现实的反映；人类赖以生存的物质世界本身就充满了不确定性。对于一些事物或事件而言，不一定是“非 A 即 B”（either... or），还可能是“既是 A 也是 B”（both... and）或者“既不是 A 也不是 B”（neither... nor）。因此，用于描述世界的语言和话语也呈现出不确定性特征，而不同类型话语之间的差异只是程度上的。例如，Stibbe（2015）在讨论工业化农业话语中的畜牧业加工话语时提到，相对于经济学话语和广告话语，这类话语是相对良性的，不过他仍然将这类话语划分为破坏性话语。

## ☙ 话语分类连续统

生态哲学观（主观方面）和语言的不确定性（客观方面）两个因素同时推动了生态话语连续统的提出，如图 1 所示。

破坏性话语-+-+-+-+-+-+-+-+-+-+-+--+-+-+-中性话语-+-+-+-+-+-+-+-+-+-+-+--+-+-+-+--+-+-+-有益性话语

---10 .. -9 .. -8 .. -7 .. -6 .. -5 .. -4 .. -3 .. -2 .. -1 ... 0 ... +1 .. +2 .. +3 .. +4 .. +5 .. +6 .. +7 .. +8 .. +9 .. +10--

**图 1　生态话语连续统（黄国文、陈旸，2018：7）**

图 1 将有益性话语、破坏性话语和中性话语置于一个连续统之上：

最左端是典型的破坏性话语，由“–10”表示。向右移动，话语的破坏性逐渐递减，直至归零，这是典型的中性话语。由零开始，继续向右移动，话语逐渐向有益性话语靠近，直到达到最右端典型的有益性话语，由“+10”表示。

## ☙ 话语生态度

生态语言学视角下的话语连续统指出了不同类别话语中的“灰色”地带，将有益性话语、破坏性话语和中性话语以及其间的不确定性话语桥接起来，更符合对现实世界的描述，也就更为生态。但是，图 1 中所展现的中性话语的“0”可能引发歧义；在既有正极又有负极的情况下，“0”可以代表“正负相抵”，也可以代表“既没有正也没有负”，这可能造成对中性话语理解的偏差。此外，对于类似“–4”“–3”这类话语而言，它们究竟是破坏性话语还是中性话语，还是“更具破坏性”的话语或者“更为中性”的话语？同样，在解释“+3”“+4”中也会遇到这样的问题。究其根源，是对话语有益性、破坏性和中性的三分法划分。即使在描述中间案例时，分析者也需要借助这三个类别。基于这样的考虑，黄国文和赵蕊华进一步提出话语生态度（ecological degree of discourse），将对话语的判断统一到“生态”这一概念之下，将话语分为“非生态话语”“生态度较低话语”“生态度居中话语”和“生态度较高话语”。图 2 展示了话语生态度与话语连续统的区别。

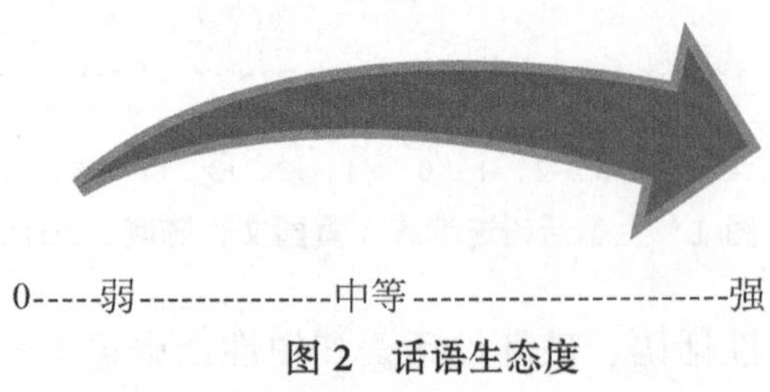


**图 2　话语生态度**

由图 2 可见，话语的生态度从“0”开始，代表非（反）生态的话语，这类话语对生态系统的破坏最严重，接下来是生态度较弱的话语、生态度居中的话语，直至生态度最强的话语。实际上，生态度的强弱并没有明确的界限；不同话语之间生态度的区别可能是很大的，也可能是非常细微的。对于某些话语而言，无法简单地将其划分为有益性话语或者破坏性话语，也无法用中性话语一言蔽之。话语生态度的提出摒弃了“有益性”和“破坏性”这一组对立的概念，有助于对话语的理解。尤为重要的是，在实际分析中会发现，完全有益性的或者完全破坏性的话语是比较少见的，占较大比例的还是中间案例（参见 Zhao & Huang，2026）。

## 参考文献


黄国文，陈旸. 2018. 生态话语分类的不确定性. 北京第二外国语学院学报，(1)：3–14.

黄国文，赵蕊华. 2013. 英语识别小句中的不确定性特征——基于系统功能语言学的符号视角. 中国外语，(2)：42–49.

Halliday, M. A. K. 1970. Language structure and language function. In J. Lyons (Ed.), *New Horizons in Linguistics*. Harmondsworth: Penguin, 140–165.

Halliday, M. A. K. 1981. The semantics and clause grammar: Some patterns of realization. In J. E. Copeland & P. W. Davis (Eds.), *Seventh Lacus Forum*. Columbia: Hornbeam, 31–59.

Halliday, M. A. K. 1992. How do you mean. In M. Davies & L. Ravelli (Eds.), *Advances in Systemic Linguistics: Recent Theory and Practice*. London: Pinter, 20–35.

Halliday, M. A. K. 1996. On grammar and grammatics. In R. Hasan, C. Cloran & D. G. Butt (Eds.), *Functional Descriptions: Theory in Practice*. Amsterdam & Philadelphia: John Benjamins, 1–38.

Stibbe, A. 2015. *Ecolinguistics: Language, Ecology and the Stories We Live by*. London & New York: Routledge.

Zhao, R. H. & Huang, G. W. 2026. *Harmonious Discourse Analysis: Ecolinguistics Through Chinese Culture and Philosophy*. London & New York: Bloomsbury.

# 生态话语三分类型

## THREE TYPES OF ECO-DISCOURSE

Stibbe（2015）从生态的角度对话语进行了分类，分为有益性话语（beneficial discourse）、破坏性话语（destructive discourse）和中性话语（ambivalent discourse）。Stibbe（2015）指出，Andrew Goatly 是最早从生态语言学角度对有益性话语和破坏性话语进行对比研究的学者之一。

### ☙ 有益性话语

有益性话语指的是有利于推动生态可持续性（ecological sustainability），促进生态系统中各个事物和各种关系相互协调、和谐共生的话语或语篇。Stibbe（2015）认为，这类话语在人们的生活中并非占据主流位置，而分析这类话语的目的是为不真实、不全面、不正确的现实描述提供可替代的途径。

有益性话语常见于文学作品（如浪漫主义诗歌、自然主义诗歌或自然主义小说）、世界各地传统文化或土著文化、自然科普读物等。有益性话语推动环境保护和生态平衡，因此要提倡、宣传和鼓励。

## ☙ 破坏性话语

破坏性话语是指对生态系统造成破坏，不利于生态系统中各种关系可持续发展的话语或语篇。目前，这类话语在人类社会中随处可见。Stibbe（2015）认为，在诸多破坏性话语中，影响最大的可能是经济学话语。这类话语将经济增长描述为社会发展的动力和目标，鼓励人们过度消费和不必要消费，将商品消费描述为通往幸福的必经之路；增长主义（growthism）和消费主义（consumerism）也是Halliday（1990）所批判的英语语言系统中的两个非生态因素，它们是人类意识形态上的两大危险。除了经济学话语，同样通过鼓励过度消费和不必要消费，对生态系统产生巨大破坏性影响的还包括人们日常生活中无处不在的商业广告话语，而时尚杂志、电视节目、宣传手册、消费网站和小程序则成为传播这些广告的渠道。另外，虽然工业化农业话语的破坏性不及经济学话语和商业广告话语，但是这类话语所鼓励的农业发展工业化也消耗了大量资源，造成环境污染，特别是对非人类动物造成了负面影响。破坏性话语是破坏生态环境的，不利于可持续发展，因此要揭露、抵制和消除。

## ☙ 中性话语

中性话语既不同于有益性话语，也不是破坏性话语，但又兼有这两类话语的部分特征。中性话语以生态保护为目标，但仍然受到政治、经济和社会因素的左右，无法完全、真正地促进生态可持续发展，如环保主义话语、企业环保话语、自然资源话语、动物园话语和可持续性话语（Stibbe，2015）。中性话语既有着有益的一面，也可能存在破坏的一面，因此，对于这类话语既要肯定、推进其积极因素，也要鉴别、改进其消极因素。

在当代社会的语言使用中，中性话语十分常见。在开展生态话语分析（ecological discourse analysis / eco-discourse analysis）时，持不同生态哲学观（ecosophy）的分析者对中性话语的判断可能存在很大差异。（参见黄国文、陈旸，2018）

## ☙ 话语分类的不确定性

对话语类型的判断以分析者所持的生态哲学观作为依据。话语分析者批判、否定的是与自己生态哲学观不一致的话语或语篇，而赞扬、肯定的是与自己生态哲学观一致的话语或语篇（Stibbe，2015）[1]。但是，由于不同分析者的生态哲学观有所不同，对话语类型的判断就可能产生分歧。对于同一个话语或语篇，分析者受其生态哲学观的影响，可能会有不同的研究目的，并产生不同的判断，相应地，对该话语或语篇类型的划分也有所不同。就某一特定语篇而言，既可能是有益性话语，也可能是中性话语，甚至有可能是破坏性话语。以"穿山甲是人类的朋友，保护穿山甲人人有责"这一语篇为例，对于持"和谐""可持续发展"这类生态哲学观的人而言该语篇是有益性语篇，但是对于持"经济利益为先"这类生态哲学观的人而言则可能是破坏性或者中性语篇（参见黄国文、陈旸，2018）。这也成为提出生态话语连续统（eco-discourse continuum）和话语生态度（ecological degree of discourse）的重要思想基础。

---

1 本书在解释"有益性话语"和"破坏性话语"两个术语时，是以"和谐的、推动包括人类社会在内的生态系统的可持续发展"生态哲学观作为指导的。

## 参考文献

黄国文，陈旸. 2018. 生态话语分类的不确定性. 北京第二外国语学院学报，( 1 ): 3–14.

Halliday, M. A. K. 1990. New ways of meaning: The challenge to applied linguistics. *Journal of Applied Linguistics*, (6): 7–16.

Stibbe, A. 2015. *Ecolinguistics: Language, Ecology and the Stories We Live by*. London & New York: Routledge.

# 生态教育 ECOLOGICAL EDUCATION

生态教育（ecological education）可以从非隐喻和隐喻两个角度解释：前者旨在提高人的生态意识，推动生态文明（ecological civilization / eco-civilization）建设，也称生态文明教育（eco-civilization education），后者是从生态的视角开展教育。

## ☙ 非隐喻生态教育

生态文明教育萌芽于 20 世纪 90 年代，是对环境教育和可持续教育的继承、发展和超越，它将教育上升到文明建设和生活方式变革的高度。环境教育确立于 20 世纪 70 年代，以《联合国人类环境会议宣言》（Declaration of United Nations Conference on Human Environment）为标志，其主要任务是应对严重威胁人类生存的生态危机，保护自然环境。可持续教育于 20 世纪 90 年代正式在国际上获得广泛认可，以《塞萨洛尼基宣言》(Thessaloniki Declaration)为标志，其主要任务是推动自然与人类社会的可持续发展；可持续教育不再局限于环境污染问题，还涉及人口、和平、发展等问题。但是，环境教育和可持续教育旨在保护自我和后代，仍未能跨越人类中心主义的藩篱。因此，面向保护所有生命的生态文明教育应运而生，涉及生态认知教育、生态伦理教育、生态审美教育和生态法治教育，融合了自然科学和社会科学，具有综合性、全民性和实践性的特征。受 Palmer（1998，2003）启发，生态文明教育的四个主要维度可以由下图所示。生态认知教育是关于生态的教育，生态伦理教育是为了生态的教育，生态审美教育是置于生态中的教育，三者的交织为受教育者提供知识、技能、情感和行动引导，而这三个维度都需要在了解和遵守生态法律法规的前提下进行，也即生态法治教育的内容。

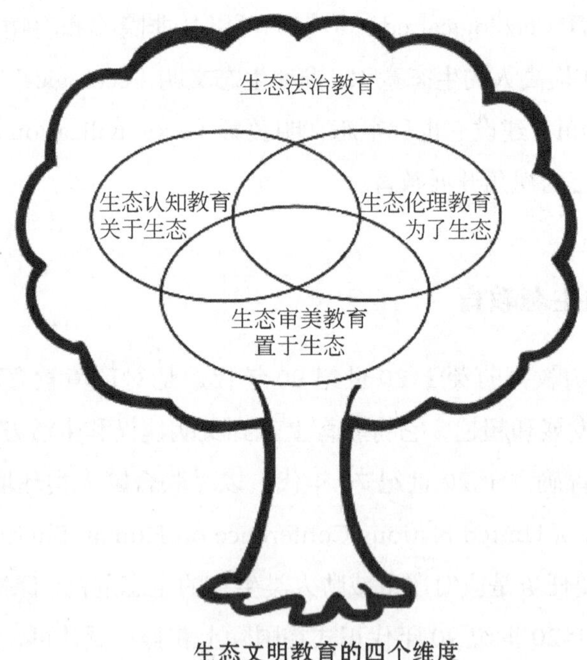


生态文明教育的四个维度

非隐喻角度下的生态教育关注生态危机和社会困境，塑造人的生态意识，培养人的生态素养（eco-literacy），强调敬畏自然、尊重生命，旨在引导人们关于生态的认知、情感、价值观、行动等，是生态文明建设的重要环节和根本途径。生态文明教育推动了从“经济人”和“社会人”培养向“全人”培养转变，也触发了从对物的开发向心的开发转变。一些学者（如王治河、樊美筠，2018）认为，人与自然的关系是一切关系中最基本的，他们将所有的教育都视为生态文明教育。生态文明教育的一个重点研究对象是教学材料，已经有不少研究者对教材中的环境主题进行分析，揭示背后的生态哲学观（ecosophy），寻找推动生态系统可持续发展的语言（如 Gugssa et al.，2021；Jacobs & Goatly，2000；Liu，2005；Xiong，2014）。

生态文明教育在很大程度上受到传统哲学和社会文化的影响。中国传统哲学的重要范畴是“生命”，不论道家还是儒家都对生命的意义和价值有着深刻的反思和领悟。例如，前文在介绍亲近原则（the principle of proximity）时提到孔子的“天何言哉？四时行焉，百物生焉，天何言哉？”（《论语・阳货》）以及老子的“道生一，一生二，二生三，三生万物”（《道德经》第四十二章），都是对万物生命起源的思考。儒家文化珍视生命，将人的生命视为最为宝贵的，同时也珍视自然界中其他生物的生命。例如，“子钓而不纲，弋不射宿”（《论语・述而》）说的就是对万物都要心存仁德；虽然人为了生存要钓鱼射鸟，但是要做到取物以节、取物有道，保证万物持续繁衍，而不是无节制地向大自然索取。孟子见梁惠王时谈道：“君子之于禽兽也：见其生，不忍见其死；闻其声，不忍食其肉。”（《孟子・梁惠王章句上》），表述的是不忍杀生的心理。儒家对生命的珍视源自仁爱。以朱熹为代表的宋代儒学认为“仁者，在天地则盎然生物之心”（《朱子文集・卷六十七》），表达了一种“生生”

观。儒家的爱是一个由己及人、由人及物的推爱过程，如前文在介绍亲近原则的哲学基础时提到的“君子之于物也，爱之而弗仁，于民也，仁之而弗亲，亲亲而仁民，仁民而爱物”（《孟子·章句尽心上》）。道家以保全生命、避免生命损坏作为哲学思考的出发点（参见冯友兰，2011），其代表人物之一庄子所说的“天地与我并生，而万物与我为一”（《庄子·齐物论》）表达了整体的思想，认为天地与人类共同生存，万物与人类是一体的。也就是说，人与自然共生一体，两者是一荣俱荣、一损俱损、覆巢之下无完卵的关系。总之，不论是儒家的“取物以节”和“仁爱”思想，还是道家的“天人合一”思想，都深刻地影响着中国人的生态哲学观。

不同国家或地区的传统、历史和文化存在差异，因此在生态教育中可能形成并传播不同的生态哲学观，从而左右受教育者如何看待人与自然的关系。

对中国生态文明教育进行系统性全面论述的专著有陈丽鸿和孙大勇（2009）和岳伟（2020）。

## 隐喻生态教育

隐喻角度下的生态教育是一种教育理念，是从生态的角度对教育所涉及的各个因素的思考，如教育背景、教育体系、教育内容、教育方式等。隐喻角度的生态教育也可以称为教育生态学化（ecologicalization）（黄国文，2016），它采用整体的、关系的视角考察教育问题，以避免教育的箱格化和碎片化。黄国文（2016：9）谈道：“教育与具体的社会环境存在各种各样的错综复杂的互动关系，涉及国家政治、意识形态、历史条件、社会结构、经济状况等因素。这实际就是教育的生态问题。”

不同国家和地区的教育要考虑具体的生态环境，将“培养什么人、怎样培养人、为谁培养人”这一根本问题作为教育的出发点和归属点，结合具体的政治、经济、社会、文化、历史等因素探索符合本土的教育模式，既包括培养方案、课程结构、课程标准、教学理念、评估手段等，也包括具体的教学材料、教学方法、师生背景、教学设备、时间分配、课堂布置等。

更多关于生态视角下语言教育的研究可参见 Bellewes（2024）、Goulah & Katunich（2020）、Kramsch（2002，2008）、Kramsch & Steffensen（2008）、Leather & van Dam（2003）、Tudor（2003）、van Lier（2002，2004）。

## 参考文献


陈丽鸿，孙大勇. 2009. 中国生态文明教育理论与实践. 北京：中央编译出版社.

冯友兰. 2011. 中国哲学史. 北京：商务印书馆.

黄国文. 2016. 外语教学与研究的生态化取向. 中国外语，（5）：1，9–13.

王治河，樊美筠. 2018. 生态教育：打破现代文明困境——直击“农人与哲人：走向生态文明”研讨会. 世界教育信息，（9）：6–11.

岳伟. 2020. 生态文明教育研究. 北京：中国社会科学出版社.

Bellewes, E. 2024. *Ecolinguistics and Environment in Education: Language, Culture and Textual Analysis*. London & New York: Bloomsbury.

Goulah, J. & Katunich, J. (Eds.). 2020. *TESOL and Sustainability: English Language Teaching in the Anthropocene Era*. London & New York: Bloomsbury.

Gugssa, M. A., Aasetre, J. & Debele, M. L. 2021. Views of “nature”, the “environment” and the “human-nature” relationships in Ethiopian primary school textbooks. *International Research in Geographical and Environmental Education, 30*(2): 148–163.

Jacobs, G. & Goatly, A. 2000. The treatment of ecological issues in ELT coursebooks. *ELT Journal, 54*(3): 256–264.

Kramsch, C. (Ed.). 2002. *Language Acquisition and Language Socialization: Ecological Perspectives*. London: Continuum.

Kramsch, C. 2008. Ecological perspectives on foreign language education. *Language Teaching, 41*(3): 389–408.

Kramsch, C. & Steffensen, S. V. 2008. Ecological perspectives on second language acquisition and socialization. In N. Homberger & P. Duff (Eds.), *Encyclopedia of Language and Education*. New York: Springer, 2595–2606.

Leather, J. & van Dam, J. 2003. *Ecology of Language Acquisition*. Dordrecht: Kluwer Academic Publishers.

Liu, Y. B. 2005. The construction of pro-science and technology discourse in Chinese language textbooks. *Language & Education, 19*(4): 304–321.

Palmer, J. A. 1998. *Environmental Education in the 21st Century: Theory, Practice, Progress and Promise*. New York: Rutledge.

Palmer, J. A. 2003. *Environmental Education in the 21st Century: Theory, Practice, Progress and Promise* (2nd ed.). New York: Routledge.

Tudor, I. 2003. Learning to live with complexity: Towards an ecological perspective on language teaching. *System, 31*(1): 1–12.

van Lier, L. 2002. An ecological-semiotic perspective on language and linguistics. In C. Kramsch (Ed.), *Language Acquisition and Language Socialization*. London: Continuum, 140–164.

van Lier, L. 2004. *The Ecology and Semiotics of Language Learning: A Sociocultural Perspective*. Boston: Kluwer Academic Publishers.

Xiong, T. 2014. Shallow environmentalism: A preliminary eco-critical discourse analysis of secondary school English as a foreign language (EFL) texts in China. *The Journal of Environmental Education, 45*(4): 232–242.

# 生态伦理 ECOLOGICAL ETHICS

生态伦理（ecological ethics）指的是人类在与自然生态互动中形成的伦理关系、伦理认知和伦理道德。生态伦理的产生，主要源于现代人类对生态系统的严重破坏所引发的危机，这种危机同时威胁到人类自身和其他生命的可持续生存。

关于如何处理人与自然的关系，有两种截然不同的观点，一是坚持人的价值的人类中心主义（anthropocentrism），二是主张自然内在价值的非人类中心主义（non-anthropocentrism）。人类中心主义主张以人的利益为核心处理人与自然的关系，将道德义务限制在人与人之间，可以进一步分为以 Bryant Norton 区分的强人类中心主义（strong anthropocentrism）和弱人类主义（weak anthropocentrism）以及 William Murdy 主张的现代人类中心主义（modern anthropocentrism）。非人类中心主义将道德义务延伸至自然实体，强调其不依附于人的内在固有价值，可以进一步分为生命中心主义（biocentrism）[1] 和生态中心主义（ecocentrism）。生命中心主义包括以敬畏生命为核心的生命伦理学（Bioethics，代表人物是 Albert Schweitzer）、动物解放论（Animal Liberation Theory，代表人物是 Peter Singer）和生命中心平等主义（Biocentric Egalitarianism，代表人物是 Paul Taylor）。生态中心论则包括大地伦理（Land Ethic，代表人物是 Aldo Leopold）、深层生态学（Deep Ecology，代表人物是 Arne Naess、George Sessions 和 Warwick Fox）等（参见岳伟，2020）。除了这两类明显对立的观点，生态伦理讨论的第三种形式是生态学马克思主义（Ecological Marxism），这类研究综合了马

1　也有翻译为“生物中心主义”。

克思主义生态观、现代生态学和法兰克福学派生态思想，其重要观点之一是政治生态学，也被视为西方马克思主义的一个学派。

以推动可持续性为最终目的的生态伦理构建，就是要让更多的人理解和践行人与自然和谐共生的生态哲学观（ecosophy），明白人类对自然的态度和一切活动都反映出人与自然的关系，并表达伦理价值理念与价值关系。人类是生态系统的一个组成部分，其一切活动都涉及与生态系统之间的物质、能量和信息的交换和相互作用。因此，人类要对生态系统给予道德关怀；而对生态的道德关怀，实质上就是对人类自身的道德关怀，是生命可持续发展的重要举措。生态伦理的构建是为了保护自然，尊重生命，保护人类赖以生存的生态系统。但是，世间一切生命体中，人是第一可宝贵的（《荀子·王制》），因此，生态伦理的构建不能忽视人文精神（包括生命的意义、生活的意义、人的尊严）和以人为本假定（the assumption of human-orientedness）。

生态伦理构建首先要重视人在人与自然和谐共生中所起的主导作用；因此，生态教育（ecological education）和生态素养（eco-literacy）都是生态伦理构建过程中的重要组成部分。生态伦理的构建和践行在初级阶段具有强制性，这是因为生态伦理不同于传统意义上的伦理。传统意义上的伦理是在日常生活中慢慢自然形成的，普遍存在于人们的常识和信念之中。但是，鉴于生态保护问题的紧迫性、重要性和复杂性，我们要突出生态教育的实施和生态素养的培养，要鼓励和推动生态伦理的践行，在具体处理生态保护问题上，很多规定是需要强制执行的。

以人为本的一个含义是强调人类在保护生态系统过程中的责任和作用；人应该明白自己在与自然和谐共生中所应承担的义务和所具有的道德地位。人类应该自觉控制自己的行为，为保护自然理智、友善地对待自然界的其他生命形式，把生命可持续发展作为努力的目标，实现生态伦理的真正价值，最终达到人与自然和谐共生。因此，以人为本是一个基于人但是同时超越人的概念，它从人的责任和作用出发，将伦理关怀的范围扩展到其他动物以及自然界中的一切生命形式，从而实现维持生命、促进生命、使生命的发展达到其最高目标（阿尔贝特·史怀特，1996）。

但是，生态伦理不是单一的或者普世的，它的形成根植于特定的社会发展、历史背景和文化传统当中，不同国家和地区的人会奉行不同的生态伦理。即使在很久的未来可能出现国际性的生态伦理，那也需要结合本土思想和实践才有机会实现。更可行的应该是创造生态伦理家族，实现伦理的和谐共存以及文化的相互借鉴（参见尤金·哈格罗夫，2013）。

### 参考文献

阿尔贝特·史怀特. 1996. 敬畏生命. 陈泽环，译. 上海：上海科学院出版社.

尤金·哈格罗夫. 2013. 是否且应该存在单一的、普世的、国际环境伦理？郭辉，译. 南京林业大学学报，（1）：46–63.

岳伟. 2020. 生态文明教育研究. 北京：中国社会科学出版社.

## 生态批评话语分析

## ECO-CRITICAL DISCOURSE ANALYSIS

生态批评话语分析（eco-critical discourse analysis）从批评的视角分析话语和语言系统，揭示话语和语言系统所反映和构建的生态问题及生态哲学观（ecosophy）。除了自然生态（natural ecology），生态批评话语分析也研究语言与社会文化生态（sociocultural ecology）和认知生态（cognitive ecology）的关系与互动。Halliday（1990）被视为生态批评话语分析的急先锋（Stibbe，2018），而系统功能语言学（systemic functional linguistics，SFL）中关于意义与形式之间的辩证关系、语境（context）与语言之间的体现关系（a relationship of realization）、语言的元功能（metafunction）思想和语言的干预功能被广泛应用到生态批评话语分析当中。

## ☙ 生态批评话语分析

所谓生态“问题”，其本身就蕴藏了消极的意义，分析者也自然而然地倾向于采用批判的视角对这些“问题”进行思考、分析和评估，由此产生了生态批评话语分析（如戴桂玉、仇娟，2012；Alexander，2008，2009；Carvalho 2005；Goatly，2002；Mühlhäusler，2000；Murata 2007；Penz，2022；Poole，2006；Stamou & Paraskevopoulos，2008；Stibbe & Zunino，2008）。

生态批评话语分析与批评话语分析（critical discourse analysis，CDA）有相似之处：两者都与系统功能语言学有着深厚的渊源；两者都对某种现实进行否定、揭露和挑战；两者都站在弱势一方（黄国文，2018），通常以消极的（负面的）态度观察事物，以期通过批判的方式改变现状。

但是，生态批评话语分析与批评话语分析是完全不同的研究领域，生态批评话语分析并不属于批评话语分析。首先，也是最重要的是，批评话语分析关注的是社会结构中人与人之间的关系，研究的是人类社会的话语实践问题；而生态批评话语分析的研究范围则更为广泛，包括生态系统中的一切参与者，涉及人与人、人与其他生物、人与自然环境和资源、其他生物与自然环境和资源之间的关系和互动。其次，与研究范围一脉相承的是研究对象的区别：批评话语分析批判的是人类社会的不公平和不平等，与人类社会的权力和资源分配相关；而生态批评话语分析批判的是生态系统中不利于各物种可持续发展的因素，尤其关注人对生态环境、资源和其他物种的破坏性认知和行为。生态批评话语分析是生态话语分析（ecological discourse analysis / eco-discourse analysis）的主要研究路径之一，而不是批评话语分析所涉及的另一个领域或主题（如环境）；生态批评话语分析、生态话语分析积极路径（positive approach to eco-discourse analysis）以及和谐话语分析（harmonious discourse analysis）都是生态话语分析开展的重要路径。

## ☙ 案例分析

下面三个关于穿山甲的语篇选自中药方面的书籍或辞典，用以展示批评视角下的生态话语分析。

（1）穿山甲

来源：本品为鲮鲤科动物穿山甲 Manis pentadactyla Linnaeus 的鳞甲。收集鳞甲，洗净，晒干。

炮制穿山甲：除去杂质，洗净，干燥。

炮山甲：取净穿山甲，大小分开，照烫法（附录Ⅱ D）用沙烫至鼓起，洗净，干燥。用时捣碎。

醋山甲：取净穿山甲，大小分开，按上法烫至鼓起，醋淬，取出，干燥。用时捣碎。每 100kg 穿山甲，用醋 30kg。

功能主治：通经下乳，消肿排脓，搜风通络。用于经闭癥瘕，乳汁不通，痈肿疮毒，关节痹痛，麻木拘挛。

用法用量：5～9g，一般炮炙后用。

——摘自《中国药典》(2010 年版)

(2) 穿山甲

来源：为鲮鲤科动物鲮鲤的鳞甲。捕得后杀死，去净骨肉，晒干，即为“甲壳”(亦称“甲张”)。将甲壳置沸水中，甲片自行脱落，晒干；或直接用沸水烫死，取下甲片，洗净晒干。

炮制炮山甲：取拣净的穿山甲片，分开大小，另将沙子置锅内炒至轻松，加入穿山甲片，炒至鼓起呈金黄色时，取出，筛去沙子，放凉。

醋山甲：用上法炒至鼓起呈金黄色时，筛去沙子，立即将炮山甲片倒入醋盆内，搅拌略浸，捞出，用水漂洗，晒干。(每穿山甲片 100 斤，用醋 20～25 斤)

功能主治：消肿溃痈，疏风活络，通经下乳。治痈疽疮种，风寒湿痹，月经停闭，乳汁不通。外用止血。(下面列有 14 个详细功能解释及其出处)

用法用量内服：煎汤，1.5～3 钱；或入散剂。外用：研末撒或调敷。

备注：进口的穿山甲商品，多来自越南、缅甸、印度尼西亚等地。一般分大甲片与小甲片。大甲片灰黄色，习称“铜甲片”，品质较次；小甲片褐色，习称“铁甲片”，品质较优。

——摘自《中药大辞典》(2014 年版)

（3）穿山甲

来源：药材基源为鲮鲤科动物鲮鲤的鳞片。

采收和储藏：全年均可捕捉，捕后杀死，剥取甲皮，放入沸水中烫，等鳞片自行脱落，捞出，洗净，晒干，名“甲片”。

炮制炮山甲：取拣净的穿山甲片，分开大小，另将沙子置锅内炒至轻松，加入穿山甲片，炒至鼓起呈金黄色时，取出，筛去沙子，放凉。

醋山甲：用上法炒至鼓起呈金黄色时，筛去沙子，立即将炮山甲片倒入醋盆内，搅拌略浸，捞出，用水漂洗，晒干。（每穿山甲片100斤，用醋50斤）

功能主治：活血散结；通经下乳；消痈溃坚。主血瘀经闭；症瘕；风湿痹痛；乳汁不下；痈肿；瘰疬。

用法用量：内服：煎汤，3～9g，或入散剂。外用：适量，研末撒或调敷。

——摘自《中华本草》

以上三段选文关于穿山甲的描述主要涉及来源、炮制方法、功能主治、用法用量等方面，这些是三段选文都出现的内容；而在第二段和第三段选文中还分别有“备注”和“采收和储藏”部分，其中，第三段选文中的“采收和储藏”可与“来源”合并。这几方面的介绍将穿山甲视为一种物品，是可入药的商品。对穿山甲的这种定位促进了消费主义（consumerism），也成为一些违法行为的助推器。

来源（采收和储藏）包含了药材基源及成品的获取。关于药材基源的获取通过表示来源的关系过程（relational process）体现（“为……的鳞片”)，而成品的获取则通过一系列物质过程（material process）体现，如“收集鳞片”“洗净”“晒干”“捕得”“杀”“去净”“置”“烫死”“取下”“剥取甲皮”“捞”，同时辅以环境成分表示时间“全年（均可捕捉）”、地点“（置于）沸水中”以及方式“用沸水（烫死）”“（甲片）自行（脱落）”。这些物质过程都没有出现动作者（Actor），但可以推断是广义上的人，具体的执行者则根据特定的语境来确定。由这些物质过程和环境成分可以看出，获取成品的过程以穿山甲的生命为代价，是残忍的。

炮制方法分为炮山甲和醋山甲两种制成药物的方法，通过一系列物质过程体现，如第二段选文中的“取拣净的穿山甲片，分开大小，另将沙子置锅内炒至轻松，加入穿山甲片，炒至鼓起呈金黄色时，取出，筛去沙子，放凉”。对于医学或药学的专业人士而言，这是一个药物的制作过程，而对于普通读者来说，这就如同日常炒菜一般。换句话说，穿山甲被视为一种可以加工的商品，由来源（甲片获取）发展到这一阶段的制作。在这一过程中，穿山甲这一本体被忽视，其生命丧失以及被杀过程中所承受的痛苦（如直接用沸水烫死）都被完全删略（erasure）。语篇唯一呈现的是获得成品的制作过程，而制作成品的动作者也没有出现；但是，与来源部分相同，可以推断这一过程的操作者是人。

功能主治主要介绍作为药材的穿山甲片对人的好处，通过一系列物质过程体现，例如，“通经下乳”“消肿排脓”“搜风通络”“止血”等，在这些过程中，同样没有出现动作者，但是可以推断为已经炮制好的穿山甲片。通过对穿山甲片功效的介绍，突出穿山甲片作为药材为人类带来的益处，潜在地促进了消费和相关交易。

下面展示另一个关于穿山甲的语篇，用以对比上面三段医药类文献关于穿山甲的描述以及概念“和谐话语分析”（harmonious discourse analysis）中关于穿山甲的语篇案例（“它升‘国家一级’了，再吃可能要坐10年牢”）。

中华穿山甲（学名：Manis pentadactyla）：鳞甲目、穿山甲科哺乳动物。头体长42～92厘米，尾长28～35厘米，体重2～7千克；鳞片与体轴平行，共15～18列。尾巴上另有纵向鳞片9～10片。鳞片棕褐色，老年兽的鳞片边缘橙褐或灰褐色，幼兽尚未角化的鳞片呈黄色。吻细长。脑颅大，呈圆锥形。具有一双小眼睛，形体狭长，全身有鳞甲，四肢粗短，尾扁平而长，背面略隆起。不同个体体重和身长差异极大。舌长，无齿。耳不发达。足具5趾，并有强爪；前足爪长，尤以中间第3爪特长，后足爪较短小。全身鳞甲如瓦状。

栖息于丘陵、山麓、平原的树林潮湿地带。喜炎热，能爬树。能在泥土中挖深2～4米、直径20～30厘米的洞。末端的巢径约2米。以长舌舔食白蚁、蚁、蜜蜂或其他昆虫。

2020年6月5日，为进一步加大对穿山甲的保护力度，中国将穿山甲属所有种由国家二级保护野生动物提升至一级。2020年版《中国药典》（一部）中，穿山甲未被继续收载。[1]

与上面三段医药类文献对穿山甲的描述相比，百度百科对穿山甲的科普性介绍呈现出不同的语言特征。该语篇从四个方面介绍穿山甲，包括穿山甲类属、穿山甲外形、穿山甲生活习性以及中国对穿山甲的保护。

---

1 来自百度百科网站，溯于2021年11月27日。

其中，全文除了最后一段中包含一个以“中国”为主语的小句用于表达中国为保护野生动物所做出的改变，其他小句均以穿山甲（或穿山甲的身体部位等）作为主语。

语篇的第一段利用关系过程对穿山甲所属目和科进行分类，从身长、体重、鳞片、吻、脑颅、眼睛、体型、四肢、尾巴、背部、舌、齿、耳、足、爪等方面描述穿山甲的外形。第二段的过程类型相对丰富，利用物质过程和行为过程（behavioural process）展示穿山甲的习惯和行动，例如，“栖息”“爬树”“挖……洞”“舔食白蚁、蚁、蜜蜂或其他昆虫”，还利用表示情感的心理过程（mental process）描述穿山甲的爱好，即“喜”炎热。此外，第二段中还利用情态词“能”描述穿山甲的能力。最后一段除了利用物质过程展示国家对穿山甲保护级别的提升，还强调《中国药典》的改变，与国家政策形成呼应。

相对于医药文献主要采用以人（隐蔽式）为动作者的物质过程描述穿山甲作为药物的制作过程以及以穿山甲作为动作者描述对人的好处，百度百科对穿山甲的描述更为客观，聚焦穿山甲本身，利用以穿山甲为主语的关系过程展示客观事实，同时展现穿山甲的能动性和主观情感，比医药文献的话语生态度（ecological degree of discourse）要高。但是，与“和谐话语分析”中的案例相比，其生态度要低；原因之一是虽然这段科普类语篇提出了国家对穿山甲的保护，但是它并没有向读者传递国家提升其保护级别的背景，缺乏对读者情感的引导，难以引起读者共鸣。

## 参考文献

戴桂玉，仇娟. 2012. 语言、环境、社会——生态酒店英文简介之生态批评话语分析. 外语与外语教学，（1）：48–52.

黄国文. 2018. 从生态批评话语分析到和谐话语分析. 中国外语,(4): 39–46.

Alexander, R. 2008. How the anti-green movement and its "friends" use language to construct the world. In M. Doring, H. Penz & W. Trampe (Eds.), *Language, Signs and Nature. Ecological Dimensions of Environmental Discourse. Essays in Honour of Alwin Fill*. Tübingen: Stauffenburg Verlag, 127–142.

Alexander, R. 2009. *Framing Discourse on the Environment: A Critical Discourse Approach*. London & New York: Routledge.

Carvalho, A. 2005. Representing the politics of the greenhouse effect: Discursive strategies in the British media. *Critical Discourse Studies, 2*(1): 1–29.

Goatly, A. 2002. The representation of nature on the BBC world service. *Text, 22*(1): 1–27.

Halliday, M. A. K. 1990. New ways of meaning: The challenge to applied linguistics. *Journal of Applied Linguistics*, (6): 7–16.

Mühlhäusler, P. 2000. Bleached language on unbleached paper: The language of ecotourism. In B. Ketteman & H. Penz (Eds.), *Econstructing language, Nature and Society. The Ecolinguistic Project Revisited. Essays in Honor of Alwin Fill*. Tübingen: Stauffenburg Verlag, 241–251.

Murata, K. 2007. Pro- and anti-whaling discourses in British and Japanese newspaper reports in comparison: A cross-cultural perspective. *Discourse & Society, 18*(6): 741–764.

Penz, H. 2022. Communicating climate change: How (not) to touch a cord with people and promote action. *Text & Talk, 42*(4): 571–590.

Poole, S. 2006. *Unspeak*. London: Little Brown.

Stamou, A. G. & Paraskevopoulos, S. 2008. Representing protection action in an ecotourism setting: A critical discourse analysis of visitors' books at a Greek reserve. *Critical Discourse Studies, 5*(1): 35–54.

Stibbe, A. 2018. Positive discourse analysis: Rethinking human ecological relationships. In A. Fill & H. Penz. (Eds.), *The Routledge Handbook of Ecolinguistics*. London & New York: Routledge, 165–178.

Stibbe, A. & Zunino, F. 2008. Boyd's forest dragon or the survival of humanity: Discourse and the social construction of biodiversity. In M. Doring, H. Penz & W. Trampe (Eds.), *Language, Signs and Nature. Ecological Dimensions of Environmental Discourse. Essays in Honor of Alwin Fill*. Tübingen: Stauffenburg Verlag, 165–181.

# 生态位 ECOLOGICAL NICHE

生态位（ecological niche），也称生态龛，指个体在种群或者种群在群落中的时间位置、空间位置以及它们的关系和功能。有关生态位的思想最早萌芽于 Joseph Steere 对菲律宾鸟类分居的研究，而"生态位"作为一个术语则首次由 Roswell Hill Johnson 在 1910 年提出（参见 Levin，2009；Stamos，2003），但他只是将"生态位"作为描述性词汇去描述同一地区的不同物种占据不同环境位置的现象。正式赋予"生态位"完整科学定义的是 Joseph Grinnell，他的贡献被视为生态位伦理的核心起点。Grinnell 提出"空间生态位"（spatial niche）概念，强调生物的时空分布（Grinnell，1917）。随后，Charles Sutherland Elton 扩展了对生态位的解释，将重点转向生物在群落中的功能（Elton，1927）。生态位既包含了生物所处的空间，也包含了生物本身在群落中的地位和功能，体现在与其他生物的关系和互动之中。

## ☙ 物种生态位的形成与平衡

生态系统中的每个物种都有自己的生态位，以避免竞争。处于不同生态位的物种不发生竞争，在这种情况下，生态处于平衡状态。但是如果两个物种的生态位发生重合，就会出现竞争，直到该生态位只由一个物种占据。这就是竞争排斥原理（competitive exclusive principle）（Hardin，1960）。生物形成自身的生态位遵循趋势、竞争、开拓和平衡四个原则。趋势原则指生物在本能的驱动下，倾向于寻找良好的生态位；竞争原则指不同生物对资源的竞争；开拓原则指生物持续开拓并占领空余生态位；平衡原则指生态系统是开放的，它总是向着减少理想生态位（即在实验室条件下，不存在竞争和捕食者的生态位）与现实生态位（即自然界中真实存在的生态位）之间差距的方向演变。因此，每个生物都会在生态系统中找到适合自身的生态位，占据一定空间，发挥一定作用。

## ☙ 生态位概念的应用

虽然生态位一般是针对动物和植物而言，但是这一概念被广泛应用到经济学、教育学、城市规划与发展、信息技术、语言学等领域的研究当中。就生态语言学而言，可以从豪根模式（the Haugenian approach）[即隐喻模式（the metaphorical approach）]和韩礼德模式（the Hallidayan approach）[即非隐喻模式（the non-metaphorical approach）]分别阐释。

### 1. 豪根模式中的生态位

生态语言学豪根模式的研究涉及调查语言现状和语言活力、维护语言多样性（language diversity）、保护濒危语言、研究语言政策（language policy）、开展语言规划（language planning）等，这些都与语言的生态位相关。与生态系统中的各个物种相同，不同语言也有其特定的生态位。如果某个语言入侵其他语言的生态位，并在竞争中获得胜利，那么其他语言的生存和发展空间就会受到挤压。这类语言可能陷入使用者不断减少，甚至是没有人使用的困境，并最终走向消亡。这样一来，语言的多样性就会遭到破坏，语言生态就会面临失衡。

语言多样性之所以重要，是因为语言是文化的载体，如果语言的多样性丧失，文化多样性（culture diversity）势必遭到破坏。从国际范围来看，联合国教科文组织（United Nations Educational Scientific and Cultural Organization）不断做出指引，号召保护语言的多样性。例如，该组织将每年 2 月 21 日设立为“世界母语日”（International Mother Language Day），发布“全球濒危语言地图”（Global Atlas of Endangered Languages），通过《世界文化多样性宣言》（Universal Declaration on Cultural Diversity）和《语言活力与语言濒危》（Language Vitality and Endangerment），发布《多语世界中的教育》（Education in a Multilingual World），旨在号召不同语言使用者加强对母语的使用，缓解语言濒危（language endangerment）和语言灭绝（language death）。

在中国，近年来对濒危语言的保护越来越受到各方重视，保护的重点对象也不仅限于濒危少数民族语言，如 2004 年在北京召开的国际世界语大会，启动“中国语言资源保护工程”等（参见范俊军，2018）。这些都有利于促进各种语言寻求良好的生态位，同时保障不同语言都有其合适的生态位，推动语言生态平衡和可持续发展。

**2. 韩礼德模式中的生态位**

从韩礼德模式看，人与其他生物一样，是生态系统的组成部分，在生态系统中有其特定的生态位。对人的生态位的认识与生态哲学观（ecosophy）和生态伦理（ecological ethics）有着密切联系。人类中心主义（anthropocentrism）认为人是生态系统中其他生物的控制者，推崇人类生态位扩展。非人类中心主义更为多元化，其中较为激进的是关注非人类动物福祉的动物解放论（Animal Liberation Theory）、动物权力论（Animal Rights Theory）等，这类观点突出了非人类动物生态位的丧失，主张或赞同非人类动物“夺回”或者“扩张”自己的生态位。但是这两个观点都比较极端，呈现的是“非此即彼”的冲突关系。第三种是和谐观，它主张人与其他生物和谐共处，各司其职，强调“尊重人类与非人类生命的生态位边界”（余泽娜，2021：27）。人类特定的生态位意味着人类处于特定的环境中，并且作用于环境。在这一特定环境中，人类有生存和发展的需求，而自然环境也提供了满足人类需求的要素（如氧气、水、土壤、食物、地形等）。人类要有节制地利用其生态位的资源，而不是为了满足无穷的欲望不断入侵其他物种的生态位。但是随着时代的发展，人的需求越来越大，例如，某些人不再满足于吃家禽，而是追求消费野生动物，甚至是濒危野生动物，还有些人不再满足于普通布料（如棉、麻、丝等）制成的物品，而是追求消费由野生动物的皮毛制成的衣物和包袋。在这种情况下，就可能出现生态位重叠，从而形成竞争，造成某些野生动物的灭绝，同时也存在野生动物对人类反噬的可能（如流行病暴发）。因此，寻找人的生态位不仅仅是生态学的问题，更不是简单用公式便可以计算出来的［参见最早提出测算生态位宽度（niche breadth）公式的 Levins（1968）以及提出测算生态位重叠（niche overlap）指数公式的 Pianka（1973）］；它更是一个哲学问题和伦理问题，是一个不断针对自我的思考、认识、评估、修缮、改进的过程。

人是同时具有自然属性和社会属性的生物，人的生态位并不仅限于自然生态系统，还涉及社会生态系统（socio-ecological system）。人在自然界中要尊重生态位边界，在社会中同样要找到自己合适的生态位，协调与各个社会成员和成分之间的关系。社会环境为人的生存发展提供文化、观念、道德、政策支持，与自然环境所提供的物理要素构成一个整体。生态系统包括了自然和社会，而生态语言学研究既包括人与自然环境、与非人类动物、与植物、与自然资源的关系，也包括人与自身、与他人、与社会的关系，这也是和谐话语分析（harmonious discourse analysis）的研究内容。

## 参考文献

范俊军. 2018. 中国的濒危语言保存和保护. 暨南学报（哲学社会科学版），（10）: 1–18.

余泽娜. 2021. 论“人与自然和谐共生”蕴涵的三层关系. 云南社会科学，（1）: 24–30.

Elton, C. S. 1927. *Animal Ecology*. London: Sidgwick & Jackson.

Grinnell, J. 1917. The niche-relationships of the California thrasher. *The Auk, 34*(4): 427–433.

Hardin, G. 1960. The competitive exclusion principle. *Science, 131*(3409): 1292–1297.

Levin, S. A. (Ed.). 2009. *The Princeton Guide to Ecology*. Princeton: Princeton University Press.

Levins, R. 1968. *Evolution in Changing Environments*. Princeton: Princeton University Press.

Pianka, E. R. 1973. The structure of Lizard communities. *Annual Review of Ecology and Systematics, 4*(1): 53–74.

Stamos, D. N. 2003. *The Species Problem: Biological Species, Ontology, and the Metaphysics of Biology*. Lanham: Lexington Books.

# 生态文明

## ECOLOGICAL CIVILIZATION / ECO-CIVILIZATION

“生态文明”（ecological civilization / eco-civilization）一词最早可追溯到 Iring Fetscher 在 1978 年发表的《人类生存的条件：论进步的辩证法》（“Conditions for the Survival of Humanity: On the Dialectics of Progress”）一文。1995 年，Roy Morrison 在《生态民主》（*Ecological Democracy*）中对“生态文明”这一概念进行了阐释，并受到广泛认可。他指出生态文明的两个特征：一是人类社会与生物界保持动态的、可持续的平衡；二是人类生活发生根本性的变革。

生态文明是人类文明发展的新阶段，是人与人、人与自然、人与其他物种、人与社会和谐共处的一种新的人类文明形态，有利于推动人与生态系统的可持续发展。生态文明不仅是一种新的人类文明形态，还是与物质文明、精神文明等并列的一种社会形态。它要求人的思维方式生态化，形成生态的伦理。

### ☙ 人类文明发展中的人与自然关系

人类文明经历了原始文明、农业文明和工业文明三个阶段后，正走向生态文明。实际上，人类文明的发展史正是人与自然关系的变化史（参见黄国文、赵蕊华，2019）。

原始文明持续了上百万年，在那个时代，人类制作简单的工具（如石器、骨器）从大自然获取现成食物（如捕鱼、打猎）以维持基本的生存，人类对大自然的认知相当有限，其能动性受到大自然的制约，有很大的局限性。这一时期的人类将自然视为神秘的，他们臣服于自然，在各种原始宗教仪式中祈求庇佑，对自然高度敬畏和顺从（参见李祖扬、邢子政，1999）。

在农业文明时代，人类创造条件以适应自然、利用自然的能力大幅度提升，他们利用风力、水利、铁器、铜器等开展农耕、畜牧等生产活动。在这一时期，人类对自然的认识有所提升，但是仍然敬畏、尊重自然。农业文明时代“在相当程度上保持了自然界的生态平衡，但这只是一种在落后的经济水平上的生态平衡，是和人类能动性发挥不足与对自然开发能力薄弱相联系的‘初级’生态平衡”（李祖扬、邢子政，1999：39）。虽然在该时期人类认识和改造自然的能力仍然有所限制，但是人超越其他物种的地位逐步凸显。例如，中国儒家代表人物之一荀子主张“人……最为天下贵也”（《荀子·王制》），古希腊哲学家 Protagoras 主张“人是万物的尺度”（柏拉图，2002）。可以看出，农业文明时代东西方的哲学家都提出人在自然界的首要地位，不过东方和西方的哲学家对人与自然的关系问题有不同的认识。例如，荀子同时强调“彊本而节用，则天不能贫；养备而动时，则天不能病；循道而不贰，则天不能祸”以及“本荒而用侈，则天不能使之富；养略而动罕，则天不能使之全；倍道而妄行，则天不能使之吉”（《荀子·天论》），强调对自然的利用要有度、有道，要顺天而为。然而西方哲学家 Protagoras 主张的“人是万物的尺度”则是人类中心主义（anthropocentrism）的雏形，引导了后来关于“人是目的”“人是宇宙的中心”等一系列论断。

工业文明时代以工业化为标志，人类改造自然的能力空前强大，人们利用各种科技手段创造大量物质财富，社会获得极大进步。但是，工业化最大的问题在于对自然环境的污染，对自然资源的过度索取，对其他物种的入侵；尤为重要的是，人类不再敬畏自然，而是认为自己可以征服、改造、统治自然。这种发展观和哲学观带来了严重的生态问题，影响人类和自然的可持续发展。

生态文明的基本内涵是可持续发展，是人与自然的可持续发展，也是人与人的可持续发展。在生态文明时代，人类不是臣服于自然，也不是主宰自然，而是与自然和谐共处。

## ☙ 人类文明发展中的发展模式和认知模式

人类文明的四个阶段呈现了不同的发展模式和认知模式。就发展模式而言，从原始文明到农业文明再到工业文明，是一个持续追求物质财富增长的过程，而生态文明则更关注环境问题，而非一味地发展经济。就认知模式而言，原始文明、农业文明和工业文明都将人类和自然对立起来，只是在不同时期控制和被控制的主体发生了改变。在原始文明和农业文明时期，控制主体是自然，被控制主体是人类，而在工业文明时期，控制主体是人类，被控制主体是自然。在生态文明时期，人类和自然不再被视为对立的，而是合而为一，是一个整体。但是，在构建人与自然的和谐共生关系上，人发挥着主动、主导的作用，这与人的能力和智慧有关，也与人的责任和问题有关。

## ☙ 中国的生态文明建设

中国的生态文明建设秉承中国的传统哲学文化，认为人与自然是生命共同体，强调尊重自然、顺应自然、保护自然，实现人与自然的和谐共处，推动中华民族的永续发展。要实现这一目标，就要处理好人的活动与自然的关系，形成环境友好型空间格局、产业结构、生产方式及生活方式，将生活生产与生态保护结合起来。

中国的生态文明建设与经济建设、政治建设、文化建设和社会建设形成一体，这一方面体现了生态文明建设在中国特色社会主义事业建设中的重要地位，另一方面体现了生态文明与其他四个领域的关系与互动。从这个方面也可以看出，生态语言学是跨学科（inter-disciplinary）研究，需要汲取不同学科的知识、技术和经验。

## 参考文献

柏拉图. 2002. 柏拉图全集（第 2 卷）. 王晓朝，译. 北京：人民出版社.

黄国文，赵蕊华. 2019. 什么是生态语言学. 上海：上海外语教育出版社.

李祖扬，邢子政. 1999. 从原始文明到生态文明——关于人与自然关系的回顾和反思. 南开学报，（3）: 36–43.

Fetscher, I. 1978. Conditions for the survival of humanity: On the dialectics of progress. *Universitas, 20*(1): 161.

Morrison, R. 1995. *Ecological Democracy*. Boston: South End Press.

# 生态语言学 ECOLINGUISTICS

生态语言学（ecolinguistics）是一个伞状概念，包含了生态的语言学（ecological linguistics）、语言生态学（language ecology）、语言的生态（the ecology of language）等，研究的是语言与环境之间的相互关系和相互作用。

## ☙ 多学科跨越

生态语言学的研究与多个学科相关。对生态语言学学科属性的看法大致有三种：交叉学科（cross-disciplinary）、跨学科（inter-disciplinary）和超学科（trans-disciplinary）。就现阶段而言，生态语言学属于广义的应用语言学（applied linguistics），是个以问题为导向（problem-oriented）的学科分支。既然是以问题为导向的语言学应用（linguistics applied）（Widdowson，2000），那么解决生态问题的理论支撑就会有多个来源。但不可否认的是，生态语言学已呈现出超学科转向，这与很多学科（如区域国别学）的未来发展方向是一致的。

## ☙ 语言与环境的互动

虽然生态语言学作为一门学科的确立是在20世纪70年代，但是涉及语言与环境互动的研究可以追溯到更早期。德国哲学家、语言学家Wilhelm von Humboldt认为语言体现了人的感性和精神活动，是人的生物能力。他认为语言是有机体，受自然地理环境的影响（威廉·冯·洪堡特，2001；参见钱冠连，2002）。德国历史语言学家August Schleicher将语言称为自然机体（Naturorganismen，natural organism），认为语言与自然生物一样经历生长和衰亡（奥古斯特·施莱歇尔，2007）。美国人类语言学家Edward Sapir反对Schleicher的这种自然主义语言观，但他明确指出，语言与其社会环境和自然环境存在互动和相互作用。更为重要的是，Sapir提出，语言可以塑造人的观念，从而对环境产生影响。这一观点深刻影响了系统功能语言学（systemic functional linguistics，SFL）创始人M. A. K. Halliday关于语言不仅反映现实并主动构建现实的论点（Halliday，1990）。除了Sapir，Halliday

关于语言与环境的思想还受到Malinowski（1923，1935）和Firth（1957）的影响。Bronislaw Malinowski 从人类学的角度将语言发生的环境区分为情景语境（context of situation）和文化语境（context of culture），分别指语言发生的即时环境和更广范围的社会文化环境。John Rupert Firth 则将情景语境和文化语境应用到语言研究当中，以语境为基础建立语义学理论。

## 两个传统经典模式

一般认为，生态语言学研究的开端以 Einar Haugen 于 1970 年在奥地利伯格瓦滕斯坦（Burg Wartenstein）的学术会议上发表的讲话《论语言的生态》（"On the Ecology of Languages"）为代表。Haugen 的研究考察的是语言与其言语社区（speech community）的关系，主要关注语言多样性（language diversity）和语言保护问题，是生态语言学研究的隐喻模式（the metaphorical approach），被称为豪根模式（the Haugenian approach）；"语言生态学"通常指的就是豪根模式。但是，"语言生态学"或"语言的生态"术语并不是由 Haugen 最早提出；在 20 世纪 60 年代，美国语言学家、人类学家 Carl Frederick Voegelin 等人（如 Voegelin, C. F. & Voegelin, F. M.，1964）就已经使用了"语言的生态"（linguistic ecology）这一术语。根据 Eliasson（2015），在更早的时候，即 20 世纪 50 年代，英国学者 John Trim 就已经使用了该术语，不过由于各种原因，Voegelin 和 Haugen 等人都并不知晓。至于"生态语言学"这一术语，Hildo Honório do Couto 根据 Adam Makkai 所述讲到，"生态语言学"一词最早由 Haugen 提出，但是最早出现在印刷出版物上是在 Salzinger（1979）中（Couto，2014）。

生态语言学发展到 20 世纪 90 年代就不再局限于豪根模式，而是以 Halliday 在第九届国际应用语言学大会所做的发言《新的意义方式：应用语言学的挑战》（“New Ways of Meaning: The Challenge to Applied Linguistics”）为标志，出现了一个新的研究路径，被称为韩礼德模式（the Hallidayan approach），这也是生态语言学研究的非隐喻模式（the non-metaphorical approach）。生态语言学研究非隐喻模式是语言学家出于对全球自然生态问题的关注而产生的，讨论的是语言系统和话语中的（非）生态因素，从而帮助识别、分析和解决当前的生态问题。

豪根模式（隐喻模式）和韩礼德模式（非隐喻模式）为生态语言学研究者提供了不同的研究视角，它们有各自的研究侧重。但是，这两个研究模式并非对立的，而是互补的（Fill，2001）。

## 参考文献


威廉・冯・洪堡特. 2001. 洪堡特语言哲学文集. 长沙：湖南教育出版社.

钱冠连. 2002. 语言全息论. 北京：商务印书馆.

奥古斯特・施莱歇尔. 2007. 达尔文理论与语言学——致耶拿大学动物学教授、动物学博物馆馆长恩斯特・海克尔先生. 姚小平，译. 方言，（4）: 273–283.

Couto, H. H. 2014. Ecological approaches in linguistics: A historical overview. *Language Sciences, 41* (PA): 122–128.

Eliasson, S. 2015. The birth of language ecology: Interdisciplinary influences in Einar Haugen's "The ecology of language". *Language Sciences, 50*: 78–92.

Fill, A. 2001. Ecolinguistics: States of the art. In A. Fill & P. Mühlhäusler (Eds.), *The Ecolinguistics Reader: Language, Ecology and Environment*. London: Continuum, 43–53.

Firth, J. R. 1957. *Papers in Linguistics 1934–1951*. Oxford: Oxford University Press.

Halliday, M. A. K. 1990. New ways of meaning: The challenge to applied linguistics. *Journal of Applied Linguistics*, (6): 7–16.

Haugen, E. 1970. On the ecology of languages. Talk delivered at a conference at Burg Wartenstein, Austria.

Malinowski, B. 1923. The problem of meaning in primitive languages. In C. K. Ogden & I. A. Richards (Eds.), *The Meaning of Meaning*. New York: Harcourt, Brace & World, 296–336.

Malinowski, B. 1935. *Coral Gardens and Their Magic (Vol. 2)*. London: Allen & Unwin.

Salzinger, K. 1979. Ecolinguistics: A radical behavior theory approach to language behavior. In D. Aaronson & R. W. Reiber (Eds.), *Psycholinguistics Research*. Hillsdale: Erlbaum, 109–130.

Voegelin, C. F. & Voegelin, F. M. 1964. Languages of the world: Native America fascicle one. *Anthropological Linguistics*, *6*(6): 2–45.

Widdowson, H. G. 2000. On the limitation of linguistics applied. *Applied Linguistics*, *21*(1): 3–25.

# 生态哲学观 ECOSOPHY

生态哲学观（ecosophy）是一系列与生态相关或者有可能对生态造成影响的哲学原则（Naess，1995；Stibbe，2015）。生态话语分析（ecological discourse analysis / eco-discourse analysis）是一个具有明显价值取向（value-laden）的社会实践（social praxis），是在特定的生态哲学观的指导下展开的。生态哲学观的形成和发展与分析者所处的环境和个人背景有着密切的关联；特定的生态哲学观是分析者理解、解释和评估话语生态度（ecological degree of discourse）的重要依据。在生态语言学领域，一些知名学者明确提出了其生态哲学观。

## ☙ Jørgen Christian Bang 的生态哲学观

Bang［与 Arran Stibbe 的私人交流，2014 年 7 月，参见 Stibbe（2015：11）］将合作（co-operation）、分享（sharing）、民主对话（democratic dialog）、和平与非暴力（peace and non-violence）、日常生活各领域的平等（equality in every sphere of daily life）以及生态可持续性（ecological sustainability）作为评估话语的基础。换言之，对话语生态度的判断依据是：话语所传递的信息是合作还是竞争、是分享还是独享、是民主还是霸权、是和平还是暴力、是平等还是不公平、是可持续性还是竭泽而渔。

## ☙ Brendon Larson 的生态哲学观

Larson（2011）提倡的是“社会生态可持续性”（socio-ecological sustainability）。社会生态可持续性追求的不仅仅是生态的可持续性，还是一个包含人类社会在内的社会生态可持续性。从社会生态可持续性的生态哲学观来看，生态系统应该是包含了人类在内的系统，而缺少人类参与（如一些激进者提倡的人类灭绝运动）的可持续性系统是失败的。Larson 突出了人在生态系统中的地位，强调人类与自然界的联系和互动。

## ☙ Arran Stibbe 的生态哲学观

Stibbe（2015）用一个词加上感叹号（斜体）概括其生态哲学观：*生活!*（*Living !*），他将这个感叹号解释为“重视、赞美、尊重、肯定”（to be valued/celebrated/respected/affirmed）（Stibbe，2015：14）。“*生活!*”包含了八个方面的内容：重视生活（valuing living）、福祉（wellbeing）、现在和未来（now and the future）、关怀（care）、环境极限（environmental limits）、社会公平（social justice）以及恢复（resilience）。“重视生活”就是有意识地、出于本能地或机械地追求生命的延续；“福祉”指不是为了活着而活着，而是要活得有质量、有幸福感，是对“重视生活”的提升；“现在和未来”将范围从当下延展到将来，考虑下一代的生活；“关怀”是对人类所伤害的其他生命要充满同情、遗憾和感恩，而不是将其视为理所当然的事情；“环境极限”要求人类意识到有限的环境承载力和资源更新力，因此人类需要减少对自然的索取，将消耗控制在生态系统的可控范围内；“社会公平”是针对社会中的所有成员，提倡缩小贫富差距，对资源进行再分配；“恢复”是修复已经造成的破坏，并提升适应环境的能力。在 Stibbe 的《生态语言学：语言、生态与我们信奉和践行的故事》（*Ecolinguistics: Language, Ecology and the Stories We Live by*）第 2 版（Stibbe，2021）中，“恢复”被改为“深度适应”（deep adaptation），但两者的基本理念是一致的：生态环境的破坏已经发生，如果工业社会回到它原来的轨道，更多的破坏是不可避免的。因此，制定措施是必要的，这有利于在当前社会形势崩溃或剧变时尽可能地保护生命和福祉。

## ☙ 黄国文的生态哲学观

黄国文（2016，2018）的生态哲学观是基于中国传统哲学文化提出的，即“天人合一”。“天人合一”是中国传统哲学中最为重要的思想之一，被新儒学的三位代表人物（冯友兰、钱穆和唐君毅）视为儒家对全人类做出的最有意义的贡献（杜维明、陈静，2002）。“天人合一”标志着儒学的生态转向（the ecological turn），对中国和全世界都“具有深刻的意义”（杜维明、陈静，2002：6）。虽然各个时期对“天人合一”的理解可能有所不同，各个学者的解释也可能存在差异，但是总的来说，它所传递的思想是：人与自然和谐统一，人与自然互通互动，人类社会与自然界和谐统一。这里，“天人合一”中的“天”被理解为自然界、自然规律、自然界中的万事万物，是一个中和了仁爱、同情、共感的宇宙人文主义（杜维明、陈静，2002）。“天人合一”是和谐话语分析（harmonious discourse analysis）的研究假定［以人为本假定（the assumption of human-orientedness）］和分析原则［良知原则（the principle of conscience）、亲近原则（the principle of proximity）、制约原则（the principle of regulation）］的基本前提，也是和谐话语分析的研究总原则和研究目标。

上述的生态哲学观有相通之处，也有其自身特点。这里需要指出的有两点：第一，不存在普世的、正确的生态哲学观，但是这些生态哲学观应该是科学的、可行的且有益于生态可持续发展的；第二，生态哲学观既可以是显性的，也可以是隐性的。每个人都有自己的生态哲学观，有些通过各种语言方式明确地表达出来，有些则通过其所作所为反映出来。

## 参考文献

杜维明，陈静. 2002. 新儒家人文主义的生态转向：对中国和世界的启发. 中国哲学史，（2）：5–20.

黄国文. 2016. 外语教学与研究的生态化取向. 中国外语，（5）：1，9–13.

黄国文. 2018. 从生态批评话语分析到和谐话语分析. 中国外语，（4）：39–46.

Larson, B. 2011. *Metaphors for Environmental Sustainability: Redefining Our Relationship with Nature*. New Haven: Yale University Press.

Naess, A. 1995. The shallow and the long range, deep ecology movement. In A. Drengson & Y. Inoue (Eds.), *The Deep Ecology Movement: An Introductory Anthology*. Berkeley: North Atlantic Books, 3–10.

Stibbe, A. 2015. *Ecolinguistics: Language, Ecology and the Stories We Live by*. London & New York: Routledge.

Stibbe, A. 2021. *Ecolinguistics: Language, Ecology and the Stories We Live by* (2nd ed.). London & New York: Routledge.

## 生态主义 ECOLOGISM

生态主义（ecologism）通常与环境主义（environmentalism）和生态运动密切关联，是在环境问题不断突出以及人类从工业文明向生态文明（ecological civilization / eco-civilization）过渡的背景下产生的，并伴随着生态运动不断向前发展。生态主义在两个层面实现：在理论和意识形态层面塑造新的生态价值观并界定新的人与自然的关系，在实践层面开展生态主义运动。生态主义与生态伦理（ecological ethics）有一定关联，甚至有重叠之处，但相对而言，生态主义更侧重行动层面的道德约束。

生态主义最初表现为环境主义，但是两者并不相同，它们传递了不同的理念。环境主义并不触动现有的体系、规范和架构，在不改变当前政治、社会、国际关系的前提下开展环境保护；而生态主义主张改变现有的政治、经济和社会系统，从消费理念、发展观念、人与自然关系等方面提出全新的认识（参见 Dobson，1995）。由此可见，生态主义并非局限于有关使用新能源、减少污染、保护野生动物等理念，而是涉及对人与整个生物圈之间关系和互动的再思考。

生态主义的典型理论形态包括动物福利论（animal welfare）、生命中心主义（biocentrism）和生态中心主义（ecocentrism）。此外，还存在两个特殊的理论形态：生态女性主义（ecofeminism）和生态后现代主义（ecological postmodernism）。动物福利包括动物的生理福利、环境福利、卫生福利、行为福利和心理福利，代表性理论有动物解放论（Animal Liberation Theory）（Singer，1975）和动物权力论（Animal Rights Theory）（Regan，1983，2001）。生命中心主义（参见Schweitzer，1966；Taylor，1986）通过生物自身的善这一概念将道德对象扩展到非人类生物，主张尊重自然、敬畏生命。生态中心主义进一步扩展了生命中心主义的道德范围，其关注焦点不是生命个体，而是包含了生命有机体和无生命存在的整个生态系统及其亚系统，代表观点有Aldo Leopold 的大地伦理（Land Ethic）（Leopold，1949）和 Holmes Rolston Ⅲ的自然价值理论（Natural Value Theory）（Rolston，1988，1989）。上述环境主义、动物福利论、生命中心主义和生态中心主义都是生态伦理（ecological ethics）的研究进路，伴随着环境危机和生态运动产生。生态女性主义和后现代主义则有其特殊的侧重。生态女性主义更是一种政治社会运动，是女性主义（feminism）的一个派别。它是生态学与女性主义的结合，以性别作为切入点，分析并尝试解决生态问题，代表人物有 Carolyn Merchant、Francoise d'Eaubonne 等。生态后现代主义是建设性后现代主义（constructive postmodernism）的一个派别，代表人物有 Charlene Spretnak、David Ray Griffin、John B. Cobb Jr. 等。它与生态女性主义的相似之处在于打破男权主义的藩篱，恢复女性文化象征。生态后现代主义批判单一的现代性世界和二元论（dualism），主张后现代的生活方式、思考方式和发展方式，提倡有机整体论（参见于文秀，2007）。

总而言之，生态主义融合了生态科学、政治学、经济学和伦理学等多个领域的思想，其核心理念包括强调自然界内在价值，推动可持续性，维持生态平衡，主张社会正义，批判消费主义。这些也是很多生态语言学研究者批判破坏性话语（destructive discourse）和探索有益性话语（beneficial discourse）的重要依据。

## 参考文献

于文秀. 2007. 生态后现代主义：一种崭新的生态世界观. 学术月刊，（6）：16–24.

Dobson, A. 1995. *Green Political Thought*. London & New York: Routledge.

Leopold, A. 1949. *A Sand County Almanac and Sketches Here and There*. New York: Oxford University Press.

Regan, T. 1983. *The Case for Animal Rights*. Berkeley: University of California Press.

Regan, T. 2001. *Defending Animal Rights*. Urbana: University of Illinois Press.

Rolston, H. 1988. *Environmental Ethics: Duties to and Values in the Natural World*. Philadelphia: Temple University Press.

Rolston, H. 1989. *Philosophy Gone Wild*. Buffalo: Prometheus Books.

Schweitzer, A. 1966. *Die Ehrfurcht vor dem Leben*. München: Beck.

Singer, P. 1975. *Animal Liberation: A New Ethics for Our Treatment of Animals*. New York: New York Review.

Taylor, P. W. 1986. *Respect for Nature: A Theory of Environmental Ethics*. Princeton: Princeton University Press.

# 双层分析框架

## TWO-LAYERED ANALYTICAL FRAMEWORK

和谐话语分析（harmonious discourse analysis）的研究假定是以人为本假定（the assumption of human-orientedness），遵循良知原则（the principle of conscience）、亲近原则（the principle of proximity）和制约原则（the principle of regulation）三个分析原则，在双层分析框架（two-layered analytical framework）下展开。顾名思义，双层分析框架包含了两个层面：一个是微观层面基于语篇（口头或书面）的分析；另一个是宏观层面对涉及一切与语言相关的社会实践（social praxis）的分析。不论是在微观层面还是在宏观层面，和谐话语分析都是以“人的问题”为核心和基础，围绕相关主题、参与者以及发生方式展开研究。

### ☙ 人的问题

人的问题由三个要素构成，即问题主题、问题参与者和问题发生和解决的方式。问题主题指人的问题是什么，包括人制造的问题是什么以及人面临的问题是什么。问题的出现和产生与人的情感、认知和行动相关。以“生物多样性（biodiversity）减少”这一问题为例，它可以从人类面临的问题讨论，也可以从人类制造的问题讨论。在前一种视角下，可以通过物质过程（material process）展示生物多样性减少带来的负面影响，例如，“地球的气候正在变化”。在后一种视角下，生物多样性这一问题可以通过物质过程或关系过程追溯问题产生原因，例如，“我们持续不断的［地］砍伐树木”“我们引入外来入侵物种”“生物多样性减少最重要的原因是生态系统在自然或人为干扰下偏离自然状态”；可以通过心理过程（mental process）探寻错误的态度和认知，如“人们一点也不考虑生物多样性”。认识生物多样性问题是提出问题解决途径的基础，例如，通过物质过程“保护生物多样性”“大力发展生态工程”等行动提出倡议，通过心理过程“我们必须尊重自然的安排”表达情感。[1]

问题参与者指参与者在问题中的角色、关系、作用和互动。对于问题参与者，研究者首先要厘清的是问题涉及的参与者有哪些。这包含了直接参与者和隐匿参与者。以反对违法狩猎的生态语篇为例，最直接的参与者是狩猎者和野生动物，其他参与者可能还包括相关职能部门、公益组织、国际组织等，而最隐匿的参与者是推动狩猎行动背后的交易双方——消费群体和售卖群体。再比如，在推动经济发展的语篇中，最直接的参与者是经济来往的各方，而可能受其影响的生态系统中的非人类生物及其他自然要素则很可能被删略（erasure）。只有在挖掘出所有参与者的基础上，形成完整的问题发生、发展链条，才有可能对各个参与者之间的角色、关系、作用和互动进行分析，才有利于追溯问题的根源，寻找合适和有效的解决途径。

问题发生和解决的方式一方面指参与者是如何参与到问题中来的，另一方面指信息传播或交流的媒介。随着时代的发展，人们参与问题和解决问题的方式越来越多元化，比较突出的有科技（如“The city has been making full use of digital technology such as big data and cloud computing to support environmental protection efforts”，*China Daily*，

1 以上例句均来自百度百科，溯于 2023 年 9 月 7 日。

2018-07-25)、教育(如“Visiting the country can serve as an educational opportunity for travelers who want to understand the devastating effects of global warming and irresponsible human actions”, *China Daily*, 2018-02-11)、法律政策(如“China has launched a series of laws and policies on environmental protection”, *China Daily*, 2018-02-09)、经济(如“The ecological compensation mechanism is an important step taken by the state to protect the environment”, *China Daily*, 2018-07-19)等。信息传播的媒介包括传统媒体、新媒体、融媒体和自媒体,它们的目标受众存在差异,因此其影响力和影响范围也有所不同。

## 微观和谐话语分析

微观层面的和谐话语分析框架从语篇发生(logogenesis)的角度观察语境(context)[包括文化语境(context of culture)和情景语境(context of situation)]、意义[包括概念意义(ideational meaning)、人际意义(interpersonal meaning)和语篇意义(textual meaning)]及其词汇语法特征[涉及及物性(transitivity)、逻辑语义关系(logico-semantic relationship)、语气(mood)、情态(modality)、评价系统(appraisal system)、主位(Theme)、信息(information)、衔接(cohesion)],以及语篇的效用(分为合理性、权威性和有效性),从而分析和评估语篇可能对读者的认知和行动所产生的影响(赵蕊华、黄国文,2021)。

生态话语分析(ecological discourse analysis / eco-discourse analysis)是一个政治性活动。“政治性”包含两方面的含义:一方面,语篇在特定的语境下产生,受发话人所处环境和生态哲学观(ecosophy)的影响;

另一方面，对语篇的分析活动也是在特定的语境下发生的，受分析者所处的环境和生态哲学观的影响。因此，对语篇的理解要关注其语境，深刻了解相关的政治、经济、社会、历史、文化等因素。这些因素并不是泛泛而论，而是与人的问题三要素密切联系。问题三要素与语篇的概念意义、人际意义和语篇意义关联，并由语言系统中的及物性系统、逻辑语义系统、语气系统、情态系统、评价系统、主位系统、信息系统、衔接系统等体现。但是，这里的体现并非一一对应的耦合关系（Hasan，1995），而是弥散在系统之中的。

以良知原则、亲近原则和制约原则为指导，分析者可以考察问题主题所涉及的行动、定位、态度、情感和认知，问题参与者的关系、角色和互动，以及问题发生方式和渠道等，评估语篇在展示人的问题和解决人的问题中的合理性、权威性和有效性。

## ☙ 宏观和谐话语分析

和谐话语分析的宏观分析层面，主要涉及传统仪式、语义生成（semogenesis）和教育三个方面（Huang & Zhao，2021）。与微观层面基于语篇的分析不同，宏观层面的话语涵盖更广泛的资源：除了语言以外，还包括语言所处的物理环境、副语言（paralanguage）、超语言（translanguage）等。宏观层面的分析同样从人的问题出发，观察人与自身、人与他人、人与环境、人与其他物种的关系和互动。尤为重要的是，宏观层面的分析对社会实践有着直接的指导意义。

中国传统仪式承载着中国的传统文化，渗透着中国的哲学思想，展现的是人的生活态度。从生态的角度看，中国传统仪式中的每一个要素都有其蕴含的意义，与其他要素共同构成和谐的整体。以中国婚礼为例，人的问题是办喜事。为了办好喜事，人们会用红色系的物品来突出喜庆、热闹、吉祥的气氛，会在门上、窗上或房间的其他物件上贴上“喜”字，会在房间挂上辣椒寓意日子过得红红火火，会在床上摆上桂圆、红枣、花生、莲子等寓意早生贵子，会选择吉日和吉时送亲和开席，这些都是举办婚礼在物理环境上的讲究。在这样一个喜庆的日子里，主宾都笑意盈盈，新人会交换戒指、喝交杯酒、拍照，整个婚礼过程应该是充满欢声笑语的。换句话说，在这样一个传统仪式中，人的语音语调、肢体动作和面部表情都是欢乐、喜庆的。就使用的语言来说，宾客会说吉祥的话表达美好祝愿，比如“恭喜恭喜”“新婚快乐”“永结同心”“百年好合”，新人则会说“谢谢”“非常感谢”表达感激，他们还会感谢父母的养育之情，比如“谢谢父母的养育”。所有这些因素结合在一起就构成了一个和谐的婚礼：不论人与自身的关系、人与人的关系还是人与场景的关系都是协调的。但是，如果场景布置用了黑色（极少特殊案例除外）为主调（破坏人与环境的关系），或者在宾客中出现闹场的或主宾说了不吉祥的话（喜极而泣、不舍除外）（破坏人与人的关系），或者新郎新娘某一方比较沮丧（破坏人与自身的关系），都会影响婚礼的和谐。

语义生成涉及语言三方面的发展——种系发生（phylogenesis）、个体发生（ontogenesis）和语篇发生（Halliday & Matthiessen，1999）。上面介绍了从语篇发生角度开展的微观层面的和谐话语分析，这里主要讨论种系发生和个体发生角度下的宏观层面的和谐话语分析。种系发生主要观察语言意义系统（semiotic systems）的发生、发展、变化过程。从生态的视角看，研究者可以考察环境对语言意义系统的影响以及对人理解语言意义的影响。以 green 为例，词源角度给出的解释是“‘green, of the color of living plants’, in reference to plants, ‘growing, living, vigorous', also figurative, of a plant, 'freshly cut', of wood, 'unseasoned' earlier *groeni*, from Proto-Germanic **grōni-* (...), from PIE root **ghre-* 'grow' (see grass), through sense of 'color of growing plants.'"[1]，这些释义都与自然界中的植物相关，指其颜色（"color"）或状态（"growing" "living" "vigorous" "unseasoned"）。随着生态问题的不断突出，green 成为生态保护领域的代表性词汇，与其他领域发生关系，如经济领域的 green tax、green GDP，生活方式领域的 green funeral、green lifestyle，交通领域的 green railway、green logistics，科技领域的 green technology 等。总的来说，green 传递的是正面的意义，通常与其关联的词汇都是有利于（或者试图推动）生态保护的。但也存在例外。比如在保护北极的自然环境中，green 就不一定传递正面的、推动生态保护的意义，因为对于寒冷的极地而言，白色（white）才是其自然本色，如"All other countries [except the U.S.] are keen to try to prevent Greenland from turning green again"（*The Washington Post*，2019-08-22）。另一个例子则是近年来大量出现的"漂绿"（greenwash），指一些商业主体虽然进行环保宣传，但却仍然唯经济利益增长至上，表里不一。个体发生主要观察个体语言发生、发展的变化过程。在生态的视角下，研究者可以考察环境（包括家庭环境、受教育环境和社会环境）如何影响个体话语。其中的一个难点是：当家庭环境、受教育环境和社会环境三者发生冲突时，个体话语是如何协调的。举个简单的例子，网络是一个复杂的环境，它是时髦用语、新鲜词汇的重要发源地，也是粗言秽语、错误用语的集中地。这种环境与正式教育（学校教育）背景不同，它们对人的话语发展的影响也存在很大差异。

1　来自 Etymonline 网站，溯于 2020 年 10 月 6 日。

和谐话语分析下的教育既指广义上的生态教育（ecological education），即生态文明教育（eco-civilization education），也指生态视角下的课堂教学。生态文明教育要解决的关键问题是：如何使人认识到自己的问题，如何帮助人们树立恰当的生态哲学观，如何引导有益于生态可持续性（ecological sustainability）的行动。这涉及意识和行动两个层面。生态文明教育覆盖的范围较广，可以包含（但不限于）以下几个方面：开展生态知识普及，使人们对生态系统及其组成部分形成正确的认识，认清自身与生态系统的密切关系（亲近原则）；开展普法宣传，使人们了解国家相关政策和法律法规，从而对自身行为进行约束和限制（制约原则）；弘扬中国传统生态哲学文化，唤醒人们的生态良知（良知原则）。生态文明教育开展的方式多种多样，当前最普遍的应该是媒体宣传，但是也有现场宣讲、课堂教育、实践活动等。生态视角下的课堂教学将课堂视为一个完整的生态系统，该系统中各个成分之间的关系和互动及其所发生的变化都会对课堂产生影响。在该系统中，教师和学生是两个主要的有机体参与者。研究者不仅关注师生在知识传递和情感交流中的关系是如何协调的，还关注学生的个性和家庭背景等因素，这些都有利于因材施教。以教师向学生传递信息和沟通情感为例，教师可以通过建立平等友好的关系拉近与学生的距离（亲近原则），但同时也会对学生的课堂行为做出约束以保障教学正常、有效地进行（制约原则），还会从自身发展、投身国家建设、孝敬父母等方面引导学生主动学习（良知原则）。此外，教学的时间分配、仪器设备、课堂布置等也会影响教学效果。从更广阔的视角看，课堂教学需要置于更大的国家背景之中，顺应政治、经济和社会发展趋势，传承历史和文化，了解教育体系、教育政策法规、教学改革措施等（更多参见 Zhao & Huang，2026）。

## 参考文献

赵蕊华，黄国文. 2021. 和谐话语分析框架及其应用. 外语教学与研究，（1）: 42–53，159–160.

Halliday, M. A. K. & Matthiessen, C. M. I. M. 1999. *Construing Experience Through Meaning: A Language-based Approach to Cognition*. London: Cassell.

Hasan, R. 1995. The Conception of Context in Text. In P. Fries & M. Gregory (Eds.), *Discourse in Society: Systemic Functional Perspectives. Meaning and Choice in Language: Studies for Michael Halliday*. Norwood: Ablex, 183–283.

Huang, G. W. & Zhao, R. H. 2021. Harmonious discourse analysis: Approaching peoples' problems in a Chinese context. *Language Sciences, 85*(PA): 101365.

Zhao, R. H. & Huang, G. W. 2026. *Harmonious Discourse Analysis: Ecolinguistics Through Chinese Culture and Philosophy*. London & New York: Bloomsbury.

# 凸显 SALIENCE

凸显（salience）较早且常见于多模态话语研究当中，指的是视觉图像中某个成分的突出性，受其尺寸、前景化或与其他成分的重合关系中的位置、色彩、色调值、清晰度等因素影响（Kress & van Leeuwen, 2006）。在生态语言学领域，Stibbe（2015：162）将凸显定义为“人们脑海中的故事，认为生活中的某个领域是重要的或者值得关注的”（stories in people's minds that an area of life is important or worthy of attention）。生态语言学研究中的凸显与多模态话语研究中的凸显有不同的侧重：前者侧重意识领域，而后者侧重视觉领域。从这点来说，前者没有后者直接，需要通过对语言和其他意义资源的分析开展更深层次的挖掘，但是两者也可以形成互补。

## ♂ 凸显模式

某种语言表征或视觉表征通过具体的、明确的、生动的描述将生活的某个领域展示为值得关注的被称为“凸显模式”（salience pattern）。凸显模式反映在一系列的语言和视觉特征中，如突出性、抽象性、及物性（transitivity）、隐喻（metaphor）、信息交流、信息起点或焦点等。如果这些凸显模式被广为传播，那么个人或者一个文化中多个人脑海中的凸显领域就会形成（Stibbe，2015）。凸显模式是发话者选择的结果，是在生态哲学观（ecosophy）指导下进行的；他们根据自己的生态哲学观操纵语言，达到影响受话者认知和言行的目的。

## ♂ 案例分析

关于凸显，可以利用“藏狐和它的孩子们”（野协，摄影：徐永春）解释说明。该文由中国野生动物协会撰写，在国家林业和草原局政府网上发布[1]。该语篇包含了3个段落和8幅图片，但由于另外两幅与图片[1]类似，这里仅选取其中的6幅展示。

1 来自国家林业和草原局网站，溯于2021年9月25日。

[1] [2] [3] [4] [5] [6]

该语篇由三个段落组成，第一段和第二段介绍了藏狐的类属和繁育，第三段在进一步介绍藏狐习性的同时穿插了图片。这里首先从及物性展示该语篇的凸显模式，详见下表。

《藏狐和它的孩子们》及物性分析

| 段落 | 参与者 1 | 过程 | 参与者 2 | 环境 | 受益者 |
|---|---|---|---|---|---|
| 1 | 藏狐 | 分布于［关系（relational）：环境（circumstantial）］ | 青藏高原……地区 | 主要 | |
| | （藏狐） | 活动［物质（material）：主动］ | | 多；在……高原草原和高山草甸 | |

（续表）

| 段落 | 参与者 1 | 过程 | 参与者 2 | 环境 | 受益者 |
|---|---|---|---|---|---|
| 1 | （藏狐） | 是［关系：归属（attributive）］ | 一种……犬科动物 | | |
| | （藏狐） | 捕食［物质：主动］ | 高原鼠兔和草原啮齿类动物 | 主要 | |
| | （藏狐） | 具有［关系：所有（possessive）］ | 十分重要的生态学作用 | | 控制草原鼠害、维持高原生态系统平衡 |
| 2 | 藏狐交配季 | 开始于［关系：识别（identifying）］ | 2 月末至 3 月初 | | |
| | ［藏狐］ | 选定［物质：主动］ | 配偶 | | |
| | | 相伴［物质：主动］ | | 终身 | |
| | （藏狐）双方 | 生活［物质：主动］ | | 共同 | |
| | | 捕食［物质：主动］ | | | |
| | | 抚育［物质：主动］ | 后代 | | |
| | （藏狐）妊娠期 | ［关系：识别］ | 50 ~ 60 天 | | |
| | 每胎 | 产［物质：主动］ | 2 ~ 5 仔 | | |
| | 幼崽 | 诞生［物质：主动］ | | 4 ~ 5 月 | |
| | 长大的幼狐 | 走出［物质：主动］ | | 出生几周后；洞穴 | |
| 3 | 本组摄像 | 是［关系：识别］ | 近期拍摄的……两窝藏狐 | | |
| | 各窝 | 为［关系：识别］ | 三只幼狐 | 均 | |
| | 小藏狐们 | ［关系：归属］ | 活泼可爱 | | |
| | （小藏狐们） | 打闹［物质：主动］ | | 总 | |
| | | 嬉戏［物质：主动］ | | | |
| | 它们的父母 | 送……［物质（否定）：主动］ | 猎物 | 已经不再；回家 | |

（续表）

| 段落 | 参与者 1 | 过程 | 参与者 2 | 环境 | 受益者 |
|---|---|---|---|---|---|
| 3 | （它们的父母） | 观望 [ 行为过程（behavioural）] | | 总是；在远远地 | |
| | （它们的父母） | 将……藏 [ 物质：主动 ] | 食物 | 在洞穴周边 | |
| | （它们的父母） | 让 [ 物质：主动 ] | [ 目标 Goal] [ 动作者 Actor] 孩子们 [ 环境（Circum-stance）] 自己 [ 物质：主动 ] 去找 | | |
| | （它们的父母） | 锻炼 [ 物质：主动 ] | [ 目标 ][ 动作者 ] 它们 [ 环境 ] 尽快 [ 物质：主动 ] 自食其力 | | |
| | 气温 | [ 关系：归属 ] | 很低 | 五月末的青藏高原 | |
| | 大雪 | [ 关系：归属 ] | 纷飞 | | |
| | 阳光 | [ 关系：归属 ] | 明媚 | | |
| | 小藏狐 | 独立自主 [ 物质：主动 ] | | 不久 | |
| | （小藏狐） | 面对 [ 物质：主动 ] | 新的生活 | | |

上表展示了语篇中小句的参与者、过程、环境和受益者。下面主要讨论的是参与者 1 和过程的体现形式。

参与者 1 中除了“本组摄像”“气温”“大雪”和“阳光”之外，全部都是“藏狐”“小藏狐”“幼狐”或者与藏狐相关的内容（“藏狐交配季”“妊娠期”），突出了语篇的主题——藏狐。在第一段中，所有的参与者 1 均是“藏狐”，是对藏狐这个物种的概括性介绍。在第二段中，参与者 1 从"藏狐"具体到"藏狐双方""藏狐交配季""藏狐妊娠期""每胎",形成产仔前提,并进一步延伸到"幼崽"和"长大的幼狐"。这样一个循序渐进的过程展示了"藏狐→小藏狐"的时间发展线索。第三段首先利用"本组摄像"将对藏狐教科书式的介绍引导至以图片为辅助的介绍,使描述更为生动、直观。接下来,连续出现的"小藏狐们"和"它们的父母"形成了长幼藏狐间的互动。最后,"气温""大雪"和"阳光"提供了小藏狐生存生活的环境,并以"小藏狐"逐渐长大作为结束。从对参与者 1 的分析可以看出,参与者 1 都是在种群层面,涉及种群的不同成长阶段(如交配、妊娠等)以及所扮演的不同角色(如幼狐、长大的幼狐、父母等),是一种以时间为线索的凸显方式。

该语篇主要利用关系过程(relational process)和物质过程(material process)对藏狐进行描述。在第一段中,关系过程主要用于介绍藏狐的分布、种属和作用(生态价值),其中,藏狐的作用是对于整个生态系统而言的,这是藏狐本身的内在价值,而不是以人类为标准的价值[参见"生态主义"(ecologism)、"生态伦理"(ecological ethics)和"人类中心主义"(anthropocentrism)]。第二段中的两个关系过程主要用于识别两个时间段,即藏狐交配季节和藏狐妊娠期。第三段的关系过程具有三个特点:一是对两个图片的介绍("近期拍摄的……两窝藏狐""三只幼狐");二是对藏狐生存环境(青藏高原)的描绘("气温低""大雪纷飞""阳光明媚");三是对小藏狐的主观、积极的描述("活泼可爱")。由此可见,关系过程也呈现了一个从概括到具体的描述过程,同时,还呈现了从客观描述到适当融入主观评价的过程。选文以"藏狐"为动作者的物质过程均为主动语态,展示了藏狐多样的活动:除了生存繁衍所必需的本能活动,如"捕食""抚育""产""诞生""走"等,还包含了具有意识的主观活动,如"选定""相伴""送……(回家)""藏""锻炼"

等，此外，还有更符合小藏狐性格的“打闹”“嬉戏”“自食其力”“独立自主”等。对动作过程的描述与对参与者 1 的描述相似，在“藏狐种群→长幼藏狐互动→小藏狐独立”这一时间发展线索下展开，同时对藏狐注入意识和情绪，不仅凸显了藏狐的能动性，还突出其主观性。

该选文总共有 8 幅图片（本书只选取 6 幅），其中 3 幅（图片 [1] 和另外两幅类似的未截取图片）展示的是藏狐的静止状态，另外 5 幅展示的是藏狐的动态。在所有图片中，藏狐都是主人公，它可以是独自凝视远方，可以是独自涉水，可以是回头一笑，可以是相互打闹，还可以是与其他生物互动。这几幅图片生动地呈现了藏狐的表情、眼神和动作，凸显的是藏狐与人类一样有思想、有情感、行动多元（而不仅限于本能活动），与文字部分所凸显的相得益彰。更具体的分析还可以从视觉图像分析的再现意义（representational meaning）、互动意义（interactive meaning）和构图意义（compositional meaning）（Kress & van Leeuwen，1996，2001）展开，此处不作详述。

中国野生动物保护协会旨在推动中国野生动物保护事业与社会经济的协调和可持续发展，促进人与自然的和谐共生。为了实现这一目标，中国野生动物保护协会开展教育以科普生态知识，宣传政策、法律、法规以规范人的行为，注重共情以提升人的生态意识。上面的选文通过一系列语言资源和视觉资源，凸显了“藏狐是有思想、有情感、有主观能动性的生物”的故事（story），从而达到科普藏狐知识，提升保护藏狐意识的目的。如果这个故事能为大众普遍接受，成为人们赖以生存的故事，相信可以持续地推动野生动物保护事业。

## 参考文献

Kress, G. & van Leeuwen, T. 1996. *Reading Images: The Grammar of Visual Design*. London & New York: Routledge.

Kress G. & van Leeuwen, T. 2001. *Multimodal Discourse: The Modes and Media of Contemporary Communication*. London: Arnold.

Kress, G. & van Leeuwen, T. 2006. *Reading Images: The Grammar of Visual Design* (2nd ed.). London & New York: Routledge.

Stibbe, A. 2015. *Ecolinguistics: Language, Ecology and the Stories We Live by*. London & New York: Routledge.

# 以人为本假定

# THE ASSUMPTION OF HUMAN-ORIENTEDNESS

以人为本假定（the assumption of human-orientedness）是和谐话语分析（harmonious discourse analysis）的假定。以人为本不否定人的权利和福祉，但是与人类中心主义（anthropocentrism）存在根本性区别。以人为本可以描述为：以特定文化背景下的人的问题和责任为本；具体到话语和语篇分析实践中细化为不同参与群体的问题和责任。

## ☙ 人的范围

在中国语境下，和谐话语分析中的“人”指“人民”。人民是一个政治性概念，在不同的国家和地区以及在不同的时期所传递的内容都可能存在差异。和谐话语分析关注的“人的问题”就涉及人民所享有的权利、所承担的责任、所面临的问题以及所处的困境。和谐话语分析强调人的责任是受到John P. O'Regan和Jacques Derrida的启示。O'Regan（2006）提出这样一个问题：在开展批评话语分析时，分析者如何判断自己的视角就是正确的？Derrida关于责任的话语伦理概念则有效地解决了这一问题（Borradori，2003）。该理念最重要的一个观点是：我们强调对他人（在生态语言学中延伸到一切生物）的责任，这种责任并不是关于不同事物或事件的对错判断，而是关于话语所引导的行动的开放性判断，即行动是否可以引导多个可能，而不是通过否定的方式抹杀选择的可能。

和谐话语分析的“人”并非局限于中国语境。Alexander & Stibbe（2014）指出，“人”既不是泛意上的、表示类属的人，也不是具体到某个个体的人，而是指根据文化、社会、职业、产业和机构形成的群体。在具体的话语或语篇环境下，人的范围可以根据语旨（tenor of discourse）来识别，即话语或语篇所涉及的参与者。这些参与者可能是最广范围的人类，也可能是某个群体，还可能是某个具体的个人。

下面选取“生态批评话语分析”（eco-critical discourse analysis）中的一个案例对人的范围和分类进行解释。

**穿山甲**

来源：药材基源为鲮鲤科动物鲮鲤的鳞片。

采收和储藏：全年均可捕捉，捕后杀死，剥取甲皮，放入沸水中烫，等鳞片自行脱落，捞出，洗净，晒干，名“甲片”。

炮制炮山甲：取拣净的穿山甲片，分开大小，另将沙子置锅内炒至轻松，加入穿山甲片，炒至鼓起呈金黄色时，取出，筛去沙子，放凉。

醋山甲：用上法炒至鼓起呈金黄色时，筛去沙子，立即将炮山甲片倒入醋盆内，搅拌略浸，捞出，用水漂洗，晒干。（每穿山甲片 100 斤，用醋 50 斤）

功能主治：活血散结；通经下乳；消痈溃坚。主血瘀经闭；癥瘕；风湿痹痛；乳汁不下；痈肿；瘰疬。

用法用量：内服：煎汤，3～9g，或入散剂。外用：适量，研末撒或调敷。

——摘自《中华本草》

在这段选文中，对穿山甲采收、储藏、炮制、煎服和外用的实施主体和受益者都是人，可以进一步划分为采收者、炮制者、使用者等；这些是从选文中直接可以识别的信息。除此之外，该选文背后还涉及撰写《中华本草》的作者、穿山甲和穿山甲鳞片的售卖者和消费者，甚至一些非法狩猎者等。这些不同的群体有着不同的身份、定位和目的，所面临的问题和承担的责任也有所不同，对生态系统的可持续发展产生直接或间接的影响。

## ☙ 以人为本

以人为本不同于人类中心主义，主要体现在人的属性、人的地位和人的问题三个方面。

### 1. 人的属性

人的属性一般包含三个维度：生态属性、社会属性和精神属性。人的生态属性指人是自然生态系统的一部分，受制于自然规律，同时也发挥主观能动性适应和改造自然环境。人的生态性并非人的原始性，而是自然渗透到人的社会属性和精神属性中，与情感、文化、历史等产生互动，是人类发展的基本要素，而人的社会属性和精神属性则制约并作用于人的生态属性。传统的人类中心主义将人的生态属性弱化，将人与自然对立起来，异化人与自然的关系。以人为本认清人的生态属性的本质和地位，以整体的视角识解人的生态属性与社会和精神属性之间的相互作用和相互制约。

**2. 人的地位**

人类中心主义以人为中心，认为人是世界的主宰。人类中心主义将人的利益视为根本价值，对自然界中所有存在的价值的评判都以对人的"有用性"作为标准。换句话说，人是价值判断（value judgement）的主体和归属；一个物体是否具有价值或者具有多少价值，是根据它是否可以被人利用或者在多大程度上可以被人利用来获取利益而判断的。在人类中心主义视角下，人的利益处于制高点，人的一切行动都以人的利益为出发点和归宿。以人为本承认人在自然活动和社会活动中的主体地位，承认人的主观能动性，但是反对人主宰自然界的观点。在中国传统哲学思想中，人可以实现自然的内在价值，并且协调生态系统中的各种关系。

**3. 人的问题**

以人为本不否定人的权益，但是更突出人的问题以及人的责任。人的问题［参见"双层分析框架"（two-layered analytical framework）］首先是人自身存在的问题，包括人对自然环境和其他生命的负面认知和态度（如认为人是万物的主宰、漠视其他生命、以自我利益为中心、唯经济论等）以及破坏行为（如过度开采资源、砍伐森林、大量排放污染物、虐杀非人类动物等）。其次，人的问题还涉及人所面临的问题，例如，气候变暖、环境污染、资源枯竭、生物多样性（biodiversity）丧失、水土流失、土地荒漠化、流行病暴发等。这些问题也是人对生态系统的负面认知及态度和破坏行为所带来的对人的反噬；它们在威胁生态系统中各种生物的生存和发展的同时，也对人的可持续发展产生消极影响。在认清人的问题的基础上，人要发挥自身的能动性，承担起责任，推动各种生命形式的可持续性，协调生态系统中人、自然环境、自然资源以及其他生物的关系。

总而言之，和谐话语分析的以人为本肯定人的地位和主观能动性。人类中心主义看待人的哲学困境在于以片面、孤立、静态的视角将人与自然割裂开来，而以人为本在认清人的问题的基础上，从整体、关联、动态的视角寻求解决人的问题的途径。

关于以人为本，更多内容可参考黄国文和赵蕊华（2019，2021）、Huang & Zhao（2021）和 Zhao & Huang（2026）。

## 参考文献

黄国文，赵蕊华. 2019. 什么是生态语言学. 上海：上海外语教育出版社.

黄国文，赵蕊华. 2021. 功能话语研究新发展. 北京：清华大学出版社.

Alexander, R. & Stibbe, A. 2014. From the analysis of ecological discourse to the ecological analysis of discourse. *Language Sciences*, *41*(PA): 104–110.

Borradori, G. 2003. Autoinmunity: Real and symbolic suicides—A dialogue with Jacques Derrida. In G. Borradori (Ed.), *Philosophy in a Time of Terror*. Chicago & London: Chicago University Press, 85–136.

Huang, G. W. & Zhao, R. H. 2021. Harmonious discourse analysis: Approaching peoples' problems in a Chinese context. *Language Sciences*, *85*(PA): 101365.

O' Regan, J. 2006. This risky order of discourse: The normativity debate in critical discourse studies. *Critical Discourse Studies*, *3*(2): 229–235.

Zhao, R. H. & Huang, G. W. 2026. *Harmonious Discourse Analysis: Ecolinguistics Through Chinese Culture and Philosophy*. London & New York: Bloomsbury.

# 制约原则

## THE PRINCIPLE OF REGULATION

制约原则（the principle of regulation）是和谐话语分析（harmonious discourse analysis）以人为本假定（the assumption of human-orientedness）的限制条件。黄国文（2017）将制约分为三个层面，包括自我约束、社团/社区制约和法律制约，这三个层面分别涉及社会个体成员、社会团体/社区成员和社会所有成员。它们的覆盖范围有所不同，正式程度、权威性以及产生的制约力也有所不同。制约原则还存在第四个层面，即全球范围或者全球多个国家或地区的国际制约。

### ☙ 自我约束

自我约束是发自内心的自省，与良知相关。它源自对是非黑白的本能判断，同时受到道德教育和生态教育（ecological education）的推动。虽然良知原则（the principle of conscience）强调人性本善，但是也不能忽视外部环境所带来的负面影响。受各种利益的驱使，人对事物或事件的判断和态度可能出现偏差，这就需要生态教育的引导。

生态教育是人性的教育，帮助人形成尊重自然、顺应自然和保护自然的观念，使人从物质追求转向心灵升华。尊重自然、顺应自然和保护自然是一个从态度到行动的进阶。尊重自然是一种美德，一种道德态度（Taylor，1986）；顺应自然是要了解自然规律，根据变化发挥人的主观能动性，做出适当、适时的行动；保护自然是对自然环境、自然资源以及生态系统中各个物种的保护，以推动生态系统的可持续发展为目的，也是尊重自然和顺应自然落实到行动的表现，是知与行的统一。

生态教育可以在各个层面展开（如学校、社会、家庭、政府、职场等），覆盖的对象涉及各个领域的人（如决策者、企业家、广告人、媒体人、学生、农民、工人等），开展的方式也多种多样（如学校、传媒、户外、示范等），传播的内容吸收了各个学科的思想（如生态学、伦理学、生态美学、哲学、社会学、人类学、生态工程学等）。在生态教育中，语言无疑起到了重要的作用；教育者可以利用语言构建传播内容，影响被教育者的意识形态，从而左右其态度和行动。

## ☙ 社团 / 社区制约

社团 / 社区制约是约定俗成的，针对特定人群，是某个区域的一部分人共同遵守的行为规范，如民俗和惯例。相对于自我约束，社团 / 社区制约更为正式、权威性更高、产生的制约力也更强。受传统儒家哲学“人性善”的影响，社团 / 社区制约仍然以教育为主，推行善的观念和行为，但也对违反规约的行为做出惩戒（如家规、罚款等）。中国的传统习俗和社会规约提倡生态保护，例如，藏族在与自然长期密切接触中形成了五大禁忌习俗，即禁乱砍滥伐树木，禁狩猎狮、虎、象、野马、孔雀等，禁捕杀鸟类，禁破坏山川，禁污染水源。除了规约，中国少数民族的民俗仪式也推动了生态保护的思想传承（更多参见 Zhao & Huang，2026）。

## ☙ 法律制约

对于一个国家的成员而言，法律制约是最正式、最具权威性和强制力的；所有的自我约束和社会规约都要遵从法律的规定。相比自我约束和社团/社区规约这类相对软性制约，法律是硬性制约。虽然儒家强调人性本善以及推爱，但也承认外部因素对人产生的负面影响，因此提出"徒善不足以为政，徒法不能以自行"（《孟子·离娄章句上》）、"礼义者，治之始也"（《荀子·王制篇》）、"法者，治之端也"（《荀子·君道篇》）。也就是说，仁爱礼义与法律法规是相辅相成的。

对生态法律法规的宣传普及涉及不同领域的群体，包括城市居民、乡村农民、各行各业人员等。生态法律法规的传播途径也是多种多样的，可以通过受众面最广的传统媒介和新媒体宣传，还可以通过案例解析、案例模拟和案例重演的方式进行典型示范，而对于特别偏远的地区可以采取实地宣讲的模式。

## ☙ 国际制约

国际制约可以是国际合作中的承诺，也可以是国际公约/条约。国际制约被视为另一个空间的制约，它超越了国家界限，面向全球或全球多个国家和地区。就制约力而言，国际制约不及（国家）法律制约，但就范围而言，国际制约的覆盖面更为广泛。受国际制约的可能是各国政府，也可能是各国企业或组织。在全球共命运同发展的背景下，世界上很多国家的政府、企业或组织都加入不同主题、不同规模的共同体，在

相应的承诺或公约 / 条约（如《京都议定书》《联合国气候变化框架公约》《巴黎协定》等）的指引下，解决生态问题，推动生态可持续发展。

制约原则的四个层面的发生渠道和制约范围有所区别。自我约束源自内心，是对个人自身的约束；社团 / 社区规约通常是某个地区历史和文化的沉淀，对特定区域 / 领域的那部分人产生约束；法律是由国家制定的，对其所有成员都产生强制约束力；国际公约 / 条约面向全球或者全球多个国家和地区，对参与到公约 / 条约中的成员产生约束力。因此，在对生态话语的研究中，分析者需要关注话语发生的渠道和方式，从而了解话语的正式程度、权威性和产生的约束力。

更多内容参见黄国文（2017）、黄国文和赵蕊华（2019）、赵蕊华和黄国文（2017，2021）、Huang & Zhao（2021）和 Zhao & Huang（2026）。

## 参考文献

黄国文. 2017. 论生态话语和行为分析的假定和原则. 外语教学与研究，（6）：880–889，960.

黄国文，赵蕊华. 2019. 什么是生态语言学. 上海：上海外语教育出版社.

赵蕊华，黄国文. 2017. 生态语言学研究与和谐话语分析——黄国文教授访谈录. 当代外语研究，（4）：15–18，25.

赵蕊华，黄国文. 2021. 和谐话语分析框架及其应用. 外语教学与研究，（1）：42–53，159–160.

Huang, G. W. & Zhao, R. H. 2021. Harmonious discourse analysis: Approaching peoples' problems in a Chinese context. *Language Sciences, 85*(PA): 101365.

Taylor, P. W. 1986. *Respect for Nature: A Theory of Environmental Ethics*. Princeton: Princeton University Press.

Zhao, R. H. & Huang, G. W. 2026. *Harmonious Discourse Analysis: Ecolinguistics Through Chinese Culture and Philosophy*. London & New York: Bloomsbury.

# 关键术语篇

# 阿德莱德团队 THE ADELAIDE GROUP

阿德莱德团队（the Adelaide Group）以澳大利亚阿德莱德大学（University of Adelaide）的 Peter Mühlhäusler 和澳大利亚新英格兰大学（University of New England）的 Joshua Nash 为代表，主要关注语言接触（language contact）、语言规划（language planning）和语言政策（language policy）等议题（参见肖自辉、范俊军，2017[1]）。该团队的突出贡献之一是在 Mühlhäusler 的带领下绘制了太平洋地区的语言生态地图（如 Mühlhäusler，1995[2]，1996[3]；Nash，2013[4]；Nash & Mühlhäusler，2012[5]，2014[6]；参见 Steffensen & Fill，2014[7]），实现了生态语言学哲学研究与经验研究的功能链接，并利用两者融合的方法解决实际中的生态问题。

1 肖自辉，范俊军. 2017. 生态语言学的发展、创新及问题：2006—2016. 南华大学学报（社会科学版），(3)：94–99.

2 Mühlhäusler, P. 1995. On the relationship between linguistic and biological diversity. In D. Myers (Ed.), *The Politics of Multiculturalism in Asia and the Pacific*. Darwin: Northern Territory University Press, 154–162.

3 Mühlhäusler, P. 1996. *Linguistic Ecology: Language Change and Linguistic Imperialism in the Pacific Region*. London & New York: Routledge.

4 Nash, J. 2013. *Insular Toponymies: Pristine Place-naming on Norfolk Island, South Pacific and Dudley Peninsula, Kangaroo Island, South Australia*. Amsterdam: John Benjamins.

5 Nash, J. & Mühlhäusler, P. 2012. *Norfolk Island: History People Environment Language*. London & Colombo: Battlebridge.

6 Nash, J. & Mühlhäusler, P. 2014. Linking language and the environment: The case of Norf'k and Norfolk Island. *Language Sciences, 41* (PA): 26–33.

7 Steffensen, S. V. & Fill, A. 2014. Ecolinguistics: The state of the art and future horizons. *Language Sciences, 41* (PA): 6–25.

## 比勒菲尔德学派 THE BIELEFELD SCHOOL

比勒菲尔德学派（the Bielefeld School）以 Peter Finke 为带头人，其他成员还包括 Wilhelm Trampe 等。Finke 从生态系统出发，提出了“语言世界系统”（Language-World-System），将自然科学与文化科学融合，成为 Sune Vork Steffensen 等人所开展的辩证语言学（dialectical linguistics）的思想来源。Trampe 和 Hans Strohner 继承了 Finke 的思想，提出了语言生态系统（linguistic ecosystem）的构成，即语言、语言使用，以及语言与其环境的关系和互动（参见范俊军，2005[1]）。

## 超学科 TRANS-DISCIPLINARY

关于生态语言学的学科属性，除了将其视为跨学科（inter-disciplinary）之外，还有一种看法是将其视为超学科（trans-disciplinary）。超学科的本质是围绕复杂的现实问题，打破传统科学的边界，重组知识体系，构建超越单一学科框架的理论范式。超学科既不同于有关新学科生成的交叉学科、有关理论整合的跨学科，也不同于有关多视角并置的多学科。作为超学科的生态语言学被视为生态学、语言学以及与这两个学科相关的学科的上级学科，这不同于跨学科视角下将生态语言学视为语言学的下级学科。

1 范俊军. 2005. 生态语言学研究述评. 外语教学与研究，（2）：110–115.

虽然国内外都存在将生态学、语言学和相关学科统一在生态语言学研究下的看法，但是就生态语言学发展的稳定性和现实性来看，目前将生态语言学研究作为应用语言学（applied linguistics）的分支是比较可行的，这更有利于针对特定的生态环境问题从语言的角度进行分析和评估，并提出相应的解决方案。但是，随着全球性挑战的倒逼和知识生产模式的迭代，超学科将逐渐成为当代学科发展的核心范式，而生态语言学则代表了超学科研究的典型应用领域之一。

# 传统生态知识

## TRADITIONAL ECOLOGICAL KNOWLEDGE, TEK

传统生态知识（traditional ecological knowledge，TEK）是一个综合性术语，它覆盖了关于生态系统、生态系统中各成分之间关系、各成分与环境之间关系的知识、实践和信仰（Berkes，1993[1]，2012[2]）。传统生态知识集中在文化、历史、传统、宗教等领域，通过不断累积由一代人向下一代人传递，其主要持有者和使用者是土著居民或原住民，但目

1 Berkes, F. 1993. Traditional ecological knowledge in perspective. In J. T. Inglis (Ed.), *Traditional Ecological Knowledge: Concepts and Cases*. Ottawa: Canadian Museum of Nature, 1–9.

2 Berkes, F. 2012. *Sacred Ecology: Traditional Ecological Knowledge and Resource Management* (3rd ed.). London & New York: Routledge.

前也扩展到农民（参见 Barrera-Bassols & Toledo，2005[1]）。传统生态知识并非一成不变的，而是受政治、经济、社会等因素的影响发生改变，从而适应新的环境，引导一代又一代人的认知和活动。

关于传统生态知识的特点存在不同的划分方法和划分依据（如付广华，2012[2]；肖自辉，2018[3]；杨庭硕，2004[4]；Berkes，2012[5]），其核心特点包括：语境性——在特定的时间、地域、社会背景和族群中产生并发展；经验性——在经验和时间中沉淀、累积；口传性——无书面记载，通过口述传播；智慧性——包蕴先人和现人的生态智慧和生态伦理（ecological ethics）。

传统生态知识常用于环境科学研究、环境政策制定和环境管理。在语言研究领域，有关传统生态知识的讨论常见于方言和少数民族语言研究，还涉及对语言政策（language policy）、语言调查、语言保护的

---

1 Barrera-Bassols, N. & Toledo, V. 2005. Ethnoecology of the Yucatec Maya: Symbolism, knowledge, and management of natural resources. *Journal of Latin American Geography, 4*(1): 9–41.

2 付广华. 2012. 传统生态知识：概念、特点及其实践效用. 湖北民族学院学报（哲学社会科学版），（4）: 52–57.

3 肖自辉. 2018. 面向传统生态知识：当代民族语言调查的价值取向. 广西民族大学学报（哲学社会科学版），（5）: 199–204.

4 杨庭硕. 2004. 论地方性知识的生态价值. 吉首大学学报（社会科学版），（3）: 23–29.

5 Berkes, F. 2012. *Sacred Ecology: Traditional Ecological Knowledge and Resource Management* (3rd ed.). London & New York: Routledge.

研究（如 Odango，2016[1]；参见范俊军、马海布吉，2018[2]；肖自辉、范俊军，2017[3]）。在生态语言学领域，这类研究一般属于豪根模式（the Haugenian approach）的议题，其目的是在推动语言多样性（language diversity）的同时实现对传统生态知识的保存和发展。就目前来说，生态语言学的韩礼德模式（the Hallidayan approach）在传统生态知识这一领域的研究较为匮乏。但是，传统生态知识应该是该模式的重要研究对象之一，例如，研究者可以通过对传统生态知识口传形式、模式、背景等要素的考察，探索传统生态知识所蕴含的生态哲学观（ecosophy），从而指导对生态问题的理解和采取的相关行动。关于这点，和谐话语分析（harmonious discourse analysis）的宏观研究层面已经有所涉及［参见“双层分析框架”（two-layered analytical framework）］。

传统生态知识关注土著知识及其政治和文化意义，是对生态学和生态语言学研究的科学意义的有益补充。

---

1 Odango, E. L. 2016. A discourse-based approach to the language documentation of local ecological knowledge. *Language Documentation & Conservation*, *10*: 107–154.

2 范俊军，马海布吉. 2018. 生态语言学的概念系统及本土化研究方向. 广西民族大学学报（哲学社会科学版），（6）：100–109.

3 肖自辉，范俊军. 2017. 生态语言学的发展、创新及问题：2006—2016. 南华大学学报（社会科学版），（3）：94–99.

# 等级主义 CLASSISM

Halliday（1990[1]）在谈到英语语言系统中的非生态因素时提出，语言构建了人类意识形态上的两大危险，一个是增长主义（growthism），另一个就是等级主义（classism）。

等级主义将人类和非人类划分开来，一般认为人类是有意识的，而非人类是无意识的，因此诸如 cry、laugh、smile、think、consider 这类心理过程（mental process）或者由意识驱动的行为过程（behavioural process）在对非人类的描述中并不常见（寓言、童话等语类除外，它们通常被视为拟人化[2]）[参见“及物性”（transitivity）]。此外，等级主义还表现为对人类和非人类指称的区别；指称第三人单数人类通常使用 he、she、him 和 her，而指称第三人称非人类通常使用 it 和 its。等级主义实际上以人类中心主义（anthropocentrism）为出发点，是人类中心主义的重要表现之一（黄国文，2016[3]）。

1 Halliday, M. A. K. 1990. New ways of meaning: The challenge to applied linguistics. *Journal of Applied Linguistics*, (6): 7–16.

2 “拟人化”（personification）本身就蕴含了等级主义，其含义是赋予本身没有情感或思想的非人类存在以人的特征。

3 黄国文. 2016. 语言生态研究的意义、现状及方法：生态语言学研究与语言研究者的社会责任. 暨南学报（哲学社会科学版），（6）: 10–14.

# 地球语言组织 TERRALINGUA

以 Luiza Maffi 为带头人的地球语言组织（terralingua，也有学者译为“语界”，如肖自辉，2016[1]）集中解决生物文化多样性问题。地球语言组织建立了自己的网站，呼吁关注生物多样性（biodiversity）、文化多样性（culture diversity）、语言多样性（language diversity）以及三者作为一个有机整体推动地球上一切生命可持续发展的价值。地球语言组织通过多种形式践行理念，包括学术研究、教育、社区服务、政策服务等。近年来，该组织推动了三个重要工程的进展：一是发布《语言多样性指数》（Index of Language Diversity，2010），通过评估世界语言和本土语言的多样性来“衡量语言均匀度和丰富度”（肖自辉，2016：22[2]）；二是开展“地球之声”（Voice of the Earth）工程，记录并保护全球土著族群的口述文学，极大地服务了语言多样性的保护工作（肖自辉，2016[3]）；三是开展生物文化多样性教育，在教与学中提升大众保护生物文化多样性的意识。

---

1 肖自辉. 2016. 语言生态研究的意义、现状及方法：国外生态语言学的几个关注点. 暨南学报（哲学社会科学版），（6）：20–24.

2 同上。

3 同上。

# 地球政治 / 环境政治

## THE POLITICS OF THE EARTH / THE POLITICS OF THE ENVIRONMENT

地球政治 / 环境政治（the politics of the earth / the politics of the environment）研究的是生态环境问题中的一系列社会和政治关系。John S. Dryzek 在其著作《地球政治学：环境话语》（*The Politics of the Earth: Environmental Discourse*[1]）中展示了人们如何利用语言讨论环境问题，并由此对社会政治关系形成影响和干预。

Dryzek 区分了四类地球政治 / 环境政治中的环境话语，分别是生存主义（survivalism）话语、环境问题解决（environmental problem solving）话语、可持续性（sustainability）话语和绿色激进主义（green radicalism）话语。这四类话语是目前的主导话语，对未来也有着深刻的影响。生存主义认为地球上的资源是有限的，为了阻止全球灾难，人们采取了激烈的多维行动，这是对主张资源无限论和人类能力无限论的普罗米修斯主义者（Promethean）的挑战。环境问题解决认识到生态问题的存在，将这些问题置于工业社会的基本框架下解决，可以进一步分为行政理性主义、民主实用主义和经济理性主义。可持续性致力于解决环境价值和经济价值之间的冲突，可以进一步分为可持续发展和经济现代化。绿色激进主义否定工业社会的基本结构，致力于推动意识［如深层生态学（Deep Ecology）和生态女性主义（ecofeminism）］、经济（如绿色消费）和政治（如社会结构和社会制度等）的转变，从而保护人类

1 Dryzek, J. S. 2005. *The Politics of the Earth: Environmental Discourse (2nd ed.)*. Oxford & New York: Oxford University Press.

赖以生存的地球。

Hajer（1995[1]）以环境话语和语篇为对象，讨论了生态现代化（ecological modernization）的社会政治动态，展示语言如何构建人对环境政治的感知以及不同国家和地区的人在特定语境下的感知差别。最为重要的是，Hajer（1995[2]）所提出的生态现代化理念将解决环境问题的政策与经济发展和技术革新融合，尝试消除两者间的对立，从而推动环境、经济和科技的共同发展。

## 反面话语 COUNTER DISCOURSE

反面话语（counter discourse）是致力于促进动物解放和动物福利和权利、保护野生动物、减轻环境破坏、推动环境运动、保护生态系统的主流话语（Stibbe，2012[3]）。虽然反面话语产生于改变环境和动物生存现状的活动之中，但是这类话语的一个突出问题是：它们的假定很可能与破坏性话语（destructive discourse）一样，即从工具视角将动物客观化并否认其内在价值，而不是从动物本身的视角看待世界，属于浅层生态学（shallow ecology）。在工具视角下，对动物价值的判断以对人的

1 Hajer, M. A. 1995. *The Politics of Environmental Discourse: Ecological Modernization and the Policy Process*. Oxford: Oxford University Press.

2 同上。

3 Stibbe, A. 2012. *Animals Erased: Discourse, Ecology, and Reconnection with the Natural World*. Middletown: Wesleyan University Press.

有用性作为参照，它们是工具、是资源、是物件、是围绕在人周围的环境的一部分。

判断反面话语生态度（ecological degree）的关键有两个：第一，是否超越破坏性话语并为破坏性话语提供替代；第二，是否基于与破坏性话语不同的假定（Stibbe，2012[1]）。如果反面话语无法实现这一个超越和一个不同，那么其关注焦点仍然停留在环境恶化所带来的影响，而不是追溯环境恶化的根源并寻求解决途径，没有跳出人类中心主义（anthropocentrism）的思想局限。

## 分布式语言观 DISTRIBUTED LANGUAGE

分布式语言观（distributed language）是根性生态语言学（radical ecolinguistics）研究模式下的一种观点，由 Stephen Cowley 提出（Cowley，2007[2]，2011[3]）。Cowley 谈道：他的这一观点是受 2000 年与 Nigel Love 的一次个人对话启发的（周文娟、斯蒂芬·考利，2017[4]）。Love 提议

1 Stibbe, A. 2012. *Animals Erased: Discourse, Ecology, and Reconnection with the Natural World*. Middletown: Wesleyan University Press.

2 Cowley, S. J. 2007. The dynamics of distributed language. *Language Sciences, 29*: 575–583.

3 Cowley, S. J. 2011. *Distributed Language*. Amsterdam: John Benjamins.

4 周文娟，斯蒂芬·考利. 2017. 分布式语言运动及其对于生态语言学与认知科学的重要启示——斯蒂芬·考利教授访谈录. 鄱阳湖学刊，（2）：36–45，125–126.

区分“第一秩序活动”（first-order activity）和“第二秩序文化构建”（second-order cultural construct），将人脑、身体和外部世界联系起来，从而为语言的系统与功能研究提供新的视角，即 Cowley 所称的现象学（phenomenological）视角（更多关于 Love 的研究参见 Love，2004[1]）。这一视角建立在反对割裂语言与行为以及割裂语言和言语的基础之上。

分布式语言观明确反对 Noam Chomsky 关于语言的两个主张：第一，语言能力存在于人的大脑之中；第二，语言是符号系统。在现象学视角下，阅读、描写、措辞选择和符号生产都属于行为活动，也就是第一秩序活动；而这些过程中作为对象的言语和符号都是基于现象学经验的。因此，言语存在于外部世界，而非人的大脑之中。但是语言并不是简单的行为活动，它基于情境性第一秩序身体活动（first-order bodily activity），通过重复言语和符号，利用第二秩序（或非在场的）资源（absent or second-order resource）和文化，实现对世界的协调，使人在非情景语境下（如非具体的现实环境）也可以理解语言意义并合理使用。

语言和言语行为（languaging）并非互为解释的，Cowley 所举的游泳与海洋之间的关系可以清楚地说明这一点。Cowley 将言语行为比喻为游泳，人在海洋里游泳可以切实地感受到游泳这一活动，但是在该过程中海水、海浪、海风等共同组成了包括游泳行动的海洋，因此，要了解海洋就不可能局限于游泳这一行为。我们无法通过海洋解释游泳，也无法通过游泳解释海洋，而是要把这个现象行为与其发生的文化构建和其他资源整合起来。语言与言语行为也是一样，需要将第一秩序的身体活动与第二秩序的资源结合起来。

1 Love, N. 2004. Cognition and the language myth. *Language Sciences*, *26*: 525–544.

分布式语言观描述了语言的对话性、生态性和非地方性三个特征，实现了时间扩展、空间扩展和物质扩展。这三个特征的含义是：使用语言的人类是对话性生物，因此，语言也是对话性的；对话的意义取决于即时生态及其对群体的意义；对话同时包含即时认识和非即时（过去和将来）认识。总而言之，语言实现了个体跨越、空间跨越和时间跨越，是一种生命体分布性现象，这也是 Cowley 将该视角称为分布式语言观的原因。

## （概念）隐喻　(IDEATIONAL) METAPHOR

隐喻（metaphor）在修辞学领域指的是用一个事物或概念比喻另一个事物或概念。隐喻没有明确表示比较的词汇（如英语的 like，汉语的"像"），例如，"He is a fox."（他是只老狐狸。）。

认知语言学中的概念隐喻（conceptual metaphor）最早由 George Lakoff 和 Mark Johnson 于 1980 年在《我们赖以生存的隐喻》（*Metaphors We Live by*[1]）中正式提出。在认知的视角下，概念隐喻是从源域（通常是较为具体的概念域）向目标域（通常是较为抽象的概念域）的系统化、

1 Lakoff, G. & Johnson, M. 1980. *Metaphors We Live by*. Chicago: University of Chicago Press.

单向、局部映射（Lakoff，1993[1]；Lakoff & Turner，1989[2]），可以分为结构隐喻（structural metaphor）、方位隐喻（orientational metaphor）和本体隐喻（ontological metaphor）。结构隐喻指利用一个概念构建另一个概念，例如，“Home is always the harbor.”利用“港湾”构建了“家”（即可以避风的、温暖安全的地方）；方位隐喻利用“上”“下”“前”“后”等空间方位构建概念，例如，“I am down (depressed).”利用“下”的空间方位构建了低落情绪；本体隐喻指利用现实的物质表达抽象的概念，例如，“他是只老狐狸”利用狐狸这一现实存在表达“狡猾”这一抽象概念。

在系统功能语言学（systemic functional linguistics，SFL）中，概念隐喻（ideational metaphor）产生于意义与形式之间的关系，是级转移的结果（Halliday & Matthiessen，2014[3]）。

名物化（nominalization）是概念隐喻的一个重要手段，也是生态语言学研究争论的焦点之一［参见“绿色语法”（green grammar）］。例如，要表达“狐狸死了”这个意义，可以选择及物性系统中的关系过程（relational process）或者物质过程（material process），即“The fox was dead. / The fox died.”，也可以选择名物化结构 the death of the fox；前者通常被视为“一致式”（the congruent form），后者通常被视为“隐

1 Lakoff, G. 1993. The contemporary theory of metaphor. In A. Ortony (Ed.), *Metaphor and Thought* (2nd ed.). Cambridge: Cambridge University Press, 202–251.

2 Lakoff, G. & Turner, M. 1989. *More than Cool Reason: A Field Guide to Poetic Metaphor*. Chicago: University of Chicago Press.

3 Halliday, M. A. K. & Matthiessen, C. M. I. M. 2014. *Halliday's Introduction to Functional Grammar* (4th ed.). London & New York: Routledge.

喻式”（the metaphorical form）。生态语言学关于名物化的争论是名物化结构对于生态系统的可持续性而言是破坏性的还是有益性的。反对者认为，名物化结构模糊或删略（erasure）了破坏生态环境的行动的实施者，掩盖了问题的责任人，是破坏性的。提倡者认为，名物化更完整、真实地呈现了自然界中的多元、双向关系，是有益性的。

## 盖亚假说 GAIA HYPOTHESIS

盖亚假说（Gaia Hypothesis，也被称为“盖亚理论”）由英国大气学家 James Ephraim Lovelock 提出（参见 Lovelock，1979[1]，1988[2]，2001[3]，2005[4]，2006[5]），指的是一个具备自我调节功能、可以实现内部平衡的有机系统。盖亚被描述为一个超级有机体，由生命、大气、岩石、温度、水等构成，这些成分相互依存、相互作用，维持地球的平衡状态。盖亚假说强调系统和整体的视角，反对以孤立、片面的视角看待、讨论地球或地球上的任何组成部分（不论是有机体还是非有机体）以及环境问题

1 Lovelock, J. 1979. *Gaia: A New Look at Life on Earth*. Oxford: Oxford University Press.

2 Lovelock, J. 1988. *Ages of Gaia: A Bibliography of Our Living Earth*. Oxford: Oxford University Press.

3 Lovelock, J. 2001. *Gaia: The Practical Science of Planetary Medicine*. Oxford: Oxford University Press.

4 Lovelock, J. 2005. *Gaia: Medicine for an Ailing Planet*. London: Gaia Books.

5 Lovelock, J. 2006. *The Revenge of Gaia: Why the Earth Is Fighting Back—And How We Can Still Save Humanity*. London: Allen Lane.

（如冰川融化、热带雨林消失、污染、土地沙漠化等）。

根据盖亚假说，自然环境与生命体之间复杂的关系和互动可以维持地球的稳定状态，当地球无法实现内在平衡的时候就可能对人类形成反噬。盖亚假说是西方环保运动的理论基础，也受到了生态语言学者的关注。例如，Andrew Goatly 在他的研究中多次提到盖亚（如 Goatly，1996[1]，1997[2]，2007[3]），他将该理论作为其研究的科学（物理）指导和哲学（世界观）指导；Finke（2020[4]）指出了人类世（Anthropocene）所存在的问题，并提倡尽快以盖亚世（Gaiacene）取而代之。

## 格拉茨团队 THE GRAZ GROUP

格拉茨团队（the Graz Group）是在奥地利格拉茨大学（University of Graz）基础上命名的，其代表人物是 Alwin Fill。Fill 为生态语言学的发展做了一系列工作，包括做大会发言和发表论文（如 Fill，1999[5]），出

1 Goatly, A. 1996. Green grammar and grammatical metaphor, or language and the myth of power, metaphor we die by. *Journal of Pragmatics*, *25*(4): 537–560.

2 Goatly, A. 1997. *The Language of Metaphors*. London & New York: Routledge.

3 Goatly, A. 2007. *Washing the Brain: Metaphor and Ideology*. Amsterdam: John Benjamins.

4 Finke, P. 2020. Go for the Gaiacene! Knowledge, culture and corona. *Ecolinguística: Revista Brasileira De Ecologia E Linguagem (ECO-REBEL)*, *6*(4): 4–12.

5 Fill, A. 1999. Language and ecology: Ecolinguistic perspectives for 2000 and beyond. In AILA Organizing Committee (Ed.), *Selected Papers from AILA 1999*. Tokyo: Waseda University Press, 162–176.

版论著（如 Fill，1987[1]，1993[2]，2010[3]；Fill & Mühlhäusler，2001[4]；Fill & Penz，2008[5]，2018[6]；Fill et al.，2002[7]），组织会议和论坛（如五年一次的生态语言学研讨会），教学，讲学等（参见黄国文、陈旸，2016[8]）。Couto（2014：125[9]）在评价 Fill 对生态语言学所做的贡献时说道："现在生态语言学已经是一门成熟的学科。这在很大程度上归功于艾尔温·菲尔为发展该学科所做出的努力。他是这一事业的核心推动力。"（... nowadays... ecolinguistics is a well-established discipline. This is in great part due to Alwin Fill's efforts to develop it. He is a centripetal force in this endeavor.）由此可以看出 Fill 在推动生态语言学学科发展中的地位；他也被 Sune Vork Steffensen 视为生态语言学之父（Steffensen，

1 Fill, A. 1987. *Wörter zu Pflugscharen: Versuch einer Ökologie der Sprache*. Vienna: Böhlau Publishers.

2 Fill, A. 1993. *Ökolinguistik: Eine Einführung*. Tübingen: Gunter Narr Verlag.

3 Fill, A. 2010. *The Language Impact: Evolution—System—Discourse*. London & Oakville: Equinox.

4 Fill, A. & Mühlhäusler, P. (Eds.). 2001. *The Ecolinguistics Reader: Language, Ecology and Environment*. London: Continuum.

5 Fill, A. & Penz, H. (Eds.). 2008. *Sustaining Language: Essays in Applied Ecolinguistics*. Vienna & Berlin: LIT Publishers.

6 Fill, A. & Penz, H. (Eds.). 2018. *The Routledge Handbook of Ecolinguistics*. London & New York: Routledge.

7 Fill, A., Penz, H. & Trampe, W. (Eds.). 2002. *Colourful Green Ideas*. Bern: Peter Lang.

8 黄国文，陈旸. 2016. 菲尔生态语言学研究述评. 鄱阳湖学刊，（4）：19–24.

9 Couto, H. H. 2014. Ecological approaches in linguistics: A historical overview. *Language Sciences*, *41*(PA): 122–128.

2008[1])。Hermine Penz 是格拉茨团队的主要成员，她先后与 Fill 合编了《保持语言可持续发展：应用生态语言学论文集》(*Sustaining Language: Essays in Applied Ecolinguistics*，2008[2])和《劳特利奇生态语言学手册》(*The Routledge Handbook of Ecolinguistics*，2018[3])。

除了居于核心的 Fill，格拉茨团队其他代表性成员还包括德国弗赖堡大学(University of Freiburg)的 Yvonne Stork。

# 根性生态语言学

## RADICAL ECOLINGUISTICS

根性生态语言学(radical ecolinguistics)描绘的是一种多学科(主要包括语言学、生态学和认知科学)的生态语言学发展模式。根性生态语言学打破西方传统的二分法，主张身心统一、生物与环境统一、科学知识与人文知识统一，突出语言的生命属性，其核心问题是如何实现语言与生物生态(bio-ecology，即植物、动物、人类和文化的组合)的统

1 Steffensen, S. V. 2008. The ecology of grammar: Dialectical, holistic and autopoietic principles in ecolinguistics. In D. Martin, H. Penz & W. Trampe (Eds.), *Language, Signs and Nature: Ecolinguistic Dimensions of Environmental Discourse: Essays in Honor of Alwin Fill*. Tübingen: Stauffenburg Verlag, 89–105.

2 Fill, A. & Penz, H. (Eds.). 2008. *Sustaining Language: Essays in Applied Ecolinguistics*. Vienna & Berlin: LIT Publishers.

3 Fill, A. & Penz, H. (Eds.). 2018. *The Routledge Handbook of Ecolinguistics*. London & New York: Routledge.

一（参见 Bateson，1979[1]；Cobley，2016[2]；Cowley，2014[3]）。

在根性生态语言学视角下，语言不是独立的社会符号或意义符号，而是自然和生物的组成部分，这也成为多学科合作的基础。根性生态语言学强调应用和实践，而非理论构建。它主张运用不同学科或语言学派的理论，采用多种方法开展研究，并面向普通人群开展生态教育（ecological education），而非局限于专家的研究。根据 Stephen Cowley 的解释，根性生态语言学作为一种研究模式，不同于传统的豪根模式（the Haugenian approach）和韩礼德模式（the Hallidayan approach）。它们的区别在于：根性模式探讨的是促进生态系统发展的生物（包括人在内）的言语产生过程，而传统模式则关注语言实体与生态之间的关系；根性模式侧重生态语言学的“生态”维度，而传统模式则侧重生态语言学的“语言”维度（参见魏榕、史蒂芬·考利，2020[4]）。

根性生态语言学的研究目标是提高人的生物生态意识（bio-ecological awareness）。在根性模式下，生物生态意识比生态意识更为开放和宽泛；它是一个包含人在内的非封闭系统，其范围可以拓展到任何时间、地点和群体。

---

1 Bateson, G. 1979. *Mind and Nature: A Necessary Unity*. New York: Dutton.

2 Cobley, P. 2016. *Cultural Implications of Biosemiotics*. Berlin: Springer.

3 Cowley, S. J. 2014. Bio-ecology and language: A necessary unity. *Language Sciences, 41*(PA): 60–70.

4 魏榕，史蒂芬·考利. 2020. 生态语言学的新型模式：根性生态语言学——史蒂芬·考利教授访谈录. 北京科技大学学报（社会科学版），(1)：8–12.

# 国际生态语言学学会

## INTERNATIONAL ECOLINGUISTICS ASSOCIATION, IEA

国际生态语言学学会（International Ecolinguistics Association，IEA）由一个指导小组管理，负责学会的总体方向、章程修改以及书籍和文章的同行评审。指导小组由召集人和联席召集人、主题代表和区域代表组成。

学会的召集人是英国格鲁斯特大学（University of Gloucestershire）的 Arran Stibbe 教授。联席召集人包括通讯主任、期刊编辑、评论编辑、书目编辑和丛书编辑。学会设置了 23 个研究主题代表，其中两个是中国学者，分别是“系统功能语言学”的代表——北京外国语大学的何伟教授和“生态女性主义”的代表——郑州航空工业管理学院的付文中老师。学会还设置了 17 个国家和地区的区域代表，其中中国地区的代表是澳门城市大学的黄国文教授。此外，学会还有 17 个伙伴组织，包括中国生态语言学学会（中国英汉语比较研究会生态语言学专业委员会）和华南农业大学生态语言学研究所。

国际生态语言学学会的网站明确指出了生态语言学的研究内容和研究目标。生态语言学的研究内容是探讨语言在人类、其他物种和自然环境之间维持生命相互作用中的作用。生态语言学研究的第一个目标是发展语言学理论，跳出语言的社会语境限制，将其扩展到更广泛的生态系统；生态语言学不仅将人类视为社会的一部分，而且将其视为生命所依赖的更大生态系统的一部分。生态语言学研究的第二个目标是展示如何利用语言学解决关键的生态问题。

国际生态语言学学会定期出版同行评审的《语言与生态》(*Language & Ecology*)电子期刊。该期刊主要发表关于语言在人类、其他物种和自然环境维持生命关系中的作用的学术文章,同时还出版促进生态意识的创作作品(如散文、诗歌或艺术品),并对这些作品进行分析。

## 韩礼德模式(生态语言学非隐喻模式,系统生态语言学)

## THE HALLIDAYAN APPROACH (THE NON-METAPHORICAL APPROACH, SYSTEMIC ECOLINGUISTICS)

韩礼德模式(the Hallidayan approach)也称系统生态语言学(systemic ecolinguistics),被视为生态语言学研究的非隐喻模式(the non-metaphorical approach)。韩礼德模式与豪根模式(the Haugenian approach)是生态语言学研究领域公认的两个传统经典模式(Bang & Døør,2007[1]; Fill,2001[2])。韩礼德模式可以追溯到 1990 年 M. A. K. Halliday 在希腊塞萨洛尼基(Thessaloniki)第九届国际应用语言学大会所做的大会发言《新的意义方式:应用语言学的挑战》("New Ways of Meaning: The Challenge to Applied Linguistics"),该报告同年发表在《应

1 Bang, J. C. & Døør, J. 2007. *Language, Ecology and Society: A Dialectical Approach*. London: Continuum.

2 Fill, A. 2001. Ecolinguistics: States of the art. In A. Fill & P. Mühlhäusler (Eds.), *The Ecolinguistics Reader: Language, Ecology and Environment*. London: Continuum, 43–53.

用语言学期刊》(*Journal of Applied Linguistics*)(Halliday, 1990[1])上，后被收入由 Alwin Fill 和 Peter Mühlhäusler 于 2001 年主编的《生态语言学读本：语言、生态和环境》(*The Ecolinguistics Reader: Language, Ecology and Environment*[2])论文集中，并被收入由 Jonathan Webster 于 2003 年主编的《韩礼德文集（第三卷）：论语言和语言学》(*The Collected Works of M. A. K. Halliday (Vol. 3): On Language and Linguistics*[3])。韩礼德模式借用系统功能语言学（systemic functional linguistics, SFL）、批评语言学（critical linguistics）、话语分析等领域的理论和方法研究语言与环境问题。在该模式下，环境指的是自然环境，是非隐喻的，因此韩礼德模式也被称为非隐喻模式或者系统生态语言学（Halliday, 2007[4]）。

韩礼德模式讨论的是语言系统以及话语或语篇中所反映和构建的生态问题。该模式关注日益严重的生态问题，呼吁语言学研究者承担起相应的社会责任，从语言途径帮助识别、分析和解决生态问题。

韩礼德模式分为针对语言系统的研究以及以话语或语篇为对象的生态话语分析（ecological discourse analysis / eco-discourse analysis）。基于韩礼德模式的研究可以是为了揭示语言系统中的非生态因素，也可以

---

1 Halliday, M. A. K. 1990. New ways of meaning: The challenge to applied linguistics. *Journal of Applied Linguistics*, (6): 7–16.

2 Fill, A. & Mühlhäusler, P. (Eds.). 2001. *The Ecolinguistics Reader: Language, Ecology and Environment*. London: Continuum.

3 Webster, J. J. (Ed.). 2003. *The Collected Works of M. A. K. Halliday (Vol. 3). On Language and Linguistics*. London & New York: Continuum.

4 Halliday, M. A. K. 2007. Applied linguistics as an evolving theme. In J. J. Webster (Ed.), *The Collected Works of M. A. K. Halliday (Vol. 9). Language and Education*. London & New York: Continuum, 1–19.

是为了寻找适合描述生态系统的语言，如绿色语法（green grammar）。生态话语分析可以从批评的路径展开［参见“生态批评话语分析”（eco-critical discourse analysis）］，或者从和谐的视角出发［参见“和谐话语分析”（harmonious discourse analysis）］，还可以从认知的、积极的、心理的路径展开。

# 豪根模式（生态语言学隐喻模式，机构生态语言学）

## THE HAUGENIAN APPROACH (THE METAPHORICAL APPROACH, INSTITUTIONAL ECOLINGUISTICS)

豪根模式（the Haugenian approach），也称机构生态语言学（institutional ecolinguistics），被视为生态语言学研究的隐喻模式（the metaphorical approach）。作为生态语言学的两个经典模式之一，豪根模式可以追溯到美籍挪威学者 Einar Haugen 于 1970 年在奥地利伯格瓦滕斯坦（Burg Wartenstein）的学术会议上所做的发言《论语言的生态》（“On the Ecology of Languages”[1]），该发言随后被收入由 Anwar S. Dil 于 1972 年主编的《语言的生态——艾纳·豪根论文集》（*The*

1 Haugen, E. 1970. On the ecology of languages. Talk delivered at a conference at Burg Wartenstein, Austria.

*Ecology of Language—Essays by Einar Haugen*[1]）以及由 Alwin Fill 和 Peter Mühlhäusler 主编的《生态语言学读本：语言、生态和环境》（*The Ecolinguistics Reader: Language, Ecology and Environment*[2]）当中。

豪根模式研究的是“任何特定语言与其环境的相互作用”（interactions between any given language and its environments）（Fill & Mühlhäusler，2001：57[3]）。不过，这里的“环境”指的并不是自然环境，而是“言语社区”（speech community），是“使用某一语言作为语码的社会”（the society that uses a language as one of its codes）（Fill & Mühlhäusler，2001：57[4]）。换句话说，豪根模式将语言与其言语社区的关系比喻为生物与其自然环境的关系，是生态语言学的隐喻模式，也被称为机构生态语言学（Halliday，2007[5]）。

豪根模式认为，语言的多样性由其所在的环境决定，这好比自然生态系统中生物多样性（biodiversity）由其所依存的自然环境决定；世界上不同语言之间相互依赖、相互作用、相互影响，这好比自然生态系统中各种生物的关系；语言在一定的社会环境中处于不断变化又相对稳定的动态平衡之中，这好比生物系统之中的生态平衡；语言存在强弱之分，

---

1 Haugen, E. 1972. On the ecology of languages. In A. S. Dil (Ed.), *The Ecology of Language: Essays by Einar Haugen*. Stanford: Stanford University Press, 325–339.

2 Fill, A. & Mühlhäusler, P. (Eds.). 2001. *The Ecolinguistics Reader: Language, Ecology and Environment*. London: Continuum.

3 同上，57。

4 同上。

5 Halliday, M. A. K. 2007. Applied linguistics as an evolving theme. In J. J. Webster (Ed.), *The Collected Works of M. A. K. Halliday (Vol. 9). Language and Education*. London & New York: Continuum, 1–19.

随着环境的发展，强势语言可能成为霸主、形成入侵，而弱势语言可能遭到侵蚀、被边缘化，甚至逐渐走向消亡，这好比大自然中的弱肉强食、适者生存；政治、经济、社会、文化、历史等因素会影响、制约，甚至决定自然环境和语言环境。

豪根模式的研究议题包括：语言多样性（language diversity）、濒危语言保护、语言生存、语言发展、语言进化（language evolution）、语言净化、语言灭绝（language death）、语言活力、语言规划（language planning）、语言政策（language policy）、语言多样性与文化多样性（culture diversity）、语言多样性与生物多样性（biodiversity）、语言与现实世界的互动、语码转换、洋泾滨化、克里奥尔化等。

## 宏观生态语言学 MACRO-ECOLINGUISTICS

宏观生态语言学（macro-ecolinguistics）和微观生态语言学（micro-ecolinguistics）是根据不同学者和机构对生态语言学的定义和理解提出的（黄国文，陈旸，2018[1]）。

这一组术语的提出以语言学中关于宏观语言学（也可以视为强式语言学）和微观语言学（也可以视为弱式语言学）的区分为基础。微观语言学是对语言本体的研究，包括语言的语义、句法、词法和音

1 黄国文，陈旸. 2018. 微观生态语言学与宏观生态语言学. 外国语言文学，（5）：461–473.

系；而宏观语言学则将研究拓展至语言与其他领域的互动，涉及非语言现象。

宏观生态语言学与微观生态语言学的区别与如何看待生态语言学的学科属性密切相关。宏观生态语言学是一种超学科（trans-disciplinary）视角，认为任何与生态和语言相关的领域都属于生态语言学。在该视角下，生态语言学是一门基于并超越生态学、语言学、哲学、生物学、认知科学、社会学、外交学、政治学、文化、经济学、宗教学、心理学等的学科（何伟，2018[1]），因此，生态语言学的研究从语言延伸至人类行为、伦理、认识论、国际关系、教育等领域。

持这一观点的典型代表人物有 Peter Finke 和 Sune Vork Steffensen（2019 年 11 月 30 日在华南农业大学第 3 期生态语言学讲习班发言）。

## 环境（传播）修辞

### ENVIRONMENTAL (COMMUNICATION) RHETORIC

环境（传播）修辞［environmental (communication) rhetoric］讨论的是如何利用各种意义资源（语言的和非语言的）描写环境以及环境与人之间的关系，并且通过再现、转换、激活等手段实现意指概念的创造与争夺，从而达到讨论相关议题、引导信息接收者认知的目的。

1 何伟. 2018. 关于生态语言学作为一门学科的几个重要问题. 中国外语，（4）：1，11–17.

环境（传播）修辞最初可以追溯到 Christine Oraveca 于 20 世纪 80 年代所发表的文章（Oraveca，1984[1]；Oraveca & Muir，1981[2]；参见刘涛，2016[3]）。除了先驱式人物 Oraveca，其他从事相关研究的代表还包括 Cox（1982[4]，2006[5]）、Pezzullo（2007[6]）、Dobrin & Morey（2009[7]）等。在国内相关领域从事一系列研究的主要是刘涛（2011[8]，2013[9]，2015a[10]，2015b[11]，2017[12]，2018a[13]，2018b[14]）。

1 Oraveca, C. 1984. Conservationism vs. preservationism: The "public interest" in the HetchHetchy controversy. *Quarterly Journal of Speech, 70*(4): 444–458.

2 Oraveca, C. & Muir, J. 1981. Yosemite, and the sublime response: A study in the rhetoric of preservationism. *Quarterly Journal of Speech, 67*(3): 245–258.

3 刘涛. 2016. "传播环境"还是"环境传播"？——环境传播的学术起源与意义框架. 新闻与传播研究，（7）: 110–125.

4 Cox, J. R. 1982. The die is cast: Topical and ontological dimensions of the locus of irreparable. *Quarterly Journal of Speech, 68*(3): 227–239.

5 Cox, J. R. 2006. *Environmental Communication and Public Sphere*. London: Sage.

6 Pezzullo, P. 2007. *Toxic Tourism: Rhetorics of Travel, Pollution and Environmental Justice*. Tuscaloosa: University of Alabama Press.

7 Dobrin, S. I. & Morey, S. (Eds.). 2009. *Ecosee: Image, Rhetoric, Nature*. Albany: State University of New York Press.

8 刘涛. 2011. 环境传播：话语、修辞与政治. 北京：北京大学出版社.

9 刘涛. 2013. 新社会运动与气候传播的修辞学理论探究. 国际新闻界，（8）: 84–95.

10 刘涛. 2015a. 接合实践：环境传播的修辞理论探析. 中国地质大学学报（社会科学版），（1）: 58–67，140.

11 刘涛. 2015b. 意指概念：环境传播的修辞理论探析. 现代传播（中国传媒大学学报），（2）: 54–58.

12 刘涛. 2017. 隐喻论：转义生成与视觉修辞分析. 湖南师范大学社会科学学报，（6）: 140–148.

13 刘涛. 2018a. 语境论：释义规则与视觉修辞分析. 西北师大学报（社会科学版），（1）: 5–15.

14 刘涛. 2018b. 意象论：意中之象与视觉修辞分析. 新闻大学，（4）: 1–9，149.

# 给养 AFFORDANCE

给养（affordance）由美国心理学家 James Jerome Gibson 在 1977 年发表的论文《给养理论》（"The Theory of Affordances"[1]）中首次提出。后在 1979 年的《视知觉的生态路径》（*The Ecological Approach to Visual Perception*[2]）中 Gibson 对这一术语的含义进行了详细阐释和补充。"affordance" 的译法多种多样，例如，"动允性"（如鲁忠义等，2009[3]）、"符担性"（如吴文、李森，2009[4]）、"可获得性"（如刘晓海、石晨，2013[5]）、"示能性"（如吴炳章，2013[6]）、"可供性"（如姜孟、赵思思，2014[7]）等（参见黄国文、王红阳，2018[8]）。

鉴于 "affordance" 的多种译法，这里展示 Gibson 对该术语的解释和定义：

---

1 Gibson, J. J. 1977. The theory of affordances. In R. Shaw & J. Bransford (Eds.), *Perceiving, Acting, and Knowing: Toward an Ecological Psychology*. Hillsdale: Lawrence Erlbaum Associates, 62–82.

2 Gibson, J. J. 1979. *The Ecological Approach to Visual Perception*. Boston: Houghton Mifflin.

3 鲁忠义，陈笕桥、邵一杰. 2009. 语篇理解中动允性信息的提取. 心理学报，（9）：793–801.

4 吴文，李森. 2009. 社会文化视野下的生态语言教学观. 山东外语教学，（6）：48–53.

5 刘晓海，石晨. 2013. 基于生态心理学的汉语中动句生成动因探析. 语言教学与研究，（4）：41–48.

6 吴炳章. 2013. 示能性和意向归属. 当代外语研究，（6）：17–20.

7 姜孟，赵思思. 2014. 话语理解过程的可供性提取研究. 外语教学与研究，（4）：584–595.

8 黄国文，王红阳. 2018. 给养理论与生态语言学研究. 外语与外语教学，（5）：4–11.

The *affordances* of the environment are what it *offers* to the animal, what it *provides* or *furnishes*, either for good or ill. The verb *to afford* is found in the dictionary, but the noun *affordance* is not. I have made it up. I mean by it something that refers to both the environment and the animal in a way that no existing term does. It implies the complementariry of the animal and the environment. (italics in the original)（Gibson，1979：127[1]）

环境的给养是指环境为动物所提供的东西，不论是好的还是坏的。在字典里可以找到动词 *to afford*，但是找不到名词 *affordance*。这个词是我创造的，它同时关联了环境和动物，还没有任何现有术语能够做到这一点。这个词暗示了动物和环境之间的互补关系。

简言之，给养理论涉及的是环境与动物（包括人在内）之间的关系问题。上面一段话中提到的"环境"在 Gibson 的视知觉生态论中有其特定含义和划分。视知觉生态论是 Gibson 对心理学的两大创新性贡献之一；另一个创新性贡献是直接知觉论（Gibson，1950[2]）。

Gibson 认为，动物的生存环境并不等同于物理环境。对于生存环境，动物是可以直接感知的，不需要内部处理和思维认知，但是对物理世界却不可以直接感知。Gibson 进一步将环境区分为介质、物质和表面。其中，表面是动物活动的主要场所，换句话说，动物所接触的都是某个表面，如陆面、水面等。在此基础上，Gibson（1979：127[3]）提出

1 Gibson, J. J. 1979. *The Ecological Approach to Visual Perception*. Boston: Houghton Mifflin, 127.

2 Gibson, J. J. 1950. *The Perception of the Visual World*. Boston: Houghton Mifflin.

3 Gibson, J. J. 1979. *The Ecological Approach to Visual Perception*. Boston: Houghton Mifflin, 127.

这样一个问题："我们如何从表面发展到给养?"（How do we go from surfaces to affordances?）如果陆面是水平的、平坦的、延伸的、坚实的，那么它可以为动物提供"支撑"，而对提供支撑的表面我们称其为"地面"，动物可以在上面走、跑、跳。具备这些特性的陆面对于陆生动物而言就提供了支撑，但是对于海洋动物而言就没有这种给养；这是针对不同动物所提供的"有与无"的区别。如果水覆盖足够的范围、平静、干净[1]，那么水提供给动物（主要是人）的是"可游泳"，但是对于怕水的动物（包括人）来说，这片区域的水会令他（它）们产生恐惧；这是针对不同动物所提供的"好与坏"的区别。鉴于给养所涉及的物理特性，如水平的、平坦的、延伸的、坚实的，以及对不同动物的作用或价值，它是一个结合了主观和客观的概念，或者说既不是主观的也不是客观的。

虽然给养理论是 Gibson 在生态心理学范畴所做出的贡献，但是该理论在其他领域也产生了重要影响，较为突出的有设计（如 Norman，1988[2]）、计算机和互联网（如 Wells，2002[3]）、二语习得（如 van Lier，

1 依据《游泳场所卫生标准》（GB9667—1996），"干净"的科学指标是 pH 值介于 6.0～9.0、透明度 ≥ 30cm、无油膜、无漂浮物、无有毒物质（以 GB3097 为标准）. 但是，给养是直观的，对动物（主要是人）而言干净就是指清澈透明。

2 Norman, D. 1988. *The Psychology of Everyday Things*. New York: Basic Books.

3 Wells, A. 2002. Gibson's affordances and Turing's theory of computation. *Ecological Psychology, 14*(3): 140–180.

2000[1]，2004[2]，2008[3]；Menezs，2011[4]）等。

在生态语言学领域，一些研究深受 Gibson 思想的启发，其中一个突出代表是扩展生态假说（Extended Ecology Hypothesis）（Steffensen & Fill，2014[5]）。Gibson 从给养的视角将生态位（ecological niche）解释为一套给养，这些给养并没有严格的分类，而是共存的。例如，在某个偏远地区的溪水，它可以为当地居民（大人）提供“洗（衣）”，为游客和小孩子提供“玩”，也可以为野生动物提供“饮”；另一方面，提供“洗（衣）”和“饮”的还可以是自来水，提供“玩”的还可以是农庄或小山丘。Gibson 打破二分法的哲学思想对 Steffensen 等人语言观影响重大。此外，黄国文和王红阳（2018[6]）结合给养理论和王阳明心学展开了关于生态语言学研究的讨论。

---

1 van Lier, L. 2000. From input to affordance: Social-interactive learning from an ecological perspective. In J. Lantolf (Ed.), *Sociocultural Theory and Second Language Learning*. Oxford: Oxford University Press, 245–259.

2 van Lier, L. 2004. *The Ecology and Semiotics of Language Learning: A Sociocultural Perspective*. Boston: Kluwer Academic Publishers.

3 van Lier, L. 2008. The ecology of language learning and sociocultural theory. In A. Creese, P. Martin & N. Hornberger (Eds.), *Encyclopedia of Language and Education (Vol. 9): Ecology of Language*. New York: Springer, 2949–2961.

4 Menezs, V. 2011. Affordances for language learning beyond the classroom. In P. Benson & H. Reinders (Eds.), *Beyond the Language Classroom*. Hampshire: Palgrave Macmillian, 59–71.

5 Steffensen, S. V. & Fill, A. 2014. Ecolinguistics: The state of the art and future horizons. *Language Sciences, 41* (PA): 6–25.

6 黄国文，王红阳. 2018. 给养理论与生态语言学研究. 外语与外语教学，（5）: 4–11.

# 及物性 TRANSITIVITY

及物性系统体现了语言的经验元功能（experiential metafunction），描述了外部（物质）世界和内部（内心）世界的一系列经验。及物性系统将世界上正在发生或存在、已经发生或存在，或者将要发生或存在的事件或事物分为不同类型的过程（Process）。作为核心成分的过程（Halliday & Matthiessen，2004[1]）决定了其参与者（Participant）和环境（Circumstance）；不同类型过程涉及的参与者数量和参与者角色有所不同。根据 Halliday（1994[2]）的划分，经验过程可以划分为六类，分别是物质过程（material process）、心理过程（mental process）、关系过程（relational process）、言语过程（verbal process）、行为过程（behavioural process）和存在过程（existential process）。

**1. 物质过程**

物质过程是做某事或某事发生的过程。该类过程可能出现动作者（Actor）和目标（Goal）两个参与者（如例 1，下划线所示），也可能只出现目标这个参与者（如例 2），还可能只出现动作者这个参与者（如例 3）。

例 1　[Actor] <u>The illegal hunters</u> [Process：material] are chasing [Goal] <u>a pangolin</u>.

---

1 Halliday, M. A. K. & Matthiessen, C. M. I. M. 2004. *An Introduction to Functional Grammar* (3rd ed.). London: Arnold.

2 Halliday, M. A. K. 1994. *An Introduction to Functional Grammar* (2nd ed.). London: Arnold.

例 2　[Goal] The pangolin [Process：material] is being chased.

例 3　[Actor] The pangolin [Process：material] is digging.

**2. 心理过程**

心理过程是感觉过程，可以进一步分为情感、感知和认知。心理过程涉及感受者（Senser）和现象（Phenomenon）两个参与者。关于感受者，Halliday（1985[1]）和 Halliday & Matthiessen（2004[2]）认为：心理过程的感受者总是人类或者类人的，其重要特征是具有意识，体现在语法中就是用 he 或 she 而非 it 指代这一参与者。例如，虽然“it really likes me”在语法上是正确的，但是却带有不同寻常的意义，这是因为感受者 it 在一般情况下指代非人类。换句话说，只有具备人的特征或者被赋予人的特征的参与者才会有情感、思维和认知。从生态语言学看，这种传统意义上的解释可能受到人类中心主义（anthropocentrism）的影响；如果从生态中心主义（ecocentrism）的视角看，“it really likes me”这类句子就不足为奇了。

在生态语言学框架下，心理过程可以表达对自然环境、资源和非人类物种的态度、观点、立场、情感、认知等（即自然环境、资源和非人类物种作为现象），也可以表达自然环境、资源和非人类物种的心理状态（即生态系统及其构成作为感受者）。

---

1　Halliday, M. A. K. 1985. *An Introduction to Functional Grammar*. London: Arnold.

2　Halliday, M. A. K. & Matthiessen, C. M. I. M. 2004. *An Introduction to Functional Grammar* (3rd ed.). London: Arnold.

### 3. 关系过程

关系过程是有关事物、事件或概念之间关系的过程。关系过程是及物性系统中最复杂的，可以进一步分为内包类（intensive）、所有类（possessive）和环境类（circumstantial），这三类关系过程可以是归属式（attributive）和识别式（identifying）。所有关系过程都有两个参与者，但是不同类型的关系过程指派了不同的参与者，如下表所示。其中，黑体代表重音突出成分，是区分不同参与者角色的依据。

关系过程中的参与者

<table>
<tr><th colspan="2">例</th><th>参与者 1</th><th>过程</th><th>参与者 2</th></tr>
<tr><td colspan="2" rowspan="2">4</td><td>载体（Carrier）</td><td>内包类归属过程（Process：intensive-attributive）</td><td>属性（Attribute）</td></tr>
<tr><td>Pangolin</td><td>is</td><td>a Chinese traditional medicine material</td></tr>
<tr><td colspan="2" rowspan="2">5</td><td>被识别者（Identified）/标记（Token）</td><td>内包类识别过程（Process：intensive-identifying）</td><td>识别者（Identifier）/价值（Value）</td></tr>
<tr><td>Pangolin</td><td>is</td><td>the target of the black market trade here</td></tr>
<tr><td rowspan="4">6</td><td rowspan="2">(a)</td><td>载体</td><td>内包类归属过程（Process：intensive）</td><td>属性：所有（Attribute：possession）</td></tr>
<tr><td>The dog</td><td>is</td><td>Mary’s</td></tr>
<tr><td rowspan="2">(b)</td><td>载体：所有者（Carrier：possessor）</td><td>所有类归属过程（Process：possession）</td><td>属性：所有物（Attribute：possessed）</td></tr>
<tr><td>Mary</td><td>has</td><td>a dog</td></tr>
<tr><td rowspan="2">7</td><td rowspan="2">(a)</td><td>被识别者/标记：所有物（Identified/Token：possessed）</td><td>内包类识别过程（Process：intensive）</td><td>识别者/价值：所有者（Identified/Value：possessor）</td></tr>
<tr><td>The dog</td><td>is</td><td>Mary’s</td></tr>
</table>

（续表）

| 例 | | 参与者 1 | 过程 | 参与者 2 |
|---|---|---|---|---|
| 7 | (b) | 被识别者 / 标记 | 所有类识别过程（Process：possession） | 识别者 / 价值 |
| | | Mary | owns | **the dog** |
| 8 | (a) | 载体 | 内包类归属过程（Process：intensive） | 属性：环境（Attribute：circumstantial） |
| | | The procedure | is | about how to process pangolin scales |
| | (b) | 载体 | 环境类归属过程（Process：circumstantial） | 属性 |
| | | The procedure | concerns | how to process pangolin scales |
| 9 | (a) | 被识别者 / 标记：环境（Identified/Token：circumstantial） | 内包类识别过程（Process：intensive） | 识别者 / 价值：环境（Identifier/Value：circumstantial） |
| | | With Chilli | is | **the best way to cook scallop** |
| | (b) | 被识别者 / 标记 | 环境类识别过程（Process：circumstantial） | 识别者 / 价值 |
| | | The attack on ivory smuggle | covers | **all the black market across the country** |

关系过程是一个对事物、事件或概念进行分类的过程。归属过程将载体划分为具有某种特征或属性的种类的一员，而这个种类还包括其他具有该特征或属性的成员。识别过程将被识别者划分为具有某种特征或属性的一员，但与归属过程不同的是，这个种类只包含了这一个成员。对世界的认识就是一个分类和再分类的过程，正是这一过程引导了相应行动。在上表中，例 4 和例 5 均是有关穿山甲分类的描述。例 4 将穿山甲划分为传统中药材的一种，例 5 将穿山甲设定为某地黑市交易的标

的物。将穿山甲列为中药材是以人的需求为衡量标准；作为药材的穿山甲可以治病救命，因而驱动了对穿山甲的大量非法猎杀，以满足不同人群的需求，例如，捕猎者和贩卖者获取经济利益，消费者则获得药用效益。2020 年 6 月 5 日，穿山甲升级为国家一级保护动物，而且 2020 年版《中国药典》（一部）也将穿山甲从药典中除名。这两个行动实际上是对穿山甲的重新分类，前者将穿山甲从国家二级保护动物这一类别中去掉，将其归为国家一级保护动物，而后者将穿山甲从中药材这一类别中去掉，将其药用属性减弱甚至消除。例 5 同样从人的角度对穿山甲进行分类，可以从两个方面来分析其传递的信息。一方面，受利益驱动的非法捕猎者了解到穿山甲在黑市的定位，极有可能做出更疯狂的举动；另一方面，致力于保护穿山甲的人员或机构会加大打击力度，防止数量骤减的穿山甲灭绝。不论如何，例 4 和例 5 都是从人的视角、以人的利益为标准对穿山甲进行分类。

在生态语言学视角下，关系过程反映并影响人对世界上万事万物的分类。这类过程以命题的形式塑造、巩固或改变人对事物或事件的事实判断（factual judgement）和价值判断（value judgement），对人的生态哲学观（ecosophy）和价值观产生很大影响。

**4. 三类次要过程**

除了上述的物质过程、心理过程和关系过程这三类主要过程类型，及物性系统还包括言语过程、行为过程和存在过程这三类次要过程类型。言语过程是说话的过程，涉及的参与者有说话人（Sayer）、受话人（Receiver）和话语内容（Verbiage）。存在过程是表示存在的过程，涉及的参与者是存在物（Existent）。行为过程是生理和心理行为过程，只有一个参与者，即行为者（Behaver）。在解释行为过程与物质过程之间关系时，Halliday（1985[1]）提出，生理和心理行为（如微笑、打喷嚏、做梦等）的主体通常是人，正如 Halliday & Matthiessen（2008：248[2]）对行为过程的定义所描述的："这些过程通常是人的生理和心理行为……"（These are processes of (typically human) physiological and psychological behaviour...）。因此，就以下两个例句而言，例 10 符合人的一般认知，而例 11 则被认为采用了拟人的手法或是发生在非现实世界。

例 10　The girl is smiling.

例 11　The dog is smiling.

## 进化系统类型说

## TYPOLOGY OF EVOLVING SYSTEMS

Halliday & Matthiessen（1999[3]）将语言置于现实世界，提出构成世界的四个系统，分别是物理系统（physical systems）、生物系统（biological systems）、社会系统（social systems）和意义系统（semiotic systems）。他们认为这四个系统形成了有序的系统类型（ordered typology

1 Halliday, M. A. K. 1985. *An Introduction to Functional Grammar*. London: Arnold.

2 Halliday, M. A. K. & Matthiessen, C. M. I. M. 2008. *An Introduction to Functional Grammar* (3rd ed.). Beijing: Foreign Language Teaching and Research Press, 248.

3 Halliday, M. A. K. & Matthiessen, C. M. I. M. 1999. *Construing Experience Through Meaning: A Language-based Approach to Cognition*. London: Cassell.

of systems )。以物理系统为起点，后面三个系统所包含的要素逐渐递增，复杂性也逐渐增加。生物系统在物理系统的基础上增加 [ 生命 ] 要素，社会系统在生物系统基础上增加 [ 社会 ] 要素或者在物理系统基础上增加 [ 生命 ] 和 [ 社会 ] 要素，意义系统则在社会系统基础上增加 [ 意义 ] 要素或者在生物系统基础上增加 [ 社会 ] 和 [ 意义 ] 要素或者在物理系统上增加 [ 生命 ]、[ 社会 ] 和 [ 意义 ] 要素。在生态的视角下，作为意义系统的语言包含了生命、社会和意义要素，是一个不断进化而来的系统。虽然语言是意义系统，与社会系统联系最为密切，但它同时受到物理系统和生物系统的影响，并对这些系统产生作用。

进化系统类型说（typology of evolving system）关于整体、系统、进化的思想对生态语言学研究有很大启发。第一，语言不是被视为抽象的大脑思维的产物，而是被置于物质世界当中，是生物系统和社会系统的一部分；这解释了为什么生态语言学可以通过语言研究解决与生命和社会相关的问题。第二，相对于物理系统、生物系统和社会系统，语言处于最高层面，该系统包含的要素最多，也最复杂，但它是基于前面三个系统的，是在生命、社会和意义要素上不断进化的结果；这解释了为什么生态语言学的研究对象会不断变化和进化以及为什么生态语言学需要采取多种研究方法和研究视角。第三，意义系统与社会系统的密切关系凸显了语言在认知领域和社会领域的地位，同时，将包含了意义系统的社会系统置于物理系统和生物系统中扩大了语言的影响范围，成为生态语言学研究扩展到语言以外的实践活动的思想基础。

# 跨学科 INTER-DISCIPLINARY

生态语言学的学科属性大抵可以分为三类：一类将生态语言学视为交叉学科（cross-disciplinary），认为生态语言学是融合了生态学和语言学的研究；另一类将生态语言学视为跨学科（inter-disciplinary），它不仅涉及生态学和语言学，还吸收来自哲学、伦理学、政治学、社会学、民族学、人类学、生物学等学科的思想和方法；第三类将生态语言学视为超学科（trans-disciplinary），认为生态语言学超越一切与生态和语言相关的学科。

作为跨学科的生态语言学属于应用语言学（applied linguistics），它以问题为导向（problem-oriented），这点与法律语言学和心理语言学是一致的。生态语言学致力于通过语言来识别、缓解、解决影响生态系统可持续发展的认知和行动问题。生态系统是一个包含了人类社会在内的系统，涉及自然环境、社会体制、哲学文化等多个因素，因此生态语言学研究也就会涉及广泛的学科。

# 框架 FRAME

框架（frame）在不同的学科中有不同的定义，如在人工智能、社会学、认知科学等学科中均有差异。在生态语言学领域，Stibbe（2015[1]）将框架定义为关于生活中某个领域的故事（story），由特定的词触发带入脑海。不同的框架讲述了不同的故事，它们对现在的世界是什么样以及世界将来会如何发展有不同的观点，由此所涉及的参与者、参与者之间的关系以及参与者的行动也不同。

与框架相关联的两个术语是“构架”（framing）和“重构”（reframing）。构架指“利用来自某一生活领域的故事（框架）来构建另一个生活领域如何被概念化的过程”［the use of a story from one area of life (a frame) to structure how another area of life is conceptualised］（Stibbe，2015：203[2]），这是一个从认知角度将生活中一个领域的故事强加给另一个领域的过程。重构指“以一种不同于文化中典型构架的方式来构架一个概念的行为”（the act of framing a concept in a way that is different from its typical framing in a culture）（Stibbe，2015：206[3]）。

基于生态哲学观（ecosophy），（研究者）可以对框架和构架进行评估，即框架和构架对生态系统是有益的还是破坏的。对于破坏性的框架和构架，要挖掘其问题所在，并寻找可替代的框架和构架，从而影响人

1 Stibbe, A. 2015. *Ecolinguistics: Language, Ecology and the Stories We Live by*. London & New York: Routledge.

2 同上，203。

3 同上，206。

的思想和行动。可替代的框架可以是通过一系列增量修改而产生一个新框架的框架链（frame chaining），也可以是保留了一些旧框架结构和特征的框架改造（frame modification），还可以是占据另一个框架旧有位置但不完全取代旧框架的框架位移（frame displacement）（参见 Stibbe, 2015[1]）。

## 扩展生态假说

## EXTENDED ECOLOGY HYPOTHESIS

基于对语言生态的划分［符号生态（symbolic ecology）、自然生态（natural ecology）、社会文化生态（sociocultural ecology）、认知生态（cognitive ecology）］和语言与生态之间关系的思考，Fill & Steffensen（2014[2]）将语言的符号生态、自然生态、社会文化生态和认知生态整合为"统一的生态语言科学"（a unified ecological language science），消除它们之间的界限。他们摒弃传统的生态语言学隐喻模式（the metaphorical approach）和非隐喻模式（the non-metaphorical approach）之分，提出建立一个可以同时描述和解释语言的物理、心理、社会、文化维度的整体框架，主张自然语言观（a naturalized language view）或者自然语言

1 Stibbe, A. 2015. *Ecolinguistics: Language, Ecology and the Stories We Live by*. London & New York: Routledge, 206.

2 Fill, A & Steffensen, S. V. 2014. Editorial: The ecology of language and the ecology of science. *Language Sciences, 41*(PA): 1–5.

科学（a naturalized language science）。

自然语言观既反对本体本质主义（ontological essentialism），也不赞同本体副现象论（ontological epiphenomenalism）。前者将语言视为真实存在的本体现象，而后者将语言视为心理事件，是自然界的附属物或附属产品。自然语言观从这两个观点的中间路径出发，既不将语言简单地等同于生物学，也不是脱离生物学谈论语言（Steffensen，2011[1]）。

体现自然语言观的一个模型是扩展生态假说（extended ecology hypothesis）（Steffensen，2011[2]），该模型主张将价值和意义融入生态结构。扩展生态假说不同于传统的一个重要观点是：语言并非思想外化或者交际活动的工具；它是一个物种所特有的、即时的、体间（交互的、非单独个体的）特征，通过发声实现感知和行动延伸，是所有物种（不论是人类还是非人类）都具备的差异性特征。但是对于人类来说，其所处的即时环境还包含了超越当下环境的结构；最突出的两类是象征维度的词汇语法以及物质维度的技术。超越当下环境涉及过去和将来，可以是过去对现在的影响，也可以是过去和现在对将来的影响。语言是文化的载体，可以记录和继承传统文化，并将文化以口述或书面的方式传递下去。而技术则对将来产生重大影响，如温室气体排放造成的气候变暖问题。在这样的实体扩展和时空扩展框架下，人类、非人类有机体、语言、物质实体等形成一个整体，并将过去、现在和将来融合成一体。

---

1 Steffensen, S. V. 2011. Beyond mind: An extended ecology of languaging. In S. J. Cowley (Ed.), *Distributed Language*. Amsterdam: John Benjamins, 185–210.

2 同上。

## 绿色运动 GREEN MOVEMENT

绿色运动（green movement）是在人们应对环境污染、资源枯竭、能源危机等一系列问题下产生的。绿色运动倡导生产绿色化和消费绿色化，即生产和消费对环境无害的产品，从而减少对环境的污染、控制资源和能源的使用，在满足当代人的生存发展需求的基础上保证下一代的生存繁衍。由此可见，绿色运动的目的是促进人类的可持续发展。

虽然绿色运动提倡绿色生产、绿色消费、保护环境，但是其假定没有脱离人类中心主义（anthropocentrism）。绿色运动对环境和资源能源的判断仍然以对人的价值作为基准，关注的是人的生存与发展问题，这与主流社会中的破坏性话语（destructive discourse）和反面话语（counter discourse）的假定基本一致。

绿色运动不是局限在对自然生态的关怀，而是一个涉及自然生态、科学研究、政治等多个领域的运动。绿色运动的一些成员认为参与政治可以更好地推动绿色运动，也有一些成员通过绿色运动将环境问题政治化。

# 马克思主义语言学观

## THE MARXIST LINGUISTIC VIEW

M. A. K. Halliday 的语言学研究思想以及系统功能语言学（systemic functional linguistics，SFL）研究理论和方法对生态语言学研究有着深远影响。其中，Halliday 的马克思主义语言学观（the Marxist linguistic view）更是具有普遍的指导意义。

Halliday 是一位马克思主义语言学家，他一直将发展马克思主义语言学视为自己追求的长远目标，注重语言研究的政治语境（参见 Martin，2013[1]；何远秀，2016[2]）。Halliday 多次（如韩礼德等，2015[3]；Halliday，2007[4]）强调其马克思主义语言学观，表明其语言研究是在马克思主义语言观和方法的指导下进行的。Halliday 的马克思主义语言观的核心是语言实践观，包含两个方面的意义：一方面，对语言的研究要置于社会当中，注重语言发生的社会理据，不能脱离语境（context）孤立地研究语言本体；另一方面，要将语言学研究应用到社会当中，注重理论联系实践，突出语言对社会的干预功能，以问题为导向（problem-

1 Martin, J. R. (Ed.). 2013. *Interviews with M. A. K. Halliday: Language Turned Back on Himself*. London & New York: Bloomsbury.

2 何远秀. 2016. 韩礼德的新马克思主义语言研究取向. 北京：中国社会科学出版社.

3 韩礼德，何远秀，杨炳钧. 2015. 系统功能语言学的马克思主义取向——韩礼德专题访谈录. 当代外语研究，（7）: 1–4.

4 Halliday, M. A. K. 2007. Language in a changing world. In J. J. Webster (Ed.), *Collected Works of M. A. K. Halliday (Vol. 3). On Language and Linguistics*. Beijing: Peking University Press, 213–231.

oriented），解决实际社会问题。从语言属于社会到语言干预社会，展现了语言学研究从静态到动态，从属性到功能，从理论到实践的发展。

生态语言学研究是在一定的社会环境下展开的，以识别、分析、评估和解决与语言相关的生态问题为导向和目的。通过研究语言和话语，生态语言学可以帮助人们认识、面对、巩固或者改变对世界的认知，并对其行动做出指导，从而对社会系统和生态系统形成干预。

## 模态 MODE

模态（mode）指任何有组织、有规律的表现和交流方式，诸如图像、手势、姿势、语言、音乐以及这些元素的新的构造形式。模态与语言在语境（context）中的作用有关。

模态是同步实现话语和交流类别的意义资源，它可以通过多于一种的生产媒介实现。例如，我们可以通过“点头”（姿势）或手势（ ）或说“好的”来表达“同意”这一意义。既然模态实现的是意义资源，那么所有意义资源都具有表达意义的潜势（potential），不同的模态所表达的意义是有差异的，也是受使用场合制约的。因此，选择“点头”“手势”和“说‘好的’”都受到语境的制约，而且都由意义驱动。

在系统功能语言学（systemic functional linguistics，SFL）中，“mode”通常被翻译为“模式”，是情景语境［context of situation，即语域（register）］三要素之一的“话语模式”（mode of discourse，即语

式[1]），指的是交流渠道，如口头模式、书面模式、电子模式等。系统功能语言学也从语言在语境中的象征作用角度来说明语言模态的功能，如说教性、娱乐性、说服性、辩论性等（参见 Matthiessen et al.，2010[2]）。

## 欧登塞团队 THE ODENSE GROUP

欧登塞团队（the Odense Group）主要是基于丹麦的南丹麦大学（University of Southern Denmark）的语言学学者建立的研究团队，代表人物是 Jørgen Christian Bang、Jørgen Døør 以及 Sune Vork Steffensen。该团队的其他学者还包括同在南丹麦大学的 Anna Lindø 以及丹麦奥尔胡斯大学（Aarhus University）的 Jeppe Bundsgaard。

欧登塞团队的一个突出特点是其哲学指导的多元化，包括马克思主义辩证法以及东方佛教和道教关于万物相关联的思想。该团队围绕科学的哲学问题展开思考，为科学的再概念化提供一种途径，其主要贡献是提出辩证语言学（dialectical linguistics）。

1 在系统功能语言学中，“语式”也可以由 mode 表达。本书为了区分“模态”和“语式”的英文，将“语式”的英文统一为 mode of discourse。

2 Matthiessen, C. M. I. M., Teruya, K. & Lam, M. 2010. *Key Terms in Systemic Functional Linguistics*. New York: Continuum.

# 普通语言学 GENERAL LINGUISTICS

普通语言学（general linguistics）是描述和解释语言的本质、特性、结构、起源和发展等问题的学科，它的终极目标是研究人类所有语言的共性和规律。从研究对象看，与普通语言学相对的是“个别语言学”（particular linguistics）。个别语言学是研究某一种语言的学科（如汉语语言学、英语语言学）。从语言的性质和功能看，普通语言学也称理论语言学（theoretical linguistics），与之相对的是“应用语言学”（applied linguistics）或“语言学应用”（linguistics applied）（参见黄国文，2007[1]）。系统功能语言学（systemic functional linguistics，SFL）是普通语言学，而生态语言学是广义的应用语言学（相对的是狭义应用语言学，如外语教学或语言教学）。

作为普通语言学的系统功能语言学探索的是语言的普遍规律和共同特点，其目标是“把意义从个别语言的语言系统体现中‘解放’出来，建立功能语义学，从而实现对意义的普通描写”（辛志英、黄国文，2010：54[2]）。但是系统功能语言学理论本身还具有“应用”的机制和特性，因此它也被描述为“适用语言学”（appliable linguistics）。

与适用语言学相同，普通语言学也是问题驱动的，但普通语言学研究的问题是内在的，属于语言内部。具体来说，普通语言学研究的两个问题是：第一，“为什么语言是这样的？”（Why is language as it

1 黄国文. 2007. 个别语言学研究与研究创新. 外语学刊，（1）：35–39.

2 辛志英，黄国文. 2010. 系统功能类型学：理论、目标与方法. 外语学刊，（5）：50–55.

is?）；第二，“为什么人类能够逐步形成语言这个具有特殊属性的系统?”（Why did mankind evolve a system which has these particular properties that language has?）（Parret，1974：119–120[1]；参见黄国文、赵蕊华，2021[2]）。

## 浅层生态学 SHALLOW ECOLOGY

浅层生态学（shallow ecology）可以从问题认识、问题探索和问题解决三个方面解释。在问题认识上，浅层生态学奉行人类中心主义（anthropocentrism）和二元论（dualism），注重人的利益。在人类中心主义的思想指导下，浅层生态学仍然以人作为尺度，将对人的作用作为衡量自然资源和非人类生物的价值的参考，而不是从它们的内在属性和自身价值出发。在问题探索上，浅层生态学讨论的是生态问题的症状或现象，如大气污染、水土流失、人口爆炸、资源危机等，而不深入挖掘这些症状背后的原因。在问题解决上，浅层生态学提倡对现有价值观、制度、技术、法律法规的改良，而不是从根本上建立一个新的系统。

1 Parret, H. (Ed.). 1974. *Discussing Language*. The Hague: De Crugter Mouton, 119–120.

2 黄国文，赵蕊华. 2021. 功能话语研究新发展. 北京：清华大学出版社.

# 情态 MODALITY

情态（modality）表达的是在正（肯定）极和负（否定）极之间的不确定性，是介于“是”和“否”之间的不确定性语义区域。例如，“他是医生”和“他不是医生”分别表述属于正（肯定）极和负（否定）极的意义；而“他可能是医生”“他应该是医生”“他大概是医生”“他也许是医生”“他估计是医生”“他说不定是医生”等表述的意义就是位于“是”和“否”之间的不确定性语义区域，这个不确定性意义由情态词语“可能”“应该”“大概”“也许”“估计”“说不定”表达。从这些词语的使用可以看出，情态表达的是不同程度的确定性（或不确定性）。

情态表达的意义包括可能性和必然性，其中，表达可能性的情态也被称为“认知情态”（epistemic modality），而表达必然性的情态也被称为“道义情态”（deontic modality）（Palmer，1979[1]）。“他可能是医生”是对命题可能性的判断（即可能是也可能不是），属于认知情态，而“你必须马上离开这里”是对行为的必然性的判断（即必须走或不必走），属于道义情态。

认知情态主要用于表达说话人对命题或事实的实际情况的认知、态度、判断或看法。对于“他是医生”这一命题，说话人可以通过“可能”“应该”“大概”“也许”“估计”“说不定”这类表达情态的词语来表达自己的认知、态度、判断等。英语中表达认知情态的词语主要有：（1）情态动词，如 should、would、will、could、might、can、may、must、shall；

1 Palmer, F. R. 1979. *Modality and the English Modals*. London: Longman.

（2）半情态动词，如 have to、need to；（3）情态副词，如 perhaps、probably、necessarily、inevitably。特别需要注意的是，在“他当然是医生”或“他肯定是医生”中，“当然”和“肯定”也是表达情态的词语，虽然它们传递的是高值情态，但是这两个句子所表达的肯定意义没有“他是医生”那样直截了当；说话人用“他当然是医生”或“他肯定是医生”，而不用“他是医生”，是因为他认为听话人或其他人对该命题持有怀疑或不确定的态度。就确定性而言，“他是医生”比“他当然是医生”或“他肯定是医生”要强。此外，表示“经常性”意义的“经常”“有时”“偶尔”等也是情态词语（参见 Halliday & Matthiessen，2014[1]）。

道义情态涉及的是行为（行动、动作），指的是说话人对实施某种行为的“义务”和“倾向”的态度。例如，在说“我们应该保护环境”时，说话人表明了对“保护环境”这一行为的态度；同样地，“我们不应该破坏环境”表达的是说话人对“破坏环境”这一行为的态度。

虽然认知情态和道义情态都表达了说话人的态度、判断或观点，但认知情态表达的是说话人对命题、观点、事实的判断和猜测，而道义情态表达的是说话人对某一行为的发生（或不发生）的影响力或控制作用。在很多情况下，判断认知情态和道义情态的标准是意义表达和上下文语境，而不是某一特定的词语。例如，“应该”既可用于表达认知情态（例如，“他应该是医生”），也可表达道义情态（例如，“他应该好好做医生”）。同样地，英语的 must 既可用于表达认知情态（例如，“The child must be hers.”），也可表达道义情态（例如，“She must study hard.”）。

---

1 Halliday, M. A. K. & Matthiessen, C. M. I. M. 2014. *Halliday's Introduction to Functional Grammar* (4th ed.). London & New York: Routledge.

# 人类世 ANTHROPOCENE

人类世（Anthropocene）由大气化学家 Paul Jozef Crutzen 和生态学家 Eugene Filmore Stoermer 提出（Crutzen & Stoermer，2000[1]），是地质学所划分的新的地质时代，以 18 世纪后半叶工业革命为开端。

人类世突出人的核心地位和作用，概括了自 18 世纪以来人类活动对地质年代和生态系统的重大影响。随着科学技术的进步和生产力的提高，人类不断索取自然资源，造成了自然资源面临枯竭的困境。同时，由大量能源、燃料消耗所引起的污染问题和气候变化问题也影响了生态系统和地球发展的可持续性。从这个意义上来说，人类世虽然是地质学领域的术语，但它为讨论人与自然的关系提供了另一种路径。对此，刘东生（2003：172[2]）提出："人类世不应是一个人类受制于自然环境变化的时期，更不应是一个人类破坏自然环境的时期，而应当是一个人与自然和谐的时期。"

人类世对生态语言学研究的重要启示是：人类活动影响，甚至主导着地球。语言活动作为人类活动的重要组成部分，在人类世时代与生态系统和地球的演化密切相关。语言活动是认识世界的活动，是传播文化和信息的活动，是建立和维护人际关系的活动，对地球产生直接或间接的影响。对人类世的思考可以帮助人们深刻认识和反思自己的所思和所

1 Crutzen, P. J. & Stoermer, E. F. 2000. The "Anthropocene". *IGBP Newsletter, 41*: 17–18.

2 刘东生. 2003. 第四纪科学发展展望. 第四纪研究，（2）: 165–175.

做，推动人与自然的和谐共处与地球的可持续发展（参见黄国文、肖家燕，2017[1]）。

## 人类中心主义 ANTHROPOCENTRISM

人类中心主义（anthropocentrism）将人置于生态系统的中心，关注人的利益，将自然界中的一切都视为服务于人类的，例如，森林、海洋、土壤等资源，鸡、鸭、鱼、牛、羊、猪等"食物"，铁、铜、矿、煤等"原料"就是以对人的有用性或价值来衡量的，但却忽略了它们本身的价值。

人类中心主义的最早形式是"人是万物的尺度"，这一哲学命题是公元前5世纪古希腊智者 Protagoras 在《论真理》（*Truth*）中提出。但该著作已佚失。不过，Plato 在《泰阿泰德篇》中提到万事万物都是以人作为尺度的，人认为事物是存在的（或者是什么样子的），那么事物就是存在的（或者就是什么样子的）[2]。在《普罗泰戈拉》中，柏拉图转述道：个人是存在或不存在的尺度，而且这种尺度是有着个体差异的[3]。由此可知，"人是万物的尺度"中的"人"指的是个人，而

1 黄国文，肖家燕. 2017."人类世"概念与生态语言学研究. 外语研究，（5）：14–17，30.

2 北京大学哲学系外国哲学史教研室. 1957. 古希腊罗马哲学. 北京：生活·读书·新知三联书店.

3 柏拉图. 2002. 普罗泰戈拉. 载柏拉图全集（第2卷）. 王晓朝，译. 北京：人民出版社.

非整个人类或者某一类人。"人是万物的尺度"这一命题推翻了传统的"神是万物的尺度",认识到人的主观能动性。但是它以人(个人)作为衡量一切事物的标准,强调人的价值的唯一性和人的决定作用。

通常所讲的人类中心主义以法国哲学家 René Descartes 的机械论自然观为起点。Descartes 认为,人与动物都是机器,但是人所具有的理性灵魂使其从根本上有别于动物。Descartes 将造福人类、推动人类成为自然界的主人和统治者作为科学的目的(笛卡尔,2013[1])。也就是说,科学实践以人的福祉为目的,最终实现人类改造自然、主宰自然、统治自然,将人凌驾于自然之上。如果说 Protagoras 的观点还停留在意识层面,那么 Descartes 的主张则结合了实践。

人类中心主义理论完成的标志是拉脱维亚裔德国哲学家、德国古典哲学创始人 Immanuel Kant 提出的"人是目的"[2]。"人是目的",具体而言是:人是目的本身,不论何时、不论何人都不能把人当作工具来利用。这一命题是康德伦理学的基础和核心。人所具有的理性特质赋予了人的绝对价值,即万事万物只有相对人而言才具有价值,一旦脱离人就无价值可言。

以 Protagoras、Descartes 和 Kant 为代表的人类中心主义主要包含了以下思想:人与自然是对立的;人是衡量万事万物价值的标准;人是唯一的、绝对的价值;人是自然界的主宰;人的福利是实践的目的。这些思想将人从神权束缚中解放出来,极大地释放了人的主观能动性和物

1 笛卡尔. 2013. 笛卡尔的人类哲学. 唐译,编译. 长春:吉林出版集团有限责任公司.

2 康德. 2018. 道德形而上学奠基. 杨云飞,译. 北京:人民出版社.

质生产力，推动社会的不断发展。但是，人类中心主义合理化了人对自然的各种破坏行为，成为人类不断追求利益最大化的精神动力，也由此产生了资源匮乏、人口爆炸、粮食短缺、传染病威胁等一系列严重问题。

20 世纪 70 年代，随着生态问题的不断突出，人类中心主义也迎来了新的形式——人类中心改革主义（anthropocentric reformism），倡导在人和社会的框架下重新思考人与自然的关系。这一重构论仍然以人或人的福祉为目的，但是同时考虑影响人可以持续享有福祉的因素。因此，为了人的长远利益，需要保护生态系统，重构与之不合适的社会因素。

## 萨丕尔 - 沃尔夫假说

## SAPIR-WHORF HYPOTHESIS

萨丕尔 - 沃尔夫假说（Sapir-Whorf Hypothesis）是 Edward Sapir 和 Benjamin Lee Whorf 发展的关于语言、文化与思维之间关系的理论。该理论指出，在不同文化中，语言使用者的思维方式受到语言影响。萨丕尔 - 沃尔夫假说可以分为强式和弱式两种：强式假说即语言决定论，主张语言决定思维和行动；弱式假说即语言相对论，主张语言影响思维和行动。

对萨丕尔 - 沃尔夫假说所涉及的语言、社会、认知、自然之间关系的理解和解释可以从不同视角展开。这些视角有各自的研究侧重和研究目的（参见高一虹，2000[1]；兰萍，2001[2]；施光、辛斌，2007[3]）。

萨丕尔–沃尔夫假说受 Wilhelm von Humboldt 和 Franz Boas 思想的影响。对于生态语言学研究来说，其中一个重要的观点是：语言是人类认识自然世界的方式，而语言的不同方式（结构）决定（或影响）人的认识与活动；语言的不同方式并非指其发音或书写方式的不同，而是语言所承载的文化本身的不同。在生态语言学领域，M. A. K. Halliday 和 Andrew Goatly 的生态语言学思想就被视为萨丕尔–沃尔夫式的（Fill & Steffensen，2014[4]）。Halliday（1990[5]）明确指出，语言既反映现实也构建现实。语言系统和话语反映了生态问题，并利用特定的方式构建现实，从而影响人对生态系统的认知和行动。在韩礼德模式（the Hallidayan approach）下，生态语言学研究的核心问题是"我们的意指方式如何左右我们对环境的影响？"（How do our ways of meaning affect the impact we have on the environment?）（Halliday，2007：14[6]）。Goatly 本人也曾说道："我赞成萨丕尔–沃尔夫假说的弱假说：任何特

---

1 高一虹. 2000. 沃尔夫假说的"言外行为"与"言后行为". 外语教学与研究，（3）: 182–189，239.

2 兰萍. 2001. 语言共性对"沃尔夫假说"的修正. 外语教学，（6）: 26–31.

3 施光，辛斌. 2007. 语言 · 思维 · 认知——再论沃尔夫假说. 四川外国语大学学报，（1）: 102–106.

4 Fill, A. & Steffensen, S. V. 2014. Editorial: The ecology of language and the ecology of science. *Language Sciences, 41* (PA): 1–5.

5 Halliday, M. A. K. 1990. New ways of meaning: The challenge to applied linguistics. *Journal of Applied Linguistics*, (6): 7–16.

6 Halliday, M. A. K. 2007. Applied linguistics as an evolving theme. In J. J. Webster (Ed.), *The Collected Works of M. A. K. Halliday (Vol. 9). Language and Education*. London & New York: Continuum, 1–19.

定语言与其词汇语法（lexicogrammary）都能让其比较容易地以自身语言思考真实世界，而难以用其他语言思考真实世界。”“总之，生态语言学只要遵循意义语法、赞同萨丕尔–沃尔夫假说，就足够了。”（何伟、安德鲁·格特力，2020：4–5[1]）

# 社会文化生态 SOCIOCULTURAL ECOLOGY

生态语言学视角下的社会文化生态（sociocultural ecology）主要指语言的社会文化生态，表现在人与自身、人与他人、社区或团体之间、国家之间、地区之间、族群之间的社会交往与文化交流的可持续性中。社会文化生态并不是脱离自然生态而言；正如处于社会中的人属于自然生态系统一样，社会文化生态可以视为整个自然生态系统的一部分。在特定历史条件下，社会文化的发生、强化或改变都与自然环境共同发生作用。Sapir（1912/2001：13[2]；转引自 Steffensen & Fill，2014：9[3]）也曾说过：“在现实社会中，即使最简单的环境影响都是受到社会力量的支持或改变。”（In actual society even the simplest environmental influence

1 何伟，安德鲁·格特力. 2020. 生态语言学的学科属性及其分支生态文体学——安德鲁·格特力教授访谈录. 北京科技大学学报（社会科学版），（1）：1–7.

2 Sapir, E. 1912/2001. Language and environment. In A. Fill & P. Mühlhäusler (Eds.), *The Ecolinguistics Reader. Language, Ecology and Environment*. London: Continuum, 13–23.

3 Steffensen, S. V. & Fill, A. 2014. Ecolinguistics: The state of the art and future horizons. *Language Sciences*, *41*(PA): 6–25.

is either supported or transformed by social forces.）

一方面，从语境（context）与语言使用来看，语言的社会文化生态包含了不同群体在社会架构中的政治、经济、社会和文化资源。这些资源的关系与互动的形成、强化、改变和消失都会影响语言的存在和发展，也会对自然环境产生影响。另一方面，从生态语言学的豪根模式（the Haugenian approach）来看，语言的社会文化生态是语言所处的言语社区（speech community）生态。特定言语社区中的群体有各自特定的生活方式和文化背景，而语言是识别社区群体身份的重要标志之一，因此对语言的建设和规划除了可以保护语言多样性（language diversity）之外，还可以维护社区群体身份［参见“身份”（identity）和“环境”（environment）］。

随着时代的发展，社区群体不再局限于地理意义上（物质世界）的划分，还扩展到互联网上（虚拟世界）形成的网络社区群体。不同网络社区群体有其特定的身份，并在相应的网络环境中形成自身的文化，它们共同构成网络生态系统。网络社区群体依赖并利用网络生态系统中的各种资源，推动本群体的发展，同时，它们又反作用于网络生态系统，是网络生态不断进化的动力。尤为重要的是，网络生态系统不是脱离现实环境而存在和发展的，它既受现实环境的影响，也影响着现实环境。例如，某个社群中的成员有其特定的生长环境和教育背景，因此在虚拟世界中，他／她大概率会进入与其现状最为“匹配”的网络社群。在该网络社群中，由于网络环境和其他社群的影响，该成员使用语言的方式和看待事物的角度有可能发生改变，并由此带来他／她所处的物质世界中社会群体的变动。

# 身份 IDENTITY

身份（identity）通常指个体在社会环境不同领域中的地位或角色。一个人的身份会随着时间和空间的变化而发生改变，比如一个人在读书时的身份是“学生”，毕业了参加工作其身份可以是“工人”“军人”“教师”“医生”等。不同的时代、不同的职业会给特定的身份赋予一定的社会地位［参见“辩证语言学”（dialectical linguistics）］。作为意识形态表现形式的身份，是一个民族文化精神的重要组成部分，与道德行为规范准则紧密联系在一起。例如，在中国，“教师”的身份要求做教师的人为人师表、以身作则、教书育人；很多商人（以及其他职业的人）经常做或可以做的事，教师就不能做。

对于具体的某个人来说，其身份可以是社会给予的，如教师、医生、律师、公务员、军人等，也可以是个人选择的，例如，虽然某个人从事的可能是被视为社会地位较低的职业，但他可以认定自己身份的特殊性。换言之，身份既可以是环境赋予的，也可以是个人内心构建的。

身份的赋予和构建通常是在对比的情况下进行的，常常采取二分法，如白领与蓝领、富人与穷人、农村人与城市人、好人与坏人等。身份的赋予、构建和认同使人明白自己是什么人、该怎样说话、该怎样做事，也帮助个人提高自我意识，选择生活的合适方式。影响身份的因素非常复杂，涉及一个人的各种特征、品质、经验、经历、兴趣、爱好、能力、生长和教育背景等方面，而身份的确定和认同可以帮助个人更加合适地在特定的环境中生活和工作。

身份的赋予、构建和认同可以通过语言构建。这些关于身份构建的信息一旦被接受，个人就认同了这种身份的赋予和构建。例如，“读书人要有志、有识、有恒”和“强龙不压地头蛇”这类语言表达，都与身份的赋予、构建和认同有关。

身份的赋予、构建和认同是一个交互的、动态的过程；信息发出者在认定自己身份的同时也赋予了信息接收者特定的身份。比如，养宠物的人之所以饲养宠物是有各自的目的的，但大多数是出于对宠物的喜爱。对于这类人，他们自己的身份构建和认同是“动物爱好者”，所以他们会说诸如“狗是忠诚的”“狗是人类的朋友”之类的话，将狗的身份构建为“友好”一类，拉近狗与人的关系。但是，对于不喜欢养猫养狗的人来说，他们的身份构建和认同就不一定是“动物爱好者”，有些甚至会憎恶、捕杀或虐待猫狗，他们也不会说“狗是忠诚的”“狗是人类的朋友”之类的话，有些甚至突出其负面特点，比如“狗很脏”“狗会咬人”。对于这类人，他们将狗的身份构建为“对立”一类，疏远狗与人的关系。

## 深层生态学 DEEP ECOLOGY

深层生态学（deep ecology）是生态主义（ecologism）发展到极端的理论形态。这一概念最早由 Arne Naess 在 1973 年的《浅层生态运动和深层的长远的生态运动：一个概要》（“The Shallow and the Deep, Long-Range Ecology Movement: A Summary”[1]）中详细论述。与浅层生

1 Naess, A. 1973. The shallow and the deep, long-range ecology movement: A summary. *Inquiry, 16*: 95–100.

态学（shallow ecology）相比，深层生态学具有以下四个特征。第一，从指导思想来看，深层生态学关心整个生态系统的福祉，注重整体性，认为人是自然的一部分，人与自然中的其他存在一样受到生态系统中各种关系的影响。第二，从所持价值观来看，深层生态学主张万物平等，认为自然和自然界中的存在有自己的内在价值和生存权利，人并不是价值衡量的标准。第三，从问题分析来看，深层生态学并非停留在生态问题的现象层，如气候变暖、流行病暴发、生物多样性（biodiversity）减少等，而是深入这些现象的深层，追溯导致问题的根源，并寻找解决问题的答案，涉及政治、经济、文化、社会、人性等各个方面。第四，从问题解决来看，深层生态学主张对文化和制度的重建，使之成为自然生态的有机组成部分，从根本上改变人与自然的关系（参见 Devall & Sessions，1985[1]; Naess，1973[2]）。

深层生态学认为，要理解生态系统的整体性依靠的是直觉，一旦形成对人与自然和谐统一的整体观，人就具有了生态智慧，其最高形式是“自我实现”（Self-realization）。然而，过度强调直觉为深层生态学蒙上了神秘主义（mysticism）和宗教主义（religionism）的面纱，引发了部分学者对深层生态学的反思（参见孟献丽、王玉鹏，2015[3]），他们对深生态学在处理环境问题上是否理性提出质疑。此外，生态女性主义

---

1 Devall, B. & Sessions, G. (Eds.). 1985. *Deep Ecology: Living as if Nature Mattered*. Salt Lake City: Gibbs M. Smith.

2 Naess, A. 1973. The shallow and the deep, long-range ecology movement: A summary. *Inquiry, 16*: 95–100.

3 孟献丽，王玉鹏. 2015. 价值与局限：奈斯深生态学思想评析. 自然辩证法研究，（1）: 54–58.

(ecofeminism)(参见斯普瑞特奈克，1997[1]；王云霞，2012[2])也对深层生态学进行了批判，认为它没有重视性别、种族、阶层等关键因素，是不可靠的、流于表面的精神主义。

深层生态学对生态语言学研究产生很大的影响。不少生态语言学研究者关注不同语境(国家、地区)下英语外语教学中所传递的生态主义思想。Stibbe(2004[3])通过分析日本的 26 本英语教材探索二外教学中的生态教育(ecological education)以及跨文化交流。他认为日本的生态教育主要是单纯依赖技术手段来解决生态问题，忽略了处于核心地位的文化价值，而传统日本文化中所蕴藏的深层生态思想可以推动生态教育从单向的技术传播向双向的文化对话转变。Xiong(2014[4])从生态批评的角度分析了中国所使用的 5 个系列的 28 本中学英语二外教材，探索这些教材中的浅层生态思想及其体现方式。除此之外，也有学者(如 Drury et al.，2022[5])通过词汇研究指出，要避免使用经济领域的词汇来描述生态相关问题，避免使用名物化结构和被动语态，要使用复数名词而非抽象名词作为小句的主语，借此传递深层生态学的思想。

---

1 斯普瑞特奈克，C. 1997. 生态女权主义建设性的重大贡献. 秦喜清，译. 国外社会科学，(6): 62–65.

2 王云霞. 2012. 生态女性主义与深生态学：绿色阵营内部的对话与纷争. 科学技术哲学研究，(4): 94–99.

3 Stibbe, A. 2004. Environmental education across cultures: Beyond the discourse of shallow environmentalism. *Language and Intercultural Communication, 4*(4): 242–260.

4 Xiong, T. 2014. Shallow environmentalism: A preliminary eco-critical discourse analysis of secondary school English as a foreign language (EFL) texts in China. *The Journal of Environmental Education, 45*(4): 232–242.

5 Drury, M., Fuller, J. & Keijzer, M. 2022. Biodiversity communication at the UN Summit 2020: Blending business and nature. *Discourse & Communication, 16*(1): 37–57.

## 生态人 ECO-PERSON

生态人（eco-person）可以从广义和狭义进行解释。广义的生态人具有生态人格，不仅追求三个方面的和谐——人的个体和谐（人与自身的和谐）、社会和谐（人与人之间的和谐）以及生态和谐（人与自然、人与其他物种之间的和谐），还从伦理的高度认清、认可万事万物的内在价值。这是生态教育（ecological education）理想的培养目标，与生态语言学的研究目标一致，即推动人与自身、人与人、人与自然环境和其他物种的关系可持续性（sustainability）。狭义的生态人限制于环保主义人士，其内涵和外延都难以达到生态语言学的研究目标。

广义的生态人和狭义的生态人在性质、载体和范围等方面都完全不同。广义的生态人可以上升到一种理念或本质，而狭义的生态人是特定的社会角色；广义的生态人可以是人、群体、机构、企业、国家等，而狭义的生态人指的是特定的某一类人；广义的生态人兼顾本体、社会和自然，追求全方位和谐，而狭义的生态人聚焦自然（尤其是非人类动物）。

## 生态系统 ECOSYSTEM

受丹麦植物学家 Johannes Eugenius Bülow Warming 的影响，英国生态学家 Arthur George Tansley 提出了“生态系统”（ecosystem）这

一术语。虽然早在 19 世纪初，Alexander von Humboldt 就开展了现代生态学意义上的研究，但是直到 20 世纪 30 年代，以 Tansley 的系统思想（Tansley，1935[1]）为起点，才将有机体（生物群落）和其非生物环境整合起来，视其为“可辨认的自给自足的实体”[recognisable self-contained entit(ies)]（Ghazoul，2020：71[2]），即生态系统。Tansley 对生态系统的定义是（方括号内为补充内容）：

> But the fundamental conception is, as it seems to me, the whole system (in the sense of physics), including not only the organism-complex, but also the whole complex of physical factors forming what we call the environment, with which they form one physical system... They [these ecosystems] form one category of the multitudinous physical systems of the universe, which range from the universe as a whole down to the atom. (Tansley, 1935: 299[3])

> 但是我认为，基本概念是物理学意义上的整个系统，不仅包括有机体复合体，还包括形成我们称之为“环境”的所有物理因素的总和，它们共同形成一个物理系统……它们[这些生态系统]构成了宇宙中无数物理系统中的一类，其范围上至整个宇宙，下至原子。

由此可见，自然的基本单位是生态系统，且包含了多个种类和范围跨度，而不是单独的动物、植物或者环境。

1 Tansley, A. G. 1935. The use and abuse of vegetational concepts and terms. *Ecology*, *16*(3): 284–307.

2 Ghazoul, J. 2020. *Ecology: A Very Short Introduction*. Oxford: Oxford University Press, 71.

3 Tansley, A. G. 1935. The use and abuse of vegetational concepts and terms. *Ecology*, *16*(3): 284–307.

# 生态系统语言学

## ECOSYSTEMIC LINGUISTICS

“生态系统语言学”（ecosystemic linguistics）这一术语最早由 Strohner（1996[1]）提出，而在最近几年，巴西学者 Couto（2018[2]）一直在对它进行诠释。Hildo Honório do Couto 认可 Haugen（1972[3]）的观点，认为语言生态研究的是任何既定语言与其环境之间的相互作用。他认为，如果我们从生态学的角度将语言与环境的关系看作相互作用的，就可以避免将语言静态化、具体化或者物化。这是因为，生态学的核心概念是生态系统，是由生活在其领地或栖息地的生物种群之间的相互关系组成的。

生态系统语言学将其研究对象视为一种生态现象，并认为这种语言观与相对论和量子力学所确立的世界观是同步的。之所以把研究语言与生态关系的学科称为生态系统语言学，是因为它起源于生态学的中心概念——生态系统（ecosystem）。因此，生态系统语言学是生态学的一部分，其另一个名称是语言生态学（Sprachökologie，language ecology），而不是生态语言学。生态系统语言学家是研究语言现象的生态学家，而不是将生态学的概念作为隐喻来研究语言现象的语言学家。

---

1 Strohner, H. 1996. Die neue Systemlinguistik: Zu einer ökosystemischen Sprachwissenschaft. In A. Fill (Ed.), *Sprachökologie und Ökolinguistik*. Tübingen: Stauffenburg Verlag, 49–58.

2 Couto, H. H. 2018. Ecosystemic linguistics. In A. Fill & H. Penz (Eds.), *The Routledge Handbook of Ecolinguistics*. London & New York: Routledge, 149–161.

3 Haugen, E. 1972. On the ecology of languages. In A. S. Dil (Ed.), *The Ecology of Language: Essays by Einar Haugen*. Stanford: Stanford University Press.

Couto（2018[1]）明确指出，生态系统语言学是一般生态学的一部分，而一般生态学又是生物学的一部分。这就是说，生态系统语言学将语言置于语言生态系统（linguistic ecosystem）中。语言生态系统是生态系统语言学的核心概念。在生物生态学（bio-ecology）中，生态系统由生物种群和生物之间以及生物与其环境或领地之间的相互作用组成。在生态系统语言学中，语言生态系统由一个民族组成，其成员生活在他们的领地中，并按照他们社区中通常的交流方式进行交流。从生物生态学看，人们之间有互动，而在生态系统语言学视角下，互动的是语言。

特别值得指出的是，Couto（2018[2]）所说的生态系统语言学无论是在英语中还是在汉语中都与 Halliday（2007[3]）所提出的"系统生态语言学"（systemic ecolinguistics）看起来非常相似。但从术语的结构看，"生态系统语言学"的结构是"生态系统 + 语言学"，而"系统生态语言学"的结构是"系统 + 生态语言学"。无论在理论上还是实践上这两个术语和概念都没有任何直接的联系。如果一定要说它们有共同点的话，那就是它们都研究语言与生态的关系。

---

1 Couto, H. H. 2018. Ecosystemic linguistics. In A. Fill & H. Penz (Eds.), *The Routledge Handbook of Ecolinguistics*. London & New York: Routledge, 149–161.

2 同上。

3 Halliday, M. A. K. 2007. Applied linguistics as an evolving theme. In J. J. Webster (Ed.), *The Collected Works of M. A. K. Halliday (Vol. 9). Language and Education*. London & New York: Continuum, 1–19.

Stibbe（2021[1]）在谈到世界各地开展的生态语言学研究时，特别提到两个国家的学者的研究：一个就是 Couto（2018[2]）的"生态系统语言学"，另一个是 Huang & Zhao（2021[3]）的"和谐话语分析"（harmonious discourse analysis）。

## 生态学 ECOLOGY

"生态学"（ecology）一词最早由德国地理学家 Hanns Reiter 在 1865 年合并两个希腊语单词"Οικοθ"（房屋、住所）和"Λογοθ"（学科、研究）而成。一年后，德国动物学家 Ernst Haeckel 成为首个对"生态学"（Haeckel，1866[4]）做出解释的人，接下来他在 1868 年[5]和 1870 年[6]进一

1 Stibbe, A. 2021. *Ecolinguistics: Language, Ecology and the Stories We Live by* (2nd ed.). London & New York: Routledge.

2 Couto, H. H. 2018. Ecosystemic linguistics. In A. Fill & H. Penz (Eds.), *The Routledge Handbook of Ecolinguistics*. London & New York: Routledge, 149–161.

3 Huang, G. W. & Zhao, R. H. 2021. Harmonious discourse analysis: Approaching peoples' problems in a Chinese context. *Language Sciences, 85*(PA): 101365.

4 Haeckel, E. 1866. *Generelle Morphologie der Organismen—Allgemeine Grundzüge der organischen Formen—Wissenschaft, Mechanischbegründetdurch Die von Charles Darwin Reformierte Descendenz—Theorie, Zweiter Band: Allgemeine Entwickelungsgeschichte der Organismen*. Berlin: Verlag.

5 Haeckel, E. 1868. *Natürliche SchöpfungsGeschichte: Gemeinverständliche Wissenschaftliche Vorträge über die Entwicklungslehre*. Berlin: Verlag von Georg Reimer.

6 Haeckel, E. 1870. Uber Entwicklungsgang und Aufgabe der Zoologie. *Jenaische Z Med Naturwiss, 5*: 353–370.

步对该术语进行了定义。这三次定义的核心思想是：生态学是研究生物与其生物环境和非生物环境相互关系以及作用机理的科学。具体而言，生态学研究的是生物与生物以及生物与其环境的关系，涉及个体、种群、群落和生态系统四个层次。随着人类活动范围及其影响的不断扩大，特别是人类活动所带来的日益严重的生态问题以及人与生态环境的关系问题，生态学的研究范围已经扩展到人类社会。它从多个角度探索人类所面临的人口、资源、能源、环境等问题，形成了覆盖多个种类的复合型研究体系。

随着生态学的不断发展，其研究对象和研究内容不断拓展和细化，因此需要更为丰富的理论支撑和研究手段。一方面，生态学借鉴并融合了科学学科的理论、方法和技术，如物候学、地理学、数学、化学工程技术、计算机科学、生理学等。另一方面，生态学也借鉴了人文学科的思想和哲学内涵，产生了诸如语言生态学（生态语言学）、人类生态学、社会生态学、政治生态学、文化生态学等，为引导生态的发展观［可持续发展，参见“可持续性”（sustainability）］、人与自然的关系［和谐共处，参见“和谐”（harmony）］以及伦理道德观［考虑下一代和非人类生命的可持续性，参见“生态伦理”（ecological ethics）］提供了思想基础。不论是在科学学科还是在人文学科，生态学的发展都呈现出明显的跨学科研究趋势。

生态学除了是一门科学，还是一种世界观，强调环境关联（environmental connectedness）。从这个意义上来说，生态学接近环境保护主义（Ghazoul，2020[1]）。虽然将生态学约等于环境保护主义有待

1 Ghazoul, J. 2020. *Ecology: A Very Short Introduction*. Oxford: Oxford University Press.

商榷，但是对生态学的世界观解释比传统的生态学解释更深刻，也更全面。它同时展现了生态学所具有的多面性，将科学、哲学与文化相融合，推进了人文学科研究的生态学化（ecologicalization）。除了学科发展，更重要的是，作为世界观的生态学覆盖了更多的参与者。作为科学的生态学的主要参与者是具备生态学相关领域专业知识和技能的专家和研究人员；而将生态学解释为一种世界观则将参与者范围扩展到所有关注和讨论自然环境问题的人，他们可以是生态学领域的专家，也可以是文学和语言学学者，还可以是环境保护主义者，甚至是有机农场主等。作为世界观的生态学在吸收各种资源的基础上通过反复地定义、实践、传播，形成一种文化构建，从而塑造、影响，甚至改变人的认知和行动。生态学的文化觉醒受到高度评价（Ghazoul，2020：233[1]）："确实，也许20 世纪最重要的文化变革就是关于整体性、反馈机制和相互依存关系的生态洞见从科学领域向道德和政治领域迁移。"（Indeed，perhaps the most important cultural revolution of the 20th century was the transfer of ecological insights of holism，feedbacks，and inter-dependencies，from scientific to moral and political fields.）此外，著名的奥地利气候学家 Helga Kromp-Kolb 认为，在气候问题研究中，单纯采用科学的视角缺少讨论这类问题所必需的"规范导向"（normative orientation），因此要同时融合伦理道德的视角（Sedlaczek，2017：489[2]）。

文化视角下的生态学具有明显的价值取向（value-laden），受到政

1 Ghazoul, J. 2020. *Ecology: A Very Short Introduction*. Oxford: Oxford University Press, 233.

2 Sedlaczek, A. S. 2017. The field-specific representation of climate change in factual television: A multimodal critical discourse analysis. *Critical Discourse Studies, 14*(5): 480–496.

治体系、经济发展轨迹、历史、传统、道德观、实践、经验等因素影响，与人类社会密不可分；两者的交互形成社会生态系统（socio-ecological system）。对于社会生态系统，除了隐喻视角下将社会看作一个生态系统，在非隐喻式视角下存在几种不同的看法：一种将社会生态系统视为比生态系统更广泛的系统（如 Brendon Larson）；一种将社会系统包含在生态系统之内（如 M. A. K. Halliday）；第三种将社会系统和生态系统视为并列的系统。

在我国，生态学专家李文华（2004[1]）院士从“基础生态学”（fundamental ecology）、“广义生态学”（new ecology）和“泛义生态学”（pan ecology）对生态学进行了定义。其中，泛义生态学的内涵突出展示了该学科与人文学科的深刻关系：“泛义生态学，是综合运用生态学原理和方法及由此抽象出的哲学思想和文化内涵来探索自然界和人类社会现象及其本质的一门学科，它是生态学向自然科学和人文社会科学领域的扩展与延伸”（转引自邹冬生、高志强，2013：1[2]）。

因此，对生态学的认识应该具有两面性。一面是科学传统，另一面是文化（人文）传统，这两个方面是互补互利的，而不是由其中的任何一面垄断或者控制。要解决或缓解当前的生态问题，生态学的作用无疑是巨大的，其应用可以为环境管理提供知识性和技术手段性的支持，也可以在政治、经济和文化领域做出指引。

---

1 李文华. 2004. 生态学研究回顾与展望. 北京：气象出版社.

2 邹冬生，高志强. 2013. 当代生态学概论. 北京：中国农业出版社，1.

# 生态学化 ECOLOGICALIZATION

早在 1988 年，李继宗和袁闯在《论当代科学的生态学化》[1] 一文中就探讨了生态学化（ecologicalization）这一现象。生态学化是一个双向影响、双向渗透的过程。一方面，其他学科，如政治学、经济学、社会学、语言学、管理学、教育学等吸收生态学的思想、理论和方法，拓宽其研究视野和研究对象；另一方面，生态学也追求自然科学和社会科学的融合，肯定社会科学在生态系统研究中的作用和影响（参见哈罗德·布鲁克菲尔德，1984[2]；Ghazoul，2020[3]）。李继宗和袁闯（1988[4]）认为，生态学或者生态问题研究需要科学的思维方式，同时需要与人类活动密切联系，从多个方面推动当代科学的综合发展。

从生态的意义看待生态学化，包含了至少两个方面的内容。就研究对象而言，人与自然成为密不可分的整体，对自然的研究无法脱离人类活动，而对人类活动的研究也需要将其置于更大的自然环境之中。就研究路径或视角而言，出现了不同规模的学科集群（李继宗、袁闯，1988[5]）。学科集群好比生态系统中的群落，不同群落有其核心特征，而特定群落中的物种间关系更为密切，但同时也与其他群落相互作用。这

---

1 李继宗，袁闯. 1988. 论当代科学的生态学化. 学术月刊，（7）：45–51.

2 哈罗德·布鲁克菲尔德. 1984. 论人与生态系统. 石松，译. 国际社会科学杂志，（4）：9–25.

3 Ghazoul, J. 2020. *Ecology: A Very Short Introduction*. Oxford: Oxford University Press.

4 李继宗，袁闯. 1988. 论当代科学的生态学化. 学术月刊，（7）：45–51.

5 同上。

也就解释了交叉学科（cross-disciplinary）和跨学科（inter-disciplinary）研究。

生态学与其他学科都处于学科生态系统之中，不论是非隐喻意义上的与生态问题相关的研究还是借用生态的视角开展研究，学科生态学化都成为目前研究的一个重要特征（参见赵蕊华，2018[1]）。在生态语言学领域，话语分析也呈现出生态学化的特征，即从对生态话语（与生态系统和生态问题直接相关的话语和语篇）的分析走向对话语（一切话语和语篇）的生态分析。

## 生态转向 THE ECOLOGICAL TURN

语言研究的生态转向（the ecological turn）发生在生态泛化这一大背景下。随着生态危机的加剧和人们生态意识的不断提升，诸如生物多样性（biodiversity）减少、气候变化、资源枯竭等问题已经不仅仅是生态学家所关注和研究的焦点，而是被逐渐扩展到各个研究领域，由此产生了跨学科（inter-disciplinary）研究和非生态学科的生态学化（ecologicalization），如人文社会学科中的生态美学、生态文学、生态社会学、生态女性主义、生态语言学等。

1 赵蕊华. 2018. 基于语料库的生态跨学科性及学科生态化表征研究. 中国外语，（4）：54–60.

语言研究的生态转向与发生在哲学界的"语言转向"以及发生在语言学界的"话语转向"有着密切的联系［参见"生态话语分析"（ecological discourse analycis / eco-discourse analysis）］。

语言转向将哲学反思落实到语言。话语转向扩大了语言研究的范围，将语言研究与人的活动、思维和社会背景联系起来。生态转向则将社会背景进一步扩展到整个生态系统，将语言研究与人的活动、思维、社会和生态相结合，是语言研究进一步对外扩张的表现。在生态转向的驱动下，语言研究关注语言与其环境［参见"环境"（environment）］的问题。环境既可能是语言（和使用语言的人）所处的社会环境，考察的重点是该环境与语言状态和语言发展的相互关系，也可能是语言（和使用语言的人）所处的自然环境，考察的重点是语言与自然生态系统之间的关系。这两个方面也分别是生态语言学两个传统经典模式的研究内容，即豪根模式（the Haugenian approach）和韩礼德模式（the Hallidayan approach）。除了社会环境和自然环境这一对语言环境的划分方法，其他对语言环境的划分参见"环境"（environment）。

## 适用语言学 APPLIABLE LINGUISTICS

适用语言学（appliable linguistics）是系统功能语言学（systemic functional linguistics，SFL）进化到后期的理论思想，其核心和前提是以问题为导向（problem-oriented），即语言学用于解决语言"消费者"

所面临的与语言相关的各种问题（Coffin，2001[1]；Halliday，2006[2]）。这些问题涉及不同领域，常见的有政治的、经济的、社会的、文化的和环境的等。语言学的作用就是描述、分析、解释、评估这些相关问题，并进一步寻找推动问题解决的途径。可以说，语言学的“适用性”是语言研究（理论）密切联系社会实践（social praxis）（实际）的重要表现之一，而适用语言学体现了理论服务于实践这一马克思主义语言学观（the Marxist linguistic view）（Halliday，2015[3]，参见何远秀，2016[4]）。

适用语言学研究的问题是外在的，跳出了语言本体的限制。从问题导向的角度看，语言学研究要回答的问题有很多，其中一个早在约半个世纪前就提出来了（Parret，1974[5]），即在没有任何指导和帮助的情况下，最普通的、随意的、非正式的、日常的语言使用如何有效地向儿童传递文化的基本模式、知识体系、社会结构和价值体系。从更概括的层面看，可以理解为如何向语言消费者传递知识和文化、影响其价值观和哲学观、构建社会体系、推动生态系统的变化发展。

1 Coffin, C. 2001. Theoretical approaches to written language: A TESOL perspective. In A. Burns & C. Coffin (Eds.), *Analysing English in a Global Context*. London & New York: Routledge, 93–122.

2 Halliday, M. A. K. 2006. Working with Meaning: Towards an Appliable Linguistics. (Inaugural lecture to mark the official launch of the Halliday Center for Intelligent Applications of Language Studies at City University of Hong Kong on March 26, 2006).

3 Halliday, M. A. K. 2015. The influence of Marxism. In J. J. Webster (Ed.), *The Bloomsbury Companion to M. A. K. Halliday*. London & New York: Bloomsbury, 94–100.

4 何远秀. 2016. 韩礼德的新马克思主义语言研究取向. 北京：中国社会科学出版社.

5 Parret, H. 1974. *Discussing Language*. The Hague: De Gruyter Mouton.

随着近年来生态环境的不断恶化，生态问题的不断突出，语言学研究人员将目光投向生态这一领域，致力于通过语言和语言学的力量唤起人们对生态问题的关注，并帮助解决生态问题。在这一过程中，势必涉及对生态相关知识［包括现代科学知识和传统生态知识（Traditional Ecological Knowledge，TEK）］的解释和传播，对生态哲学观（ecosophy）和价值观的引导以及对社会结构变革的思考，从而对人的思想和行动形成干预。

## 替代性话语 ALTERNATIVE DISCOURSE

替代性话语（alternative discourse）指的是与主流社会中破坏性话语（destructive discourse）和反面话语（counter discourse）有着截然不同的假定的话语（Stibbe，2012[1]）。这类话语将人类视为自然的一部分，认为人的生存和发展都依赖于自然，鼓励人们爱护动物、敬畏自然，主张人们以不破坏生态系统的方式满足自身的需求，有利于推动人与自然的和谐共处。替代性话语反映了自然界中万事万物相互依存的关系，强调所有生命都有其自身内在价值，不以对人的有用性或者对人的价值作为参照，反对人类中心主义（anthropocentrism）。

1 Stibbe, A. 2012. *Animals Erased: Discourse, Ecology, and Reconnection with the Natural World*. Middletown: Wesleyan University Press.

Stibbe（2012[1]）指出，替代性话语奉行生态中心主义（ecocentrism），认为人、动物、植物、资源都是平等的，共处于同一社区。这不同于环境主义（environmentalism）将人与环境（包括环境中的其他生物）一分为二的做法。替代性话语的一个重要实现途径是诗歌行动主义（poetic activism），通过诗歌阅读和写作挑战现实的环境问题，唤起人的注意。除了诗歌之外，不同国家和地区的文化也成为挖掘替代性话语的来源；其中，中国传统哲学文化指导下的和谐话语分析（harmonious discourse analysis）是寻找替代性话语的重要途径之一。

## 微观生态语言学 MICRO-ECOLINGUISTICS

微观生态语言学（micro-ecolinguistics）将生态语言学视为跨学科（inter-disciplinary）研究，认为生态语言学是广义的应用语言学（applied linguistics），属于语言学；它与社会语言学、心理语言学、计算机语言学等相似，都是语言学的二级学科。

微观生态语言学研究的是语言与生态之间的关系与互动，同时借鉴了人类学、哲学、社会学、认知科学、心理学、伦理学等学科的知识。虽然生态语言学涉及不同学科领域，但是其研究焦点和出发点都是语言

1 Stibbe, A. 2012. *Animals Erased: Discourse, Ecology, and Reconnection with the Natural World*. Middletown: Wesleyan University Press.

和生态的交互。例如，Bang & Døør（1993[1]）认为生态语言学属于批评语言学（critical linguistics），他们关注的是语言和语言学在生态危机中的参与方式（黄国文、赵蕊华，2019[2]）；Stibbe（2015[3]，2018[4]）的研究以对话语和语篇的分析为起点，批判话语和语篇中不利于生态可持续发展的因素，探索有益于生态可持续发展的因素并加以推广。

持微观生态语言学观点的典型代表人物是 Jørgen Christian Bang 和 Jørgen Døør。虽然 Arran Stibbe 在其研究中采用了微观生态语言学视角，但是他在接受何伟和魏榕的访谈（何伟等，2018[5]）中主张生态语言学研究要跨越学科的藩篱，不应该受到独立学科的固定的研究方法和步骤的限制。从这点来看，Stibbe 对生态语言学属性的看法是介于宏观生态语言学（macro-ecolinguistics）和微观生态语言学之间的。Alwin Fill 也持有类似的观点。然而，黄国文认为，（至少在当下）生态语言学研究还是一个跨学科而非超学科（trans-disciplinary）研究。

基于上述讨论，宏观生态语言学和微观生态语言学的内涵及其代表人物可以由下图展示。

---

1 Bang, J. C. & Døør, J. 1993. Ecolinguistics: A framework. *Selected Papers from AILA 1993 Tokyo*. Tokyo: Waseda University Press, 31–60.

2 黄国文，赵蕊华. 2019. 什么是生态语言学. 上海：上海外语教育出版社.

3 Stibbe, A. 2015. *Ecolinguistics: Language, Ecology and the Stories We Live by*. London & New York: Routledge.

4 Stibbe, A. 2018. Positive discourse analysis: Rethinking human ecological relationships. In A. Fill & H. Penz (Eds.), *The Routledge Handbook of Ecolinguistics*. London & New York: Routledge, 165–178.

5 何伟，魏榕，Stibbe, A. 2018. 生态语言学的超学科发展——阿伦·斯提布教授访谈录. 外语研究，（2）：22–26，112.

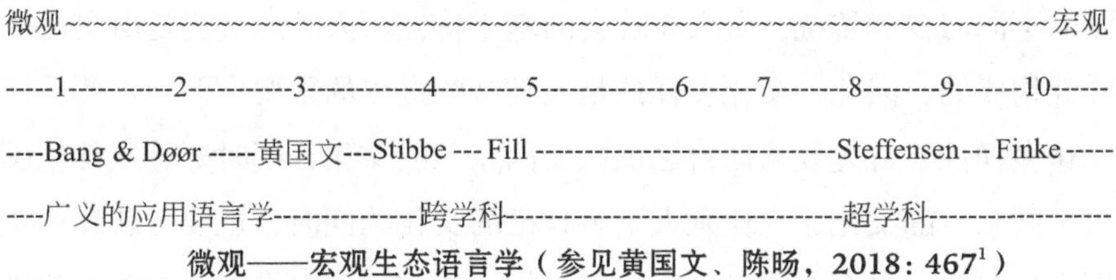


**微观——宏观生态语言学（参见黄国文、陈旸，2018：467[1]）**

## 文化多样性 CULTURE DIVERSITY

文化多样性（culture diversity）指的是一个群体（社团、社会、民族、国家、地区）文化的丰富程度，包括语言文字、宗教信仰、传统思想、文学、艺术、建筑、风俗、习俗等多个方面。

每个群体都有自己独特的文化，其表现形式是多种多样的。一个群体的思维模式、组织架构、文艺表现、礼仪种类、衣食住行都能反映该群体的生活方式和价值取向（value-laden）；这些文化的表现形式在群体内部得到认同并得以相传和继承；群体通过丰富多彩的文化表现形式来表达、弘扬和传承他们认同的文化。随着科学技术的发展，不同的群体还通过艺术创造、生产、传播、销售和消费等多种方式来突出文化在他们生活中的不可或缺和独特性。

不同群体有自己的文化特征，而来自强势群体的文化还会影响甚至改变或消灭弱势群体的文化。文化多样性体现的是不同地区、民族、国

---

1 黄国文，陈旸. 2018. 微观生态语言学与宏观生态语言学. 外国语言文学，（5）：461–473.

家的不同习惯和传统，是人类社会的基本特征。人类的文明是由文化多样性构成的，因此，文化多样性是人类文明进步的重要推动力。要重视文化多样性，首先要认同自己民族（国家）的文化，同时要尊重其他民族（国家）的文化，在让别人了解自己的文化的同时，也要了解和尊重别人的文化。只有尊重世界文化多样性，才有可能促进人类文明繁荣进步和构建人类命运共同体。

文化多样性推动人类文明进步，其重要载体是语言多样性（language diversity），而语言多样性是文化多样性的重要表现和条件。通过语言，文化得以研究、保存和传播。

保护语言多样性的重心之一是保护濒危语言，反对语言霸权（language hegemony）和语言帝国主义（linguistic imperialism），这也是语言政策（language policy）和语言规划（language planning）的关注焦点之一。保护语言多样性是保证不同语言使用者平等接受教育、获取信息、自由交流的前提，也是实现多样的文化生态和健康的社会形态的前提。

## 物种主义 SPECIESISM

物种主义（speciesism）最早由澳大利亚哲学家 Peter Singer 于 1975 年在其著作《动物解放：我们对待动物的新伦理》（*Animal Liberation: A New Ethics for Our Treatment of Animals*[1]）中提出。

1 Singer, P. 1975. *Animal Liberation: A New Ethics for Our Treatment of Animals*. New York: New York Review.

首先，物种主义将人类与其他动物区分开来。物种主义者认为，人是有意识、有感情、有主观能动性的，而其他动物没有；人有道德、有良知、有自我约束力，而其他动物没有；人可以建设世界、改造世界，而其他动物不能。因此，人所处的地位更高，应享的权利更多，而其他动物只是为人类服务的。如何对待其他动物取决于人对其他动物的认知和情感，受到道德、宗教、信仰等的约束。例如，素食主义者不食用有主观意识的动物甚至是任何肉食，因为他们可能是宗教人士、环保人士，或者出于健康考虑。

物种主义并非局限于人与其他动物之间的关系，还延伸至对性别、种族等问题的思考。虽然男性和女性在生物学上存在差异，但是物种主义者将生物学上的客观差异升级为性别刻板印象（gender stereotype，也称性别定型）。这种性别刻板印象既可以是针对女性的，也可以是针对男性的。例如，男性更加强壮，更加果断，女性较为柔弱，情感细腻，因此男性负责赚钱养家，女性负责相夫教子。如果男性无法赚钱，会被视为无能；如果女性无法兼顾家庭事业，就会被视为男性的累赘。换句话说，男性和女性的生物学差异成为两性在家庭、经济、社会中地位和待遇差别的源头。物种主义延伸至种族的问题表现在对其他种族的歧视，这是达尔文生物学的产物。物种主义者认为自身所属的种族比其他种族优越，如历史上的黑奴贩卖和犹太人大屠杀。因此，广义的物种主义是包含了等级主义（classism）、性别主义（sexism）和种族主义（racism）的。提倡物种、性别、种族等方面的“平等”并不是以事实为基础；这是一个理想中的规范问题（参见 Singer，1975[1]）。

---

1 Singer, P. 1975. *Animal Liberation: A New Ethics for Our Treatment of Animals*. New York: New York Review.

# 消费主义 CONSUMERISM

消费主义（consumerism）可以从广义和狭义的视角解释。广义的消费主义是一种意识形态、一种价值观，指导人们有关消费行为和互动关系的思想、理念和原则，包括过度消费、绿色消费等。狭义的消费主义则具体到特定的领域，在经济领域指保护消费者的权利和安全，在生活领域指重视物质财富的生活方式。

根据词源解释，“consume”可以解释为“破坏”（destroy），直接来源于 12 世纪拉丁语 consumere，其意义是“耗尽”（use up）、“浪费”（waste）。[1] 因此，“消费”一词本身就包含了负面的指向，尤其是与本身消费能力不匹配的消费行为和消费观念，被称为过度消费。绿色消费在一定程度上中和了消费的负面含义，是生态文明（ecological civilization / eco-civilization）时期的一种消费方式和理念。绿色消费考虑生态系统的承受能力，在保护环境和人类健康的基础上提倡适度消费。

消费主义（尤其是过度消费）与人类中心主义（anthropocentrism）密切相关。人类中心主义认为，人是万事万物的主宰，可以控制一切。无节制地消费并获取大量物质财富成为人类主宰万物的象征，可以极大地满足人的感官和心理需求。除了人类中心主义这一哲学根源，文化也是消费主义不断发展的沃土。因此，对消费主义的研究、批评和修正需要结合政治、经济、哲学、文化等多方面的因素。

1 来自 Etymonline 网站，溯于 2021 年 10 月 2 日。

# 信息 INFORMATION

信息（information）指通过某种方式获得的音讯、消息、情报、知识等，它可以泛指人类社会活动所传播的一切内容。因为有了信息的传播和交流，人不断地认识和重新认识自己、周围的人和所处的环境，也通过信息实现与他人的互动。人可以通过与他人交流、自己学习和研究等方式获取自己所不具备的信息，也可通过与他人沟通、写作或互动等方式向别人传递信息。

对于接收者而言，信息有真实信息（true information）和虚假信息（false information）之分。影响判断信息真假的因素有很多，主要是信息接收者本身的经历、知识结构和对世界的认知和态度，也包括外部环境因素（如媒介、社交圈、家庭背景等）。

人际交流的本质就是交换信息，即给予信息或获取信息。当 A 对 B 说"今天是星期天，我不用上班"时，A 给予 B 这则信息，B 也就获取了信息；如果 A 说"今天是星期几?"或者"你今天上班吗?"，那他是希望从 B 那里获得相关的信息。给予信息或获取信息的过程就是交流的过程，而交流由意义和目的驱动。对于信息接收者而言，被交流的信息可以分为旧信息（old information）或已知信息（given information）和新信息（new information）或未知信息（unknown information）。例如，A 问 B"张三找到了什么工作?"，B 回答"在广工做辅导员。"；在这里，A 和 B 双方都知道有张三这个人，他在这之前在找工作，也知道现在已经找到了工作，还知道"广工"是指某所特定的学校，这些都属于交际双方共知的信息，是已知信息；当 A 问 B 时，他所不知道的是"（张三找到的是）什么工作"，这对他来说是未知信息，B 的回答提供了新信息，即“(张三找的工作是)在广工做辅导员”。如果B的回答不是“在广工做辅导员”，而是“他找到工作了吗?”或者“我不知道。”，那对于交际双方来说，张三和找工作这件事都是已知信息，而“找到什么工作”都是未知信息，也就是新信息。另一种情况是，如果B的回答是“他在找工作吗?”，那么对于B来说，只有张三(“他”)这个人是已知信息，而找工作这件事以及找到什么工作则是未知信息。此外，B还可能回答“谁是张三?”，在这种情况下，A和B并没有任何共知的信息，一种可能的解释是A曾经跟某人分享过张三找工作这件事，但对象并不是B，另一种可能是A误认为B知道张三和张三的近况。

成功的人际交流，取决于双方对信息的掌握和判断、传递信息的方式、表达信息的态度等。下面五个告示或提示的例子都是说不要吸烟这件事，但所传递的信息是不一样的：

例1　禁止吸烟!

例2　请勿吸烟!

例3　请勿在床上吸烟!

例4　本公司提示：吸烟有害健康。请勿在禁烟场所吸烟。

例5　为了我们共同的健康，感谢您不吸烟。

例1用于像加油站、森林等容易引起火灾的地方，它利用命令的口吻(“禁止”)传递的信息是“不准吸烟，这是毫无商量余地的”；例2用于一般的公共场所，在这些场所即使吸烟也不大可能造成明显的不良后果，所以用“请勿”，多少带有商量和客气的口吻；例3尽管也是说不要吸烟，但因为用了“在床上”这个地点限定成分，向信息接收者传递的言外之意是“别的地方可以吸烟，只是不要在床上”；例4

是烟草公司按国家有关部门规定所写的提示，公司按规定写了“吸烟有害健康”，但后续补充的“请勿在禁烟场所吸烟”传递给人的信息不是不要吸烟，而只限于“在禁烟场所请勿吸烟”；例 5 同样也是劝导人们不要吸烟，但是采用了更客气甚至是感激的口吻，对吸烟人士克制自己的行为表达谢意。从这里的分析可以看出，语言是信息传递的重要媒介，而词、短语、句子的选择对信息的意义传递起着关键的作用。

## 叙事 NARRATIVE

叙事（narrative）是对过去发生的事件以及事件所涉及的时间、地点、环境、人物等的描述，一般被视为故事［与术语“故事”（story）有所区别］。叙事通常有开头、中间和结尾三个部分。开头部分主要对事件发生的环境进行描述，中间部分是事件的核心内容（包括动作和事件的进展），结尾部分则是关于结局、结果的描述。叙事是有情节的，它交代人物活动和事件经过，描述故事发生的过程和最后的结果（结局）。一个完整的叙事通常包括时间，地点，人物，事情的起因、经过、结果等要素。

下面以《农夫和蛇》作为例子进行说明：

在一个寒冷的冬天，赶集完回家的农夫在路边发现了一条冻僵了的蛇。他很可怜蛇，就把它放在怀里。当他身上的热气把蛇温暖以后，蛇很快苏醒了，露出了残忍的本性，给了农夫致命的伤害——咬了农夫一口。农夫临死之前说："我竟然救了一条可怜的毒蛇[1]，就应该受到这种报应啊！"[2]

在这个故事中，"在一个寒冷的冬天，赶集完回家"是故事的背景，即叙事的开头部分，交代了故事发生的时间和地点。"农夫"和"蛇"是故事的人物，故事所描述的动作"发现""放在怀里""把蛇温暖""苏醒""露出""给了""咬"是叙事的核心内容（叙事的中间部分）。"他很可怜蛇"是对农夫的评论，同样属于叙事的中间部分，但不属于叙事句。故事最后的"农夫临死之前说：'我竟然救了一条可怜的毒蛇，就应该受到这种报应啊！'"则是结尾部分。

叙事不仅用于讲述故事、解释事件和传递信息，还用于构建现实，是构建知识和信仰的主要形式，也是传授道德准则的主要方式。《农夫和蛇》这一故事的寓意是：我们做任何事情都要明辨是非，在帮助别人之前，一定要分清好坏，看是否应该给予帮助，以避免自己受到伤害。

怎样讲述与生态有关的故事受讲话人的意识形态、身份定位和生态哲学观（ecosophy）等因素的影响。例如，网上流传着一则关于男子虐杀鹦鹉的消息。对这件事的叙述，可以有不同的方法，其中一个是这样说的：

标题：网传男子虐杀鹦鹉将其淹死拔毛 疑因鹦鹉咬人

正文：近日网络流传一段虐杀鹦鹉的视频，视频中男子拿着一只鹦鹉，鹦鹉不时发出凄厉的叫声，而后男子把整只鹦鹉浸到水盆中。"看

1　这句话也可以被理解为"我竟然可怜一条毒蛇"。

2　来自百度百科网站，溯于 2021 年 11 月 28 日。

看还会叫吗，死的，杀好了，一万多块钱，会咬人要它干什么。”而后的视频中的鹦鹉已经被拔光了毛。[1]

这样的叙述提供的不是爱护动物、保护动物的信息。它就事论事持“局外人”的态度，没有对事件进行价值判断（value judgement）。标题中的“疑因鹦鹉咬人”是为虐杀鹦鹉的人寻找做出这种行为的理由。如果把标题中的“疑因鹦鹉咬人”换成“有关部门已介入调查”，并在正文最后加上诸如“×× 市野生动植物保护事务中心已经开始调查此事。在我国，大多数鹦鹉属于国家级重点保护的珍贵、濒危野生动物，不能随便买卖，更不能捕杀。”的表述，那这段话语表达的就是不一样的意义。

关于生态语言学研究的叙事视角，可参见 Stibbe（2021[2]）。

## 言语行为 LANGUAGING

Cowley（2014：66[3]）将“language”用作动词，强调其与活动的密切交织。例如，“We language as we hunt, prepare food, or go into battle; we language when we speak to our pets, to ourselves and as we

1 来自 Hinews 网站，溯于 2021 年 8 月 20 日。

2 Stibbe, A. 2021. *Ecolinguistics: Language, Ecology and the Stories We Live by* (2nd ed.). London & New York: Routledge.

3 Cowley, S. J. 2014. Bio-ecology and language: A necessary unity. *Language Sciences, 41*(PA): 60–70.

dream. In our world, we even language with our books and machines."。这里，"language"作为动词可以被解释为言语，即语言活动或言语行为（languaging）。在这一视角下，语言不是传统意义上的工具，研究者关注的也不再仅仅是其词汇语法规则，而是它作为经验的一部分。Stephen Cowley 不赞同将语言视为大脑的产物，而是把人的身体看作连接生物生态（bio-ecology）和现实世界的介质或者载体，人则在这一互动中逐渐建立认知能力。

其他生态语言学学者也谈到了言语行为。例如，Kravchenko（2020[1]）在认知生态视角下，尝试消除作为观察对象的语言与作为观察者的语言学家之间的认识论障碍；其中，观察对象具体指的是人类不断重复出现的言语行为，而观察者具体指的是做出言语行为的人对语言的描述。再比如，Love（2017[2]）区分了第一秩序言语行为（first-order languaging）和第二秩序语言（second-order language）。

## 意识形态 IDEOLOGY

意识形态（ideology）指的是一个人或一个群体所持有的一套思想、信仰、观念和目标，也可以指对事物（事实、现象）的理解、认知和态

1 Kravchenko, A. V. 2020. Why ecolinguistics? *Ecolinguística: Revista Brasileira De Ecologia E Linguagem (ECO-REBEL)*, *6*(2): 18–31.

2 Love, N. 2017. On languaging and languages. *Language Sciences*, *61*(PA): 113–147.

度，通常被看作是观念、观点、概念、思想、价值观、信仰等要素的总和。意识形态不是人脑中固有的，而是在社会经历（包括所受的教育和与人交往互动）和社会实践（social praxis）中慢慢形成的。它源于社会存在和客观世界的各种要素，包括周围环境、思维能力、经历、所接受或接触的信息（如知识、教育、宣传）、价值观、世界观等。由于不同的人有不同的意识形态，所以对于同一事物（观点、现象、事实），不同的人就有不同的理解、认知、态度和判断。

意识形态与特定社会环境有直接的联系。经济基础、政治思想、法律规则、道德、艺术、宗教、哲学等因素的变化都影响着个人意识形态的形成和变化。在社会实践中，不同群体的人有不同的意识形态状况。

语言在意识形态的形成和变化中起着十分重要的作用。人们在语言生活和语言实践中形成个人的意识形态，并且通过所持有的意识形态来进一步认识世界和改造世界。

根据 van Dijk（1998[1]）的观点，意识形态使作为群体成员的人组织大量的社会信仰，以此来判断对他们来说什么是好的、什么是坏的，并进一步根据这种判断去采取行动。在生态话语分析（ecological discourse analysis / eco-discourse analysis）过程中，分析者根据自己的意识形态、价值观、生态哲学观（ecosophy）和生态伦理（ecological ethics）判断特定的语篇是有益性话语（beneficial discourse），破坏性话语（destructive discourse），还是中性话语（ambivalent discourse）

1 van Dijk, T. 1998. *Ideology: A Multidisciplinary Approach*. London: Sage.

（Stibbe，2015[1]，2021[2]）。更为重要的是，分析者需要在判断和评估的基础上，进一步寻找并践行替代性话语（alternative discourse）。

## 语境 CONTEXT

语境（context）的使用非常广泛，但很多人并没有着重对其进行定义或解释。相对而言，系统功能语言学（systemic functional linguistics，SFL）对语境做了较多的研究。系统功能语言学创始人 M. A. K. Halliday 的语境观是在 Bronislaw Malinowski 和 John Rupert Firth 关于语境的论述的基础上发展而来的。Malinowski（1923[3]，1935[4]）区分了“情景语境”（context of situation）和“文化语境”（context of culture）。前者指语言发生的即时环境，而后者则指更大的社会文化环境。Firth（1957[5]）将语境分为“语言的上下文”（linguistic context）和“情景的上下文”（situational context）。语言的上下文发生在语言内部；而情景的上下文

1 Stibbe, A. 2015. *Ecolinguistics: Language, Ecology and the Stories We Live by*. London & New York: Routledge.

2 Stibbe, A. 2021. *Ecolinguistics: Language, Ecology and the Stories We Live by* (2nd ed.). London & New York: Routledge.

3 Malinowski, B. 1923. The problem of meaning in primitive languages. In C. K. Ogden & I. A. Richards (Eds.), *The Meaning of Meaning*. New York: Harcourt, Brace & World, 296–336.

4 Malinowski, B. 1935. *Coral Gardens and Their Magic (Vol. 2)*. London: Allen & Unwin.

5 Firth, J. R. 1957. *Papers in Linguistics 1934–1951*. Oxford: Oxford University Press.

则发生在语言的外部，包括三个要素，分别是参与者在言语行为［与术语“言语行为”（languaging）有所区别］中的相关特征、相关事物以及言语行为所产生的影响和后果。基于 Malinowski 和 Firth 对语境类型的划分，Halliday（1978[1]）将语境划分为文化语境、情景语境［或语域（register）］以及上下文语境（context of co-text）。其中，情景语境又进一步划分为语旨（tenor of discourse），即话语的参与者；语场（field of discourse），即话语的主题；语式（mode of discourse），即话语发生的渠道及其影响。因此，生态话语分析（ecological discourse analysis / eco-discourse analysis）通常是在考虑、分析其所处的语境中进行的。

Halliday 的语境思想对话语分析起着重要的指导作用。他将情景语境中的三个要素系统化到与语言的关联之中，指出情景三个要素与语言系统三大元功能（metafunction）之间的关系。语旨由语言的人际元功能（interpersonal metafunction）体现，并进一步由词汇语法层（the lexicogrammatical stratum）的语气系统（mood system）、情态系统（modality system）和评价系统（appraisal system）体现；语场由语言的概念元功能（ideational metafunction）体现，并进一步由词汇语法层的及物性系统（transitivity system）和逻辑语义系统（logico-semantic system）体现；语式由语言的语篇元功能（textual metafunction）体现，并进一步由衔接手段（cohesive device）、主位系统（thematic system）和信息系统（information system）体现。这样，语言的外部环境就与其内部环境结合起来，使分析者可以从现实问题出发，并在语言中找到证据；反之亦然。

---

1 Halliday, M. A. K. 1978. *Language as Social Semiotic: The Social Interpretation of Language and Meaning*. London: Arnold.

# 语言霸权，语言帝国主义

## LANGUAGE HEGEMONY, LINGUISTIC IMPERIALISM

语言霸权（language hegemony）和语言帝国主义（linguistic imperialism）是语言领域的霸权主义和帝国主义（参见 Phillipson, 1992[1]），对语言多样性（language diversity）和文化多样性（culture diversity）有很大影响。语言霸权指世界通用语在经济、科技、文化等领域取得控制权，在这一过程中传播其哲学观和价值观，不仅将其他语言边缘化，还对其使用者的思想产生影响。语言帝国主义主要是英语语言帝国主义，指的是英语通过不断确立和重构与其他语言间的物质和文化的不平等关系，维护并巩固其支配地位。

当前，英语被视为国际通用语。国际大型会议、全球流通的重要学术文献、受全世界关注的重要学术期刊使用的都是英语。随着英语在全球语境中不断扩大的影响力，其他语言的生存空间受到很大挤压，面临着使用者减少甚至消失的问题。从这方面来说，英语对保持语言多样性和维护少数民族（土著）语言的生存和发展带来很大威胁。[参见“生态位”（ecological niche）]

在中国，少数民族语言问题（特别是濒危少数民族语言）和方言问题（特别是青年一代可以熟练使用方言的人数呈现出下降趋势）近年来受到了越来越多人的关注。少数民族文化是中华文化的重要组成部分，涉及不同领域。例如，在艺术领域有少数民族的音乐（如维吾

1 Phillipson, R. 1992. *Linguistic Imperialism*. Oxford: Oxford University Press.

尔族的十二木卡姆、广西的壮歌）、舞蹈（如傣族的孔雀舞、蒙古族的安代舞）等，在文化思想领域有史诗（如少数民族三大史诗——藏族的《格萨尔》、蒙古族的《江格尔》以及柯尔克孜族的《玛纳斯》）。少数民族文化是中华文化的瑰宝，而少数民族语言作为其文化直接的承载物和传播渠道，需要各个领域的工作者共同努力，持续维护语言的多样性。

## 语言濒危 LANGUAGE ENDANGERMENT

语言濒危（language endangerment）是指某种语言面临使用人数越来越少，有可能走向灭绝的问题。造成语言濒危的因素多种多样，可能是语言内部的，也可能是语言外部的。语言内部因素源自语言是一个适应性系统，即语言为了适应环境、满足社会需求而推动语言重构或者语言变革。语言外部因素通常是使用者在受到外来力量的强烈影响下，放弃使用该语言，如殖民环境下的族裔压迫或者原住民与外来民族的大融合（参见 Mufwene，2001[1]）；此外，人们不断追求生活水平的提高和世界经济的快速发展也是导致语言濒危的主要原因之一。不论是内部的还是外部的，语言濒危都与政治、经济、社会、文化、环境、民族、种族等各方面紧密相连，承载着历史、现在和将来。

1 Mufwene, S. S. 2001. *The Ecology of Language Evolution*. Cambridge: Cambridge University Press.

2000 年 2 月在德国科隆（Köln）召开的濒危语言学会议上对语言的安全等级进行了划分，并对划分依据进行了解释，由下表展示。

语言安全等级划分及其依据

| | 等级 | 依据 |
|---|---|---|
| 1 | 安全（safe） | 群体中包括儿童在内的所有成员均在学习使用该语言 |
| 2 | 稳定但受到威胁（stable but threatened） | 群体中包括儿童在内的所有成员均在学习使用该语言，但是使用者总数很少 |
| 3 | 受到侵蚀（eroding） | 群体中一部分成员不再使用该语言，另一部分成员（包括儿童）仍在学习使用该语言 |
| 4 | 濒临危险（endangered） | 所有使用者都超过 20 岁，且群体中的儿童不再学习使用该语言 |
| 5 | 严重危险（severely endangered） | 所有使用者都超过 40 岁，且群体中的儿童和年轻人都不再学习使用该语言 |
| 6 | 濒临灭绝（critically endangered） | 仅限于少数超过 70 岁的老人使用，群体中其他的成员均不再使用该语言 |
| 7 | 灭绝（extinct） | 所有使用者都放弃使用该语言 |

从上表的分类依据可以看出，对某种语言濒危程度的判断主要依赖于其可持续发展的可能，突出表现在儿童和年轻人使用和学习该语言的情况。如果出现代际传承断裂，那么该语言的生存就会受到威胁。因此，拯救濒危语言需要以儿童和年轻一代作为出发点，利用政策制定、媒体宣传和教育引导等途径，使人们（包括儿童和年轻一代）了解语言在影响、塑造文化和环境中的重要作用。在生态语言学领域，拯救濒危语言采用的重要方法之一是语言档案编制。

根据联合国教科文组织统计，一些濒危语言正以“周”为时间单位加速消亡；随着这些语言的消亡，通过这些语言记录下来的传说、歌曲、诗歌、谜语、神话等民族文化载体也受到严重破坏。语言的濒危和灭绝与语言霸权（language hegemony）和语言帝国主义（linguistic imperialism）有着密不可分的关系。[参见“生态位”（ecological niche）]

关于语言濒危和语言灭绝（language death）及其相关影响的研究，可以参考薄守生和董照辉（2007[1]）、Austin（2008[2]）、Crystal（2002[3]）、Nevins（2013[4]）、Tsunoda（2008[5]）等。

## 语言多样性 LANGUAGE DIVERSITY

语言多样性（language diversity）是生态语言学豪根模式（the Haugenian approach）的重点研究内容，而保持语言多样性是该领域一

1 薄守生，董照辉. 2007. 有关语言生态危机的研究对当前语言政策的影响. 语言文字应用，(2)：27–33.

2 Austin, P. K. (Ed.). 2008. *One Thousand Languages: Living, Endangered and Lost*. Berkeley & Los Angeles: University of California Press.

3 Crystal, D. 2002. *Language Death*. Cambridge: Cambridge University Press.

4 Nevins, M. E. 2013. *Lessons from Fort Apache: Beyond Language Endangerment and Maintenance*. Malden: John Wiley.

5 Tsunoda, T. 2008. *Language Endangerment and Language Revitalization*. Berlin: Mouton.

些学者（如 Mühlhäusler，1996[1]，Phillipson & Skuttnab-Kangas，1996[2]）追求的终极目标（参见 Ferguson，2006[3]）。语言多样性、文化多样性（culture diversity）和语言濒危（language endangerment）是相互关联的三个概念：语言多样性承载着文化多样性，而语言濒危又威胁着语言多样性和文化多样性。

语言是文化的外在体现，是记录和传递文化的重要工具，也是不同民族和不同区域文明的载体，是可持续发展的保障。说不同语言的人具有不同的区域性特征，形成可识别的文化身份认同［参见“身份”（identity）］。语言的变化对国家、民族和地区的经济、文化和传统产生重大影响。保持语言的多样性也就是保持国家特色、民族特色和区域特色，有利于文化的多样性，推动当地经济和社会发展。反之，语言濒危和语言灭绝（language death）会破坏语言生态平衡，影响文化传承和社会平衡发展。语言多样性不仅涉及语言本身，还涵盖了文化、经济、社会等各个领域。从这个意义来说，语言的多样性就好比生物多样性（biodiversity），而语言之于民族的重要性就好比物种之于生态系统的重要性。一个语言的消亡意味着该民族文化和传统的消失，是不利于整个民族和地区，甚至世界发展的。

语言多样性需要相应的语言政策（language policy）来支持和保护。

---

1 Mühlhäusler, P. 1996. *Linguistic Ecology: Language Change and Linguistic Imperialism in the Pacific Region*. London & New York: Routledge.

2 Phillipson, R. & Skuttnab-Kangas, T. 1996. English only worldwide or language ecology?. *TESOL Quarterly, 30*(3): 429–452.

3 Ferguson, G. 2006. *Language Planning and Education*. Edinburgh: Edinburgh University Press.

一方面，脱离当前的主流语言是不现实的，因为在全球一体化的背景下，各个国家的命运都联系在一起；另一方面，各国、各民族、各地区又要重视对所使用的语言的保护，作为自身生存和发展的一个重要组成部分。因此，黄国文和赵蕊华（2019：88[1]）强调："重视语言的多样性，就是突出'和而不同'和'和谐共生'。我们研究语言与生态的关系，研究生态话语，关注语言在各种生态问题中的重要作用，就是我们作为语言学家担当社会责任的表现。"

语言多样性是维护生态平衡的基石，是推动包括人类社会在内的生态系统可持续发展的重要因素。之所以要推动语言多样性，与语言在世界的四个系统［即"进化系统类型说"（typology of evolving systems）的物理系统（physical systems）、生物系统（biological systems）、社会系统（social systems）和意义系统（semiotic systems）］（Halliday & Matthiessen，1999[2]）中的地位和关系密切相关；语言的变化势必影响生态系统的其他系统和成分。

语言是意义系统，它可以构建外部世界经验和内心世界经验，建立交际角色和推动交际进行，并组织语篇（Halliday & Matthiessen，2014[3]）。语言是社会性的，它是一种交际工具，存在于使用当中，用于传递信息、表达情感、交流思想等。从这两个方面看，语言与社会系统和意义系统中的成分的关系最为紧密。文化同样处于社会和意义两个系

1 黄国文，赵蕊华. 2019. 什么是生态语言学. 上海：上海外语教育出版社，88.

2 Halliday, M. A. K. & Matthiessen, C. M. I. M. 1999. *Construing Experience Through Meaning: A Language-based Approach to Cognition*. London: Cassell.

3 Halliday, M. A. K. & Matthiessen, C. M. I. M. 2014. *Halliday's Introduction to Functional Grammar* (4th ed.). London & New York: Routledge.

统之中，以语言为外壳和载体进行传播。文化传播可以面向国际，使他国了解本国或本民族文化，也可以面向下一代，推动文化传承。除了直接发生关系的社会系统和意义系统，语言也与物理系统和生物系统互动，例如，语言多样性和生物多样性休戚相关。生物栖息地遭到破坏在对生物的存续产生消极影响的同时，也令语言失去依托，造成语言多样性的丧失。而语言多样性丧失可能加剧生物多样性丧失；据联合国教科文组织的资料显示[1]，秘鲁的阿摩沙（Amuesha）部落的极度濒危语种使用者去世对当地作物多样性产生了直接的消极影响。这是因为通过语言传播的关于生物多样性的传统生态知识（Traditional Ecological Knowledge，TEK）与土著名称、生物的民间分类系统和口头传统融合，一旦语言灭绝，这些传统知识就会失去传播的载体。因此，保护语言多样性对濒危物种的研究、保存、维护和恢复具有重大意义。只有语言研究者与人类学家和生物学家协同合作，才可能推动语言多样性和生物多样性的实现。

## 语言功能 LANGUAGE FUNCTION

一般而言，语言功能（language function）主要用于获取知识、开展人际交往、传递信息等。Karl Bühler、Roman Jakobson、M. A. K. Halliday、Christian M. I. M. Matthiessen 等人都对语言的功能进行了明确区分和定义。

1 来自 UNESCO 网站，溯于 2022 年 1 月 1 日。

Bühler（2011[1]）提出了语言的三分系统，将语言的功能分为再现功能、表情功能和感染功能。三分系统以语言功能的工具模式为基础，体现在作为符号的语言与客体和情景、与说话者以及与受话者之间的关系中。再现功能体现在语言与客体和情景的关系中，用于描述世界中的万事万物；表情功能体现在语言与说话者的关系中，用于表达说话者的情感、立场、态度等；感染功能体现在语言与受话者的关系中，用于感染受话者，从而实现对受话者的告知、劝说、引导、命令、建议等。

Jakobson（1960[2]）吸收了Bühler的观点，并结合Malinowski（1923[3]）提出的语言的寒暄功能，识别了语言的六种功能，分别是指称功能、情感功能、意动功能、寒暄功能、元语言功能和诗学功能。这些功能体现在信息与语境（context）、说话者、受话者、接触以及语码之间的互动之中。当信息描述语境中的事物和事件时，实现的是指称功能；当信息表达说话者的情感、态度和立场时，实现的是情感功能；当信息用于引导、影响受话人时，实现的是意动功能；当信息用于建立或者改变接触时，实现的是寒暄功能；当信息与语码互动，对语言做出对等解释时，实现的是元语言功能；当侧重信息自身时，实现的是诗学功能。

Bühler 和 Jakobson 关于语言功能的划分和解释对 Halliday 产生了

---

1 Bühler, K. 2011. *Theory of Language: The Representational Function of Language* (D. F. Goodman & A. Eschbach, trans.). Amsterdam & Philadolpia: John Benjamins.

2 Jakobson, R. 1960. Closing statement: Linguistics and poetics. In T. A. Sebeok (Ed.), *Style in Language*. Cambridge: MIT Press, 350–377.

3 Malinowski, B. 1923. The problem of meaning in primitive languages. In C. K. Ogden & I. A. Richards (Eds.), *The Meaning of Meaning*. New York: Harcourt, Brace & World, 296–336.

很大影响。Halliday（1985[1]，1994[2]）和 Halliday & Matthiessen（2004[3]，2014[4]）提出了语言的三大元功能（metafunction），也称纯理功能，即概念元功能（ideational metafunction）、人际元功能（interpersonal metafunction）和语篇元功能（textual metafunction），其中概念元功能进一步分为经验元功能（experiential metafunction）和逻辑元功能（logical metafunction）。概念元功能指的是语言对世界的描述；人际元功能指的是语言用于建立、维持或者改变人与人之间的关系；语篇元功能是指语言用于语篇或话语组织。但是，这三大元功能是抽象的、复杂的，是成人语言的功能。关于儿童语言，Halliday（1975[5]）认为，其发展过程是逐渐掌握语言功能的过程。他所区分的儿童语言的功能相较成人语言的元功能更为具体，包括工具功能、调节功能、启发功能、互动功能、个人功能、想象功能和信息功能。

Matthiessen et al.（2010[6]）区分了语言的外在功能（extrinsic functionality）和语言的内在功能（intrinsic functionality）。语言的外在功能指的是语言在认知和交际中的使用，将语言、语篇和语境联系起来，

1 Halliday, M. A. K. 1985. *An Introduction to Functional Grammar*. London: Arnold.

2 Halliday, M. A. K. 1994. *An Introduction to Functional Grammar* (2nd ed.). London: Arnold.

3 Halliday, M. A. K. & Matthiessen, C. M. I. M. 2004. *An Introduction to Functional Grammar* (3rd ed.). London: Arnold.

4 Halliday, M. A. K. & Matthiessen, C. M. I. M. 2014. *Halliday's Introduction to Functional Grammar* (4th ed.). London & New York: Routledge.

5 Halliday, M. A. K. 1975. *Learning How to Mean: Explorations in the Development of Language*. London: Arnold.

6 Matthiessen, C. M. I. M., Teruya, K. & Lam, M. 2010. *Key Terms in Systemic Functional Linguistics*. New York: Continuum.

探索语言在现实中的作用。语言的内在功能指的是利用语言系统和语言的内部组织开展话语分析（参见黄国文、赵蕊华，2021[1]）。

## 语言规划 LANGUAGE PLANNING

语言规划（language planning）最早由 Uriel Weinreich 于 1957 年在美国哥伦比亚大学（Columbia University）的一次研讨会中提出。而该术语首次正式现于文献，则是在两年后 Einar Haugen 所发表的论文《现代挪威的标准语规划》（"Planning for a Standard Language in Modern Norway"[2]）当中。语言规划是语言政策（language policy）的体现，是国家层面针对语言相关问题做出的有组织的追求（Fishman，1974[3]），主要分为语言地位规划和语言本体规划。

语言规划是在了解语言问题的基础上，以国家语言文字工作政策为出发点和根本，通过采取相应的行动（如制订语言文字应用规范、标准等）达到规范语言使用的目的，是国家建设的组成部分。语言学界有关语言规划的研究采用了不同的视角，包括政治的、语言的、社会

1 黄国文，赵蕊华. 2021. 功能话语研究新发展. 北京：清华大学出版社.

2 Haugen, E. 1959. Planning for a standard language in Modern Norway. *Anthropological Linguistics, 1*(3): 8–21.

3 Fishman, J. 1974. Language modernization and planning in comparison with other types of national modernization and planning. In J. Fishman (Ed.), *Advances in Language Planning*. The Hague: De Gruyter Mouton, 79–102.

的、经济的、生态的，其中具有代表性的是 Haugen 提出的语言四重模式（Haugen，1966[1]，1983[2]）和语言生态观（Haugen，1970[3]）、Heinz Kloss 的本体规划与地位规划（Kloss，1969[4]）、Robert L. Cooper 强调的语言习得规划（Cooper，1989[5]）、Harald Haarmann 建立的生态关系模型和补充的声望规划（Haarmann，1986[6]），以及 Robert B. Kaplan 和 Richard B. Baldauf 基于本体规划、地位规划、习得规划和声望规划提出的综合分析框架（Kaplan & Baldauf，1997[7]）（参见黄晓蕾，2014[8]）。

语言规划根植于某个国家或地区特定的历史、社会和文化背景中。它不仅是对语言的规划，还涉及对语言背后的社会形态、意识形态乃至社会文化生态（sociocultural ecology）系统的规划。语言规划通过对语言有目的地人为干预和调节，对语言所处的社会环境和自然环境产生影响，并对语言使用者关于语言的结构、地位和功能的看法产生影响。

---

1 Haugen, E. 1966. Dialect, language, nation. *American Anthropologist, 68*(4): 922–935.

2 Haugen, E. 1983. The implementation of corpus planning: Theory and practice. In J. Cobarrubias & J. A. Fishman (Eds.), *Progress in Language Planning: International Perspectives*. Berlin, New York & Amsterdam: De Gruyter Mouton, 269–290.

3 Haugen, E. 1970. On the ecology of languages. Talk delivered at a conference at Burg Wartenstein, Austria.

4 Kloss, H. 1969. *Research Possibilities on Group Bilingualism: A Report*. Quebec: International center for research on bilingualism.

5 Cooper, R. L. 1989. *Language Planning and Social Change*. Cambridge: Cambridge University Press.

6 Haarmann, H. 1986. *Language in Ethnicity: A View of Basic Ecological Relations*. Berlin: Mouton.

7 Kaplan, R. & Baldauf, R. 1997. *Language Planning: From Practice to Theory*. Clevedon: Multilingual Matters.

8 黄晓蕾. 2014. 20 世纪语言规划研究方法的流变. 中国社会科学院研究生院学报，（2）：101–107.

# 语言接触 LANGUAGE CONTACT

语言接触（language contact）指的是不同语言之间的交互及其产生的影响。语言接触源于不同国家或地区的贸易往来、文化交流、移民、战争、奴役等。因此，就其本质而言，语言接触是社会接触，对社会、处于社会中的人以及社会所依附的自然环境产生作用，这些也构成了生态语言学有关语言接触的研究重点。语言接触是一种常态，而非罕见的、特别的现象，世界上几乎所有的语言都不可能孤立存在（参见 Thomason，2001[1]）。

语言接触有五种类型（参见叶蜚声、徐通锵，2010[2]）。第一种是非系统性词汇借用，仅限于话语交流或弥补概念缺失，如 Kungfu（功夫）、tofu（豆腐）、wonton（云吞）等。第二种是系统化感染和双语/多语使用。与非系统性词汇借用不同，系统化感染是深度的，涉及语音、词汇、语法等多个层面。双语使用或者多语使用已经成为当前许多国家或地区的常见现象，如北极地区土著居民使用因纽特语和英语。第三种是语言替换，指的是在两个或多个语言接触中，优势语言替代或者取代了弱势语言，成为唯一使用的语言。第四种是通用书面语或民族共同语，例如，随着普通话的推广，一些方言或少数民族语言的使用受到影响。以上海青少年方言使用能力为例，研究表明，上海青少年的方言使用能力在近 15 年来呈现出明显的下降趋势（俞玮奇、杨璟琰，

1 Thomason, S. G. 2001. *Language Contact: An Introduction*. Washington: Georgetown University Press.

2 叶蜚声，徐通锵. 2010. 语言学纲要（修订版）. 北京：北京大学出版社.

2016[1]）。但这并非一概而论，中国一些少数民族居民可以同时很好地使用本族语（如苗族人使用的苗语）和普通话。最后是洋泾浜语（Pidgin，或皮钦语）和克里奥尔语（Creole）：洋泾浜语是为了交际而临时形成的两个或多个语言的混合体，其特点是限于口头使用的、简化的、无语法形态的；克里奥尔语从洋泾浜语发展而来，增加了语法，其使用者是定居下来的洋泾浜语使用者的后代。

语言接触的五种类型与不同语言所处的社会环境以及产生语言接触的社会实践（social praxis）相关。如果语言接触中的不同语言所牵涉的经济、政治、文化等因素处于平衡状态，且语言接触的目的是促进文化交流，那么两种或多种语言也可能处于平衡状态，即共存或者融合。但是，如果语言接触中一种语言的社会背景十分强大，且语言接触的目的是在政治、经济、文化等领域征服或控制另一方，那么后者在受到压迫的情况下，可能面临语言濒危（language endangerment）甚至语言灭绝（language death）的问题［参见"生态位"（ecological niche）］。

## 语言进化 LANGUAGE EVOLUTION

要研究语言的进化，就需要把语言视为生物，否则就无法谈论其进化。最早研究语言进化（language evolution）的应该是德国语言学家

1 俞玮奇，杨璟琰. 2016. 近十五年来上海青少年方言使用与能力的变化态势及影响因素. 语言文字应用，（4）：26–34.

August Schleicher，他在 Ernst Haeckel 的影响下从生物进化模式的角度思考语言的进化。Schleicher 最突出的贡献之一是描绘了语言谱系树，并利用树图分枝解释语言的生长、发展和消失（参见吴文，2013[1]）。

语言进化关注的是语言是如何产生和发展的，在人类学、生理学、语言学、生物学、考古学、基因学等领域都展开了相关研究。例如，人类进化史认为语言是伴随着人的直立行走进化而来，生理学则认为变异基因带来的更好的唇部和喉咙肌肉控制力促进了语言进化。在语言学领域，源于基因突变的语言进化论（Hauser et al.，2002[2]）引起了广泛关注和讨论（如代天善，2007[3]；诺姆·乔姆斯基，2018[4]；吴会芹，2009[5]；吴文、郑红苹，2012[6]；Fitch et al.，2005[7]；Jackendoff & Pinker，2005[8]；Pinker & Jackendoff，2005[9]）。Noam Chomsky 关于语言进化的理论强调，进化的是语言能力（普遍语法），而不是语言。在生物语言学领域，

---

1 吴文. 2013. 语言进化研究纵览. 语言学研究，(1): 97–105.

2 Hauser, M., Chomsky, N. & Fitch, W. 2002. The faculty of language: What is it, who has it, and how does it evolve? *Science, 298*(5598): 1569–1579.

3 代天善. 2007. 生物学范式下的语言研究综述. 现代外语，(3): 301–307.

4 诺姆·乔姆斯基. 2018. 语言结构体系及其对进化的重要性. 司富珍，译. 语言科学，(3): 225–234.

5 吴会芹. 2009. “语言官能”假说之争中的高端对决. 外国语，(4): 63–70.

6 吴文，郑红苹. 2012. 论乔姆斯基的语言进化论倾向——与刘小涛、何朝安同志的商榷. 外国语，(1): 42–47.

7 Fitch, W., Hauser, M. & Chomsky, N. 2005. The evolution of the language faculty: Clarifications and implications. *Cognition, 97*(2): 179–210.

8 Jackendoff, R. & Pinker, S. 2005. The nature of language faculty and its implications for evolution of language. *Cognition, 97*(2): 211–225.

9 Pinker, S. & Jackendoff, S. 2005. The faculty of language: What's special about it? *Cognition, 95*(2): 201–236.

对语言进化的讨论主要围绕语言生物机制展开，如语言学习本能和语言关键期（Pinker，1994[1]）、语言基因（Lai et al.，2001[2]）等。而在社会语言学领域，出现了从生态的视角观察语言进化的现象，如 Mufwene（2001[3]）。

在生态语言学视角下，语言同样被赋予了生命的属性［参见“根性生态语言学”（radical ecolinguistics）和“进化系统类型说”（typology of evolving systems）］。生态语言学视角下的语言进化研究具有以下特征。第一，语言的进化与环境相互作用。虽然生物语言学领域关于语言机制，特别是语言基因的发现证实了语言的遗传性和天赋论，但是作为种系的语言进化不可能脱离环境的影响，它甚至在一定程度上为环境所决定，如洋泾浜语（Pidgin，或皮钦语）到克里奥尔语（Creole）的发展；当环境发生变化时，语言可能消亡，也可能进化以适应新的环境。第二，除了了解语言在不同时空下进化的表现，生态语言学的语言进化研究还探索语言进化现象背后的环境因素，特别是文化所带来的影响。第三，语言进化发生在词汇和语法领域。生物语言学关于词汇进化规律的研究无疑可以帮助人们了解词汇的历时变化，并对将来的演化做出预判（如

---

1 Pinker, S. 1994. *The Language Instinct: How the Mind Creates Language*. New York: Harper Collins.

2 Lai, C. S. L., Fisher, S. E., Hurst, J. A., Vargha-Khadem, F. & Monaco, A. P. 2001. A forkhead-domain gene is mutated in a severe speech and language disorder. *Nature, 413*(6855): 519–523.

3 Mufwene, S. S. 2001. *The Ecology of Language Evolution*. Cambridge: Cambridge University Press.

Lieberman et al., 2007[1]; Pagel et al., 2007[2]), 同时也为生态语言学的研究提供了启示，但是这两个领域的研究重点是不同的。生态语言学对词汇语法演变的研究侧重来自环境的影响和对环境产生的影响，例如，绿色语法（green grammar）就是基于用语法完整地、真实地描绘世界的设想而提出的。

## 语言世界系统 LANGUAGE-WORLD-SYSTEM

"语言世界系统"（Language-World-System）由 Peter Finke 提出。Finke（2014[3]）认为，语言生态问题不能简单地归结为或者仅仅落实在语言使用的语义和语用方面，而是要同时注重语法。但是，对语法的研究不是对语言内部结构的研究，这是传统逻辑视角下的语法研究。语法研究要超越逻辑视角的限制，从生态的视角观察和讨论语法作为能量驱动手段如何动态地反映不同的世界观，这是因为首先决定不同语法之间区别的是语言使用者不同的世界观。

---

1 Lieberman, E., Michel, J-B., Jackson, J., Tang, T. & Nowak, M. A. 2007. Quantifying the evolutionary dynamics of language. *Nature, 449*(7163): 713–716.

2 Pagel, M., Atkinson, Q. D. & Meade, A. 2007. Frequency of word use predicts rates of lexical evolution throughout Indo-European history. *Nature, 449*(7163): 717–720.

3 Finke, P. 2014. The ecology of science and its consequences for the ecology of language. *Language Sciences, 41*(PA): 71–82.

Finke（2002[1]）将语言视为一个持续性的系统，而使用语言就是利用这个持续性系统的各个手段去认识世界、开展交流。在这个持续性系统中，语法处于掌舵地位，它融入了语言使用者的世界观，利用各种规则规范语言联系世界的过程，涉及语音规则、语法规则、语义规则和语用规则。在生态的视角下，Finke（2014[2]）利用生态系统中的“平衡”（equilibrium）概念解释世界语言系统中语法的四个层面是如何与环境实现平衡的。在语音层面，特定语言需要从世界语言系统中选择音素的特定频宽，以符合该语言使用者生理学和文化方面的能力。在语法层，语法复杂程度与语言使用者所说的话的可理解程度之间实现平衡；这一方面基于所处环境的复杂性，另一方面基于为语法所接受的表达替代。语义层面的平衡是语义充分（semantic adequacy）平衡，指的是语言使用者描述世界的需求与语言词汇量之间的状态。语用层面的平衡是语用充分（pragmatic adequacy）平衡，指的是特定环境下的语言使用者如何充分地描绘世界、解决问题、互动交际等。

语言世界系统观认为，语言研究不是严格区分为形式的或者功能的，而是生态的。如果比较 Noam Chomsky、M. A. K. Halliday 和 Finke 对语言和语法的研究，可以发现：Chomsky 从形式的视角研究语言能力、转换规则、生成规则等；Halliday 从功能的视角研究语言的内部功能和外部功能；Finke 从生态的视角研究语言与环境的关系。这三个视角都重视语法，但是他们研究语法的目的以及看待语法与环境的关系存在很

1 Finke, P. 2002. Die Nachhaltigkeit der Sprache. Fünf ineinander verschachtelte Puppen der linguistischen Ökonomie. In A. Fill, H., Penz & W. Trampe (Eds.), *Colourful Green Ideas*. Bern: Peter Lang, 34–55.

2 Finke, P. 2014. The ecology of science and its consequences for the ecology of language. *Language Sciences, 41* (PA): 71–82.

大区别。Chomsky 提出语法第一性，其语法研究是脱离（外部）环境的；Halliday 更关注语言的使用，他讨论语法的目的是为语篇分析构建一个框架（参见黄国文、赵蕊华，2021[1]），它与环境之间的关系发生在语音层；Finke 把语法视为推动可持续使用语言的能量，其每个层面都与环境发生关系。

## 语言学 LINGUISTICS

语言学（linguistics）是对语言进行科学研究的学科，它研究语言的性质、结构、功能、应用、历史和发展。不同学派，甚至是同一学派的不同路径，对语言相关问题的研究都会有不同的看法和结论，因此无法一言蔽之。下面以 Noam Chomsky 的转换生成语法（transformational-generative grammar，TGG）和 M. A. K. Halliday 的系统功能语法（systemic functional grammar，SFG）为例进行简要解释。首先，TGG 将语言视为先天机制，是内在的知识；SFG 将语言视为一种行为方式，或者说做事的方式。其次，TGG 从心理学视角研究语言，认为语言能力是一种天赋，通过大脑实现；SFG 重视语言的社会属性，研究语言在不同语境（context）下的功能变体及其所产生的影响，认为语言问题是受社会需求和社会实践（social praxis）所驱动的。再次，TGG 将语言分为深层结构和表层结构，深层结构是想要表达的意义（心理认知），而表层结构是表达意义的形式，其中，深层结构依据特定的、有限的规则生成，

1　黄国文，赵蕊华. 2021. 功能话语研究新发展. 北京：清华大学出版社.

而从深层结构到表层结构则通过投射、衍生等转换过程实现；SFG 认为语言系统是一种意义潜势（meaning potential），包含了语义层（the semantic stratum）、词汇语法层（the lexicogrammatical stratum）、音系层（the phonological stratum）和语音层（the phonetic stratum），其中，语义层和词汇语法层同属内容层（the stratum of content），两者之间是自然的体现关系（a relationship of realization），即语义层面的选择由词汇语法层体现。但是，与 TGG 不同的是，SFG 认为语义的选择源自语境，更直接的是情景语境（context of situation），而非大脑中的内在机制。最后，TGG 和 SFG 都可以被应用于语言习得、语言教学、翻译、计算机语言等领域。不过 SFG 是为语篇分析建立一个语法框架，对话语分析和批评语言学（critical linguistics）产生了重大影响。此外，SFG 以社会问题为导向，致力于帮助解决现实问题（包括政治、社会、文化、经济、生态等领域的问题）。在过去的几十年里，TGG 和 SFG 都有新的发展和新的论点，这两个术语的使用也逐渐减少或被其他术语（如 formal linguistics，systemic functional linguistics）所替代，但它们的一些假定、理念、核心术语等还是存在的。

从生态的视角出发，语言既是社会的也是自然的。说它是社会的，是指语言可以用来认识世界和改造世界，用来记录、保存和传播文化与信息，用来交流互动；说它是自然的，是指语言这一意义系统（semiotic systems）是自然界的组成部分，因此语言与自然界是相互影响、相互制约的。在这一视角下，语言的产生、发展、消亡、恢复都受到自然环境和社会环境的影响，同时对自然环境和社会环境产生作用。语言通过人的认知作用于环境，可能是积极的，也可能是消极的，所以生态视角下的语言研究既重视认知方面，也重视社会方面的各个因素。语法作为语言研究的重要组成部分，不再是单纯的语言的行文法则，而是对世界的描述，由此从语言的语音层、音系层、词汇语法层和语义层拓展到自然界，探索语法与自然的和谐互动。不论是隐喻视角下的语言研究［豪根模式（the Haugenian approach）］还是非隐喻视角下的语言研究［韩礼德模式（the Hallidayan approach）］，生态语言学都关注语言、文化和自然界的问题，致力于推动语言的可持续使用和整个生态系统的可持续发展。

## 语言政策 LANGUAGE POLICY

语言政策（language policy）服务于国家与社会发展，与语言规划（language planning）密切相关。对于语言政策与语言规划之间的关系，至少有两种解读：一种将语言政策视为目标，语言规划是为实现目标而展开的具体实践（如 Kaplan & Baldauf，2003[1]；Schiffman，1996[2]）；另一种将语言政策视为语言规划中涉及的步骤（如 Rubin，1971[3]）。不论采用何种视角，语言政策和语言规划都是密不可分的，两者有着很多重叠的研究领域，有时甚至可以交替使用。

1 Kaplan, R. & Baldauf, R. (Eds.). 2003. *Language and Language-in-Education Planning in the Pacific Basin*. Dordrecht: Kluwer Academic.

2 Schiffman, H. 1996. *Linguistic Culture and Language Policy*. London & New York: Routledge.

3 Rubin, J. 1971. Evaluation and language planning. In J. Rubin & B. Jernudd (Eds.), *Can Language Be Planned? Sociolinguistic Theory and Practice for Developing Nations*. Honolulu: Hawaii University Press, 205–238.

语言政策展示了国家在双语或者多语环境下对某种或某些语言的立场、态度和主张，通过制定相关规范、标准、法律、法规等对语言进行规划，从而实现对社会和文化的干预。语言政策对文化多样性（culture diversity）有很大影响。例如，我国著名少数民族语言学家孙宏开等人（孙宏开等，2007[1]）的调查显示，我国少数民族语言有 15 种都处于濒危状态（即使用者低于 1000 人），且这类语言的数量继续增多，使用人数继续减少。少数民族语言消亡不仅仅是一种语言的消亡；语言作为一种载体，其灭绝会导致文化、传统知识和经验失去生存和传播的依托，造成少数民族人民失去身份认同，改变当地社会形态等问题。因此，我国多年来也在不断推出各项政策对少数民族语言进行干预，平衡语言生态。对于一个双语或多语社区而言，理想的平衡状态是在保证母语活力的同时熟练使用社区内所有成员的语言（参见孙宏开，2006[2]）。

# 语用生态语法

## PRAGMO-ECOLOGICAL GRAMMAR

Adam Makkai 受 M. A. K. Halliday 的系统功能语言学（systemic functional linguistics，SFL）和 Kenneth Lee Pike 的法位学（tagmemics）影响，在层次语法（stratificational grammar）框架下提出了语用生态语

1 孙宏开，胡益增，黄行. 2007. 中国的语言. 北京：商务印书馆.

2 孙宏开. 2006. 重视少数民族语言与文化的记录和保护. 满语研究，（1）：56–60.

法（pragmo-ecological grammar）（Makkai，1973[1]，1993[2]，2011[3]）。

Makkai 将人类语言生态分为内型生态（endo-ecology）和外型生态（exo-ecology）。语言与其内部环境发生关系产生的是内型生态；而语言与外部环境发生关系时，就产生了外型生态。研究者需从实用的视角进行观察，以避免形而上学的片面性和理解困难。

Makkai 提出的语用视角并非一般语言学中所指的语言的运用（使用），而是借用了物理学家、量子力学主要创始人 Werner Karl Heisenberg 的认识论思想（Heisenberg，1958[4]，1974[5]）。Heisenberg 的物理学研究深受其哲学观的影响。他认为人无法直接感知微观世界；要认识微观世界以及微观世界中的存在，必须借用特定的工具和方法。具体来说，观测工具或方法的使用者是认识的主体，被观测的对象是客体，而观测工具或方法是中介。Heisenberg 关于认识过程的一个重要论点是：主体和中介会对客体产生主观影响，因而产生微观世界客体的不确定性，突出（也有人认为夸大）人（心理）的影响[6]。基于此，语用生

1 Makkai, A. 1973. A Pragmo-ecological view of linguistic structure and language universals. *Language Sciences, 27*: 9–22.

2 Makkai, A. 1993. *Ecolinguistics: Toward a New Paradigm for the Science of Language*. London: Pinter.

3 Makkai, A. 2011. Pragmo-Ecological Grammar (PEG): Toward a new synthesis of linguistics and anthropology. In W. McCormack & S. Wurm (Eds.), *Approaches to Language: Anthropological Issues*. Berlin & New York: Mouton, 327–362.

4 Heisenberg, W. 1958. *Physics and Philosophy: The Revolution in Modern Science*. London: Penguin.

5 Heisenberg, W. 1974. *Across the Frontiers* (P. Health, trans.). New York: Harper & Row Publishers.

6 不少人对 Heisenberg 的这种唯心主义提出批判，但这不是本书要讨论的问题。

态语法将语言视为链接人的认知和言语社区（speech community）所使用的语音编码之间的桥梁。换句话说，人的认知在语言中沉淀，并通过语音编码表达出来。在这一过程中，人是认识的主体，研究中的语音编码是客体，语言（系统）是中介。这一过程涉及四个分层系统，即音素、语素、词素和义素，因此语用生态语法也被称为“子代层次语法”。

## 元功能生态维度

## THE ECOLOGICAL DIMENSION OF METAFUNCTIONS

元功能生态维度（the ecological dimension of metafunctions）指的是在系统功能语言学（systemic functional linguistics，SFL）的框架下，对及物性系统（transitivity system）、逻辑语义系统（logico-semantic system）、语气系统（mood system）、情态系统（modality system）、评价系统（appraisal system）、主位系统（thematic system）、衔接（cohesion）与连贯（coherence）在生态维度上进行延伸和细化，是生态语言学研究本土化（localization）的尝试之一，由北京外国语大学的何伟教授及其团队发展。（参见何伟、程铭，2021[1]；何伟、马宸，

---

1 何伟，程铭. 2021. 生态语言学视角下的逻辑关系系统. 解放军外国语学院学报，（3）：51–59，160.

2020a[1], 2020b[2]；何伟、马子杰，2020[3]；何伟、魏榕，2017[4]；张瑞杰、何伟，2018[5]）下面主要介绍及物性系统、逻辑语义系统、语气系统、情态系统、评价系统和主位系统在生态维度的延伸和细化。

就及物性系统而言，主要包括对参与者角色的细化和在生态哲学观（ecosophy）指导下的过程评估。参与者角色在生态维度上划分为生命体参与者和非生命体参与者。生命体参与者进一步划分为人类生命体参与者和非人类生命体参与者（如动植物），同时生命体参与者也可以划分为群体参与者和个体参与者；而非生命体参与者则进一步划分为物理性参与者（涉及地理位置、山川河流等物理因素）和社会性参与者（涉及经济、政治、文化等社会因素）。过程角色在特定生态哲学观的指导下分为有益性过程、中性过程和破坏性过程。

就逻辑语义系统而言，在依赖关系方面增加了逻辑配列顺序（非标记性与标记性）和表征方式（显性与隐性）两个变量，在逻辑语义关系（logico-semantic relationship）方面的扩展（expansion）关系中增加了扩展取向（积极与消极）和缘起（X 本位与 Y 本位，即自然本位和人本位）两个变量，在逻辑语义关系方面的投射（projection）关系中增加了投射者角色（与及物性系统中对参与者角色的细化相同）、投射标记

1 何伟，马宸. 2020a. 生态语言学视角下的衔接与连贯. 北京第二外国语学院学报，（2）：26–45.

2 何伟，马宸. 2020b. 生态语言学视角下的主位系统. 中国外语，（4）：23–32.

3 何伟，马子杰，2020. 生态语言学视角下的评价系统. 外国语，（1）：48–58.

4 何伟，魏榕. 2017. 国际生态话语之及物性分析模式构建. 现代外语，（5）：597–607.

5 张瑞杰，何伟. 2018. 生态语言学视角下的人际意义系统. 外语与外语教学，（2）：99–108，150.

范畴（扩展和压缩，前者进一步分为引发、承认和设距，而后者进一步分为断言和同意）和投射缘起（X 本位与 Y 本位）三个变量。

就语气系统而言，在生态的维度增加了发声体（例如国家机构、主流媒体、舆论平台、个体等），关注发声体的社会地位和社会责任，并与语气类型结合起来衡量语气强度。就情态系统而言，在生态的维度新增判断语篇或话语经验意义的价值，分为生态保护型、生态模糊型和生态破坏型。

就评价系统而言，在态度系统补充了情感缘起（X 本位与 Y 本位，X 和 Y 根据不同的语境（context）有不同的解释，如官场话语中的官本位和民本位，环境话语中的自然本位和人本位，课堂话语中的教本位和学本位等）、判断标准（X 本位与 Y 本位）和鉴赏对象（X 本位和 Y 本位）三个变量，在介入系统补充了介入取向（明确和保留）、介入来源（个人和非个人）和介入内容三个变量，在级差系统补充了级差参考（总体和部分）变量。

就主位系统而言，在生态视角下对主位（Theme）进行了重新识别。根据 Halliday & Matthiessen（2004[1]）的观点，主位是小句展开的起点，可以分为话题主位（topical Theme）、人际主位（interpersonal Theme）和语篇主位（textual Theme）；对小句主位的划分以首个出现的经验成分为标准，可以是参与者（Participant）、过程（Process）或者环境成分（Circumstance），如下例 1– 例 3 所示（下划线代表主位）。但是，何伟团队认为，小句的主位是所关注的话题的出发点，对小句主位的划分以

1 Halliday, M. A. K. & Matthiessen, C. M. I. M. 2004. *An Introduction to Functional Grammar* (3rd ed.). London: Arnold.

首次出现的主要话题主位（即参与者或者过程）为标准，而环境成分是附加性话题主位，只是小句主位的一部分。以例 3 为例，生态维度扩展下的主位划分是：Last night, she drove me home.

例 1　参与者：She drove me home last night.

例 2　过程：Drive me home.

例 3　环境成分：Last night，she drove me home.

与及物性系统中参与者细分相同，主位同样分为有生命参与者和无生命参与者；前者进一步分为人类主位和非人类主位，后者进一步分为包含物理性要素主位和包含社会性要素主位。

虽然生态视角下对系统功能语言学三大元功能（metafunction）的解释有待进一步修正、完善和简练，但是它为生态话语分析（ecological discourse analysis / eco-discourse analysis）提供了"语场导向"（即生态话题为主）的分析手段，是生态话语分析领域研究的有益尝试。

## 增长主义　GROWTHISM

Halliday（1990[1]）批评了英语语言系统中的非生态因素，即不利于生态系统可持续发展的语言因素，认为语言构建了人类意识形态中的两

1　Halliday, M. A. K. 1990. New ways of meaning: The challenge to applied linguistics. *Journal of Applied Linguistics*, (6): 7–16.

大危险——增长主义（growthism）和等级主义（classism）。

狭义来说，增长主义是指追求经济增长，以“增长”替代“发展”，把“增长”等同“发展”。在这样的意识形态指引下，人们为实现经济增长不惜以生态环境为代价。广义来说，增长主义不仅限于经济领域，而是指人们在日常生活中一贯认为多比少好、快比慢好、增长比减少好、扩大比缩小好。因此，我们总是以表示多、长、快、大等词来提问，例如，“How much do you earn?”“How long can you stay with me?”“How fast can you run?”“How large is the museum?”等。这些问题在表达提问者自身对事物或事件的看法的同时，也对受话者提出了期望，希望对方的回答是足够多、足够长、足够快和足够大。因此，增长主义是“一个超意识形态，它可以归结为一个假设，即增长是好的，增长越多越好”（王晋军，2007[1]），它影响了人们关于事物或事件发展规律的看法，使人们只是一味地追求物质在数量上的增多、质量上的提高和规模上的扩大，忽略由此对生态系统带来的破坏性后果。

随着对可持续发展和自然生态系统的关注，越来越多的学者对“增长”故事提出质疑和批判。其中一个突出理念是“增长极限”（Limits to Growth）（Meadows et al.，1972[2]）。增长极限论是利用系统分析手段基于计算机建立起来的模型，展示经济增长面临极限，如果继续保持以往的高速发展会给地球和人类带来毁灭性打击，因此要降低经济增长或者零增长，从而减轻生态系统的负担，保护人类和其他生物赖以生存的自然环境、资源、能源等。要实现这一目标，仅仅依靠科技、政策、法

1 王晋军. 2007. 生态语言学：语言学研究的新视域. 天津外国语学院学报，（1）：53–57.

2 Meadows, D. H., Meadows, D. L., Randers, J. & Behrens III, W. W. 1972. *The Limits to Growth*. New York: Universe Books.

律等措施是不够的，更重要的是致力于推进人的态度和认知的改变。除了增长极限论，另一个突出理念是“稳定状态的经济”（即稳态经济，steady state economy）（Daly，1977[1]）。稳态经济强调，经济的发展是一个物质和能量的配置过程，而非物理规模上的数量增加，其特征是经济流量恒定水平的生态可持续性（ecological sustainability）。这样的经济状态可以摆脱发展所受到的生物物理限制和社会伦理限制。

## 政治性 POLITICS

语言研究中的政治性（politics）并不是指狭义的各个政党、社团、阶级或个人为了达到某种政治目的而产生的特定关系和采取的特定行动，而是广义上的语篇发生（logogenesis）的语境（context）中的各个因素，包含政治的、经济的、社会的、历史的和文化的，与人类的社会实践（social praxis）关联。从这个意义上来说，话语分析［以及生态话语分析（ecological discourse analysis / eco-discourse analysis）］是具有明显价值取向（value-laden）的。

生态话语分析的政治性涉及话语发出者、传播媒介和话语接收者，在特定社会范围内受特定价值观和生态哲学观（ecosophy）的影响。话语发出者之所以会写一段话或者说一段话，是因为想要达到一定的社会

1 Daly, H. E. 1977. *Steady-State Economics: The Economics of Biophysical Equilibrium and Moral Growth*. San Francisco: W. H. Freeman.

目的，想要通过传递某些信息影响话语接收者的认知和行动。例如，环境保护者为了推动野生动物保护事业所写或者所说的话，产品制造和推销商为刺激消费所写或者所说的话，医疗机构为普及医学常识所写或者所说的话。传播媒介是由人或团体运作的，同样有其本身的价值倾向，并以此为根据选择信息传播的内容、重点、对象以及手段。话语接收者可以进一步分为大众接收者和出于特定研究目的的分析者。前者虽然也具有自身的价值取向，会判断话语的是与非，但是这类人受到说话者和传播媒介影响的可能性更大；这也是为什么即使读者或听众具有个体性，但是文学作品、广告、警示语等仍然可以有效地引导或改变其认知。对于具有特定研究目的的话语分析者而言，在信息接收这个过程中更突出的活动是解释和评估[1]，并在此基础上提请大众接收者的注意；这也是话语分析者所要做的事情。从这个意义上来说，大众接收者和有特定研究目的的话语分析者虽然都处于信息接收端，但是他们并不是处于同一个层面。话语分析者在解释和评估话语时，以其价值观和生态哲学观为指导，试图强化、弱化或者改变话语发出者所传递的信息。同时，话语分析者的工作还很有可能对话语发出者产生影响，反作用于话语发出者，使话语发出者对其话语进行反思和改进。下面图 1 和图 2 分别展示了无话语分析者介入和有话语分析者介入的话语信息以及价值观和生态哲学观的传播过程，其中实线箭头代表直接的、较强的影响，而虚线箭头则代表间接的、较弱的影响。

---

1 对话语的分析是一个解释性活动而非简单的说明性活动。解释是在对话语充分理解和分析的基础之上，在特定的价值观的指导下对话语进行解释，并在此基础上进一步做出评估。可以说，解释和评估是分析者在话语分析实践中的两个重要步骤和分析目的。

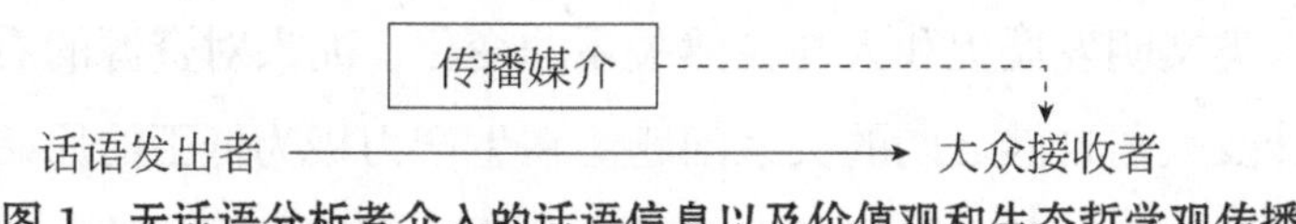


**图 1　无话语分析者介入的话语信息以及价值观和生态哲学观传播**

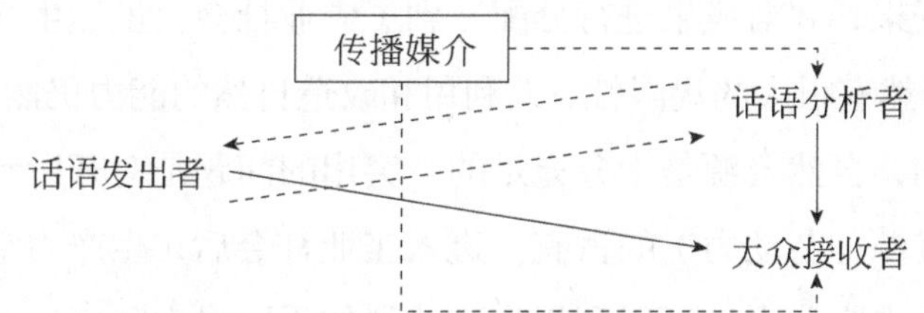


**图 2　有话语分析者介入的话语信息以及价值观和生态哲学观传播**

## 资源无限性　RESOURCE INFINITY

广泛意义上的资源是指某个国家或地区所拥有的自然资源、人力资源、技术资源、信息资源等。这些资源存在于自然界与社会当中，它们的相互依存与协同作用推动了社会与文明的不断发展。狭义的资源可以从三个方面解释：第一，将资源设定为经济学领域的术语；第二，将资源视为增加物质财富的手段；第三，将资源视为无限的。

将资源限定在经济学领域，就出现了以资源对经济发展所产生的影响（即可以为人类开发使用并产生经济价值）为依据所区分的经济资源和非经济资源。资源作为增加物质财富的手段，其存在和开发的意义和价值就是推动经济增长、累积物质财富、提升人们生活水平。

"生态文明"（ecological civilization / eco-civilization）这一概念展

示了人类文明发展史和人与自然关系的变化，而人对资源的看法和态度同样涉及人与自然之间的关系问题。在生产力极为低下的原始社会，人为了维持生存，从自然界获取现成的食物；人们以群体的方式打猎、捕鱼、采摘野果，并对成果进行分配。到了农业社会，虽然生产力有所提高，但是仍然有很大的局限性，人利用和改造自然的能力仍然较为低下。在这一时期，自然资源是十分充足的，突出的问题是对开发利用自然资源的人力资源（劳动力）的占有。进入工业社会后，生产力空前，随着技术资源的丰富，人们可以利用先进的科技手段最大限度地开发利用自然资源。在这一时期，人力资源退出矛盾中心，而对自然资源的占有成为争夺的目标，造成了自然资源的短缺。进入信息社会后，资源更为多元化，信息资源、知识资源、人力资源都成为提高生产力、推动社会发展的重要因素。同时，人们也认识到自然资源短缺对可持续发展带来的影响，认识到资源的有限性和无限性。

资源的有限性特指自然资源的有限性。自然资源，尤其是不可再生资源，是有限的，对其过度开发会造成资源枯竭，从而影响生态系统以及人的可持续发展。资源的无限性可以从两个方面解释。一方面指语言将自然界中的不可再生资源构建为取之不尽、用之不竭的，例如英语中的水（water）、油（oil）等都是由不可数名词表示。（参见 Halliday, 1990[1]）另一方面是指人在不断创新中增加对可再生资源的开发利用，从而推动自然界和人类的永续生存和发展。

---

1 Halliday, M. A. K. 1990. New ways of meaning: The challenge to applied linguistics. *Journal of Applied Linguistics*, (6): 7–16.

# 主位 THEME

“主位”（Theme）与“述位”（Rheme）最早由布拉格学派的奠基者之一、捷克斯洛伐克语言学家 Vilém Mathesius 于 1939 年在《功能句子观》（*Functional Sentence Perspective*[1]）中提出。“主位 + 述位”是小句传递信息的方式。主位是小句信息的起点，而述位是主位发展的内容。

根据 Halliday（1985[2]，1994[3]）的观点，主位可以分为单项主位（simple Theme）和多重主位（multiple Theme）。

单项主位由小句的第一个经验成分实现；该成分可以是参与者（Participant）[ 例 1(a) 和例 1(b) ]、过程（Process）（例 2）或者环境（Circumstance）（例 3）：

例 1(a) [Theme] The hunter [Rheme] is chasing the fox in the forest.

(b) [Theme] The fox [Rheme] is being chased by the hunter in the forest.

例 2 [Theme] Chase [Rheme] the fox in the forest.

1 Mathesius, V. 1939. *Functional Sentence Perspective*. Prague: Academia.

2 Halliday, M. A. K. 1985. *An Introduction to Functional Grammar*. London: Arnold.

3 Halliday, M. A. K. 1994. *An Introduction to Functional Grammar* (2nd ed.). London: Arnold.

例 3 [Theme] In the forest [Rheme] the hunter is chasing the fox.

例 1(a) 的主位是 “a hunter”，小句围绕猎人展开；例 1(b) 的主位是 “a fox”，小句围绕狐狸展开；例 2 的主位是 “chase”，小句围绕动作展开；例 3 的主位是 “in the forest”，小句围绕森林这一场所展开。

多重主位包含了两类或三类主位。判断包含多类主位的小句的主位成分以出现的第一个经验成分（即话题主位，topical Theme）为止（Halliday & Matthiessen，2004[1]），如例 4 包含了人际主位（interpersonal Theme）和话题主位（“probably” + “the fox”）、例 5 包含了语篇主位（textual Theme）和话题主位（“but” + “the fox”），例 6 包含了语篇主位、人际主位和话题主位（“but” + “probably” + “the fox”）。

例 4 [Theme：interpersonal] Probably [Theme：topical] the fox [Rheme] is hiding in the bush.

例 5 [Theme：textual] But [Theme：topical] the fox [Rheme] is hiding in the bush.

例 6 [Theme：textual] But [Theme：interpersonal] probably [Theme：topical] the fox [Rheme] is hiding in the bush.

在超越小句层面的小句复合体中，主位可以由小句实现，被称为句项主位（clausal Theme）。在语篇层面，有作为语篇信息起点的宏观主位（macro-Theme）和作为语篇发展不同阶段的信息起点的超主位

1 Halliday, M. A. K. & Matthiessen, C. M. I. M. 2004. *An Introduction to Functional Grammar* (3rd ed.). London: Arnold.

（hypo-Theme）（Martin，1992[1]）。小句的单项主位和多重主位以及语篇的超主位和宏观主位在不同层面共同展示了语篇的主位选择。

主位推进（thematic progression）是主位在语篇中的发展，体现在前句主位与后句主位、前句述位与后句主位、前句述位与后句述位的关系中。

对主位推进模式有不同的划分。比较典型的有：Daneš（1974[2]）最早提出的主位推进三种基本模式——连续型、线性型和派生型；国内最早引入主位述位理论的徐盛桓（1982[3]）提出的四种模式——平行型、延续型、集中型和交叉型，这一分类也受到朱永生（1995[4]）的认可；黄衍（1985[5]）提出了 7 种模式——平行型、延续型、集中型、交叉型、并列型、派生型和跳跃型。

这里主要介绍五类模式，即平行型（也称主位同一型或放射型）、延续性（也称梯形）、集中型（也称述位同一型）、交叉型和派生型。平行型主位发展模式指主位相同，但述位不同。延续型主位发展模式指前句的述位或者述位的某个成分作为后句的主位。集中型主位发展模式指主位不同，但是述位相同。交叉型主位发展模式指前句的主位成为后句的述位。派生型主位发展模式指后面各句的主位均由第一句的述位衍生而来。

---

1 Martin, J. R. 1992. *English Text: System and Structure*. Amsterdam: John Benjamins.

2 Daneš, F. 1974. Functional sentence perspective and the organization of the text. In F. Daneš (Ed.), *Papers in Functional Sentence Perspective*. Prague: Academia, 106–128.

3 徐盛桓. 1982. 主位和述位. 外语教学与研究，（1）: 1–9.

4 朱永生. 1995. 主位推进模式与语篇分析. 外语教学与研究，（3）: 7–8.

5 黄衍. 1985. 试论英语主位和述位. 外国语，（5）: 34–38，20.

在探索语篇发展时，首先要关注不同层面的主位选择，此外还可以探索主位在语篇中的发展模式。下面以一个短文为例，展示主位选择和主位发展模式如何传递语篇的信息。为了便于分析，此处对每个小句都进行了编号。

例 7 [1] Fox hunting is a sport that involves a person tracking, chasing and oftentimes killing a fox. [2] The hunter may choose to track the fox with hound dogs, [3] who are trained specifically for this purpose. [4] Foxes are hunted either for the sport of it, or for their pelts, [5] which are prized by many people [6] because they are soft and luxurious.[1]

以小句为单位，例 7 的主位选择如下表所示。

**例 7 的主位选择**

| 句 | 主位 | 主位类型 | 经验角色 |
|---|---|---|---|
| [1] | Fox hunting | 话题主位 | 被识别者（Identified）/标记（Token） |
| [2] | The hunter | 话题主位 | 动作者（Actor） |
| [3] | who (hound dogs) | 语篇主位 + 话题主位 | 目标（Goal）：被动 |
| [4] | Foxes | 话题主位 | 目标：被动 |
| [5] | which (their pelts) | 语篇主位 + 话题主位 | 载体（Carrier） |
| [6] | because they (their pelts) | 语篇主位 + 话题主位 | 载体 |

上表展示了例 7 的主位及其类型，并进一步展示了话题主位在经验构建中的角色，以便更好地呈现主位的功能。第一，例 7 的主位中有一

1 来自 InfoBloom 网站，溯于 2021 年 8 月 15 日。

半是多重主位，均为“语篇主位 + 话题主位”，其中，语篇主位实现推动语篇衔接的功能。第二，例 7 的主位全部与猎狐这一行动有着直接关联，包括猎狐本身这一活动（句 [1]）、猎狐行动的捕猎者（句 [2]）、猎狐行动的辅助者（句 [3]）以及猎狐行动的对象（句 [4]、句 [5] 和句 [6]），这些主位形成一个直观的、集中的语义场所，突出语篇的主题。第三，例 7 出现了两个被动语态（句 [3] 和句 [4]），将与猎狐相关的成分作为小句的起点，使小句的话题始终围绕猎狐展开。

下图展示了例 7 的主位发展模式。由图可见，例 7 采用了延续型模式（从 R1 到 T2，从 R4 到 T5）、派生型模式（从 R2 到 T3 和 T4）和平行型模式（从 T5 到 T6）。所有的主位选择环环相扣，或者与前一个小句的主位关联，或者与前一个小句的述位关联，紧密围绕猎狐行动展开。

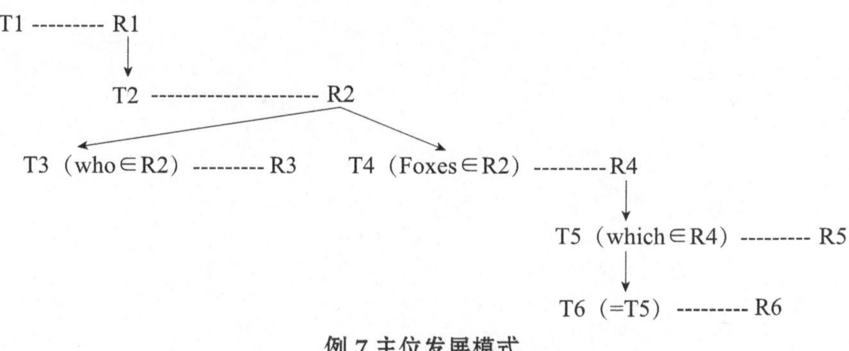


**例 7 主位发展模式**

例 7 选自 InfoBloom 网站。网站将其功能描述为：回答不同年龄、不同背景、对不同领域感兴趣的数百万的读者的常见问题。简单来说，该网站的功能就是回答类似“什么是 X?”的问题，面向的读者较为广泛。例 7 回答的是“什么是猎狐?”这一问题，相应地，它所提供的答案就围绕猎狐的定义、过程、参与者、环境等展开，以知识普及或疑问解答的形式向读者传递信息。

从语篇组织来看，例 7 直接地展现了各小句之间的密切关联。从信息传递来看，例 7 以科普的方式向读者传递猎狐相关知识，可以视为生态度（ecological degree）居中的语篇。这是因为，它一方面使读者了解什么是猎狐，另一方面可能鼓励猎狐行动，产生消极的生态影响。

# 附 录

## 英—汉术语对照

absence 缺省

absent or second-order resources 第二秩序（或非在场的）资源

abstraction 抽象化

Actor 动作者

Affected Participant 受动者

affordance 给养

Agentive Participant 施动者

alternative discourse 替代性话语

ambivalent discourse 中性话语

a naturalized language science 自然语言科学

a naturalized language view 自然语言观

Animal Liberation Theory 动物解放论

Animal Rights Theory 动物权力论

Animal Welfare Theory 动物福利论

Anthropocene 人类世

anthropocentricreformism 人类中心改革主义

appliable linguistics 适用语言学

applied linguistics 应用语言学

appraisal system 评价系统

a unified ecological language science 统一的生态语言科学

backgrounding 背景化

Behaver 行为者

behavioural process 行为过程

beneficial discourse 有益性话语

bilingualism 双语能力

bio-ecological awareness 生物生态意识

bio-ecology 生物生态；生物生态学

bio-environment 生物环境

Biocentric Egalitarianism 生命中心平等主义

biocentrism 生命中心主义

biodiversity 生物多样性

Bioethics 生命伦理学

biological systems 生物系统

care 关怀

Circumstance 环境

classism 等级主义

clausal Theme 句项主位

co-operation 合作

cognitive ecology 认知生态

cognitive environment 认知环境

cohesion 衔接

cohesive device 衔接手段

competitive exclusive principle 竞争排斥原理

conceptual metaphor 概念隐喻

congruent grammar 一致语法

consonant grammar 协和语法

constructive postmodernism 建设性后现代主义

consumerism 消费主义

context of co-text 上下文语境

context of culture 文化语境

context of situation 情景语境

context 语境

counter discourse 反面话语

Creole 克里奥尔语

critical discourse analysis, CDA 批评话语分析

critical linguistics 批评语言学

cross-disciplinary 交叉学科

cultural colonization 文化殖民

culture diversity 文化多样性

declarative 陈述

deep adaptation 深度适应

Deep Ecology 深层生态学

democratic dialogue 民主对话

deontic modality 道义情态

destructive discourse 破坏性话语

dialectical ecolinguistics 辩证生态语言学

dialectical linguistics 辩证语言学

dialogue model 对话模型

dichotomy of environment 环境两分法

distributed language 分布式语言观

two-layered analytical framework 双层分析框架

dualism 二元论

eco-civilization education 生态文明教育

eco-critical discourse analysis 生态批评话语分析

eco-discourse continuum 生态话语连续统

eco-literacy 生态素养

eco-person 生态人

ecocentrism 生态中心主义

ecolinguistics 生态语言学

ecological civilization / eco-civilization 生态文明

ecological degree of discourse 话语生态度

ecological discourse analysis / eco-discourse analysis 生态话语分析

ecological education 生态教育

ecological ethics 生态伦理

ecofeminism 生态女性主义

ecologicalization 生态学化

ecological linguistics 生态的语言学

Ecological Marxism 生态马克思主义

ecological modernization 生态现代化

ecological niche 生态位

ecological postmodernism 生态后现代主义

ecological sustainability 生态可持续性

ecologism 生态主义

ecology 生态；生态学

ecosophy 生态哲学观

ecosystemic linguistics 生态系统语言学

ecosystem 生态系统

endo-ecology 内型生态

environmental (communication) rhetoric 环境（传播）修辞

environmental connectedness 环境关联

environmentalism 环境主义

environmental limits 环境极限

environmental problem solving 环境问题解决

environment 环境

epistemic modality 认知情态

equality in every sphere of daily life 日常生活各领域的平等

equilibrium 平衡

erasure pattern 删略模式

erasure 删略

ergative analysis 作格分析

exclusion 排除

existential process 存在过程

Existent 存在物

exo-ecology 外型生态

expansion 扩展

experiential metafunction 经验元功能

Extended Ecology Hypothesis 扩展生态假说

extrinsic functionality 外在功能

factual judgment 事实判断

false information 虚假信息

feminism 女权主义

field of discourse 语场

first-order activity 第一秩序活动

first-order bodily activity 第一秩序身体活动

first-order languaging 第一秩序言语行为

Firthian 弗斯学派

frame chaining 框架链

frame displacement 框架位移

frame modification 框架改造

frame 框架

framing 构架

fundamental ecology 基础生态学

Gaiacene 盖亚世

Gaia Hypothesis 盖亚假说

gender stereotype 性别刻板印象，性别定型

general linguistics 普通语言学

generative grammar 生成语法

Goal 目标

green grammar 绿色语法

greening 绿化

green movement 绿色运动

green radicalism 绿色激进主义

greenspeak 绿色语言

greenwash 漂绿

growthism 增长主义

harmonious discourse analysis 和谐话语分析

harmony 和谐

hypo-Theme 超主位

ideational meaning 概念意义

ideational metaphor 概念隐喻

identity 身份

ideo-environment 思想 / 意识形态环境

ideology 意识形态

imperative 祈使

incongruent grammar 非一致式语法

indeterminacy 不确定性

information system 信息系统

information 信息

institutional ecolinguistics 机构生态语言学

inter-disciplinary 跨学科

inter-language ecology 语间生态

International Ecolinguistics Association, IEA 国际生态语言学学会

interpersonal meaning 人际意义

intrinsic functionality 内在功能

Land Ethic 大地伦理

Language-World-System 语言世界系统

language contact 语言接触

language death 语言灭绝

language diversity 语言多样性

language ecology 语言生态学

language endangerment 语言濒危

language evolution 语言进化

language function 语言功能

language hegemony 语言霸权

language planning 语言规划

language policy 语言政策

language potential 语言潜势

languaging 言语行为

lexicogrammar 词汇语法

Limits to Growth 增长极限

linguistic ecology 语言生态

linguistic ecosystem 语言生态系统

linguistic imperialism 语言帝国主义

linguistics applied 语言学应用

linguistics 语言学

Living 生活

localization 本土化

logical metafunction 逻辑元功能

logico-semantic relationship 逻辑语义关系

logico-semantic system 逻辑语义系统

logogenesis 语篇发生

macro-ecolinguistics 宏观生态语言学

macro-Theme 宏观主位

mask 面具

material process 物质过程

meaning potential 意义潜势

mental environment 心理环境

mental process 心理过程

metafunction 元功能

metaphorical environment 隐喻环境

metaphorical grammar 隐喻式语法

metaphor 隐喻

metaredundancy 元冗余

micro-ecolinguistics 微观生态语言学

modality system 情态系统

modality 情态

mode of discourse 语式，话语模式

modern anthropocentrism 现代人类中心主义

mode 模态

mood system 语气系统

mood 语气

multilingualism 多语能力

multiple Theme 多重主位

mysticism 神秘主义

myth 神话

narrative 叙事

natural ecology 自然生态

natural environment 自然环境

Natural Value Theory 自然价值理论

Neo-Firthian 新弗斯学派

new ecology 广义生态学

niche breadth 生态位宽度

niche overlap 生态位重叠

nominalization 名物化

non-anthropocentrism 非人类中心主义

non-metaphorical environment 非隐喻环境

now and the future 现在和未来

interpersonal Theme 人际主位

ontogenesis 个体发生

ontological epiphenomenalism 本体副现象论

ontological essentialism 本体本质主义

ontological metaphor 本体隐喻

orientational metaphor 方位隐喻

pan ecology 泛义生态学

paradigm 范式

paralanguage 副语言

Participant 参与者

particular linguistics 个别语言学

peace and non-violence 和平与非暴力

phenomenological 现象学的

Phenomenon 现象

phonetics 语音

phonology 音系

phylogenesis 种系发生

physical systems 物理系统

Pidgin 洋泾浜语，皮钦语

poetic activism 诗歌行动主义

politics 政治性

positive approach to eco-discourse analysis 生态话语分析积极路径

positive discourse analysis, PDA 积极话语分析

potential 潜势

pragmatic adequacy 语用充分

pragmo-ecological grammar 语用生态语法

problem-oriented 问题导向

Process 过程

progress 进步主义

projection 投射

Promethean 普罗米修斯主义者

quadchotomy of environment 环境四分法

racism 种族主义

radical ecolinguistics 根性生态语言学

re-minding 提醒

reframing 重构

register 语域

relational process 关系过程

religionism 宗教主义

resilience 恢复

resource infinity 资源无限性

Rheme 述位

salience pattern 凸显模式

salience 凸显

Sapir-Whorf Hypothesis 萨丕尔－沃尔夫假说

Sayer 说话人

second-order cultural construct 第二秩序文化构建

second-order language 第二秩序语言

Self-realization 自我实现

semantic adequacy 语义充分

semantic matrix 语义矩阵

semantics 语义

semiotic systems 意义系统

semogenesis 语义生成

Senser 感受者

sexism 性别主义

shallow ecology 浅层生态学

sharing 分享

simple Theme 单项主位

social environment 社会环境

social justice 社会公平

social praxis 社会实践

social systems 社会系统

socio-ecological sustainability 社会生态可持续性

socio-ecological system 社会生态系统

sociocultural ecology 社会文化生态

sociocultural environment 社会文化环境

spatial niche 空间生态位

speciesism 物种主义

speech community 言语社区

steady state economy 稳态经济

story 故事

stratificational grammar 层次语法

strong anthropocentrism 强人类中心主义

structural metaphor 结构隐喻

structure 结构

suppression 压制

survivalism 生存主义

sustainability 可持续性

symbolic ecology 符号生态

symbolic environment 符号环境

systemic ecolinguistics 系统生态语言学

systemic functional grammar, SFG 系统功能语法

systemic functional linguistics, SFL 系统功能语言学

Systems Theory 系统论

system 系统

tagmemics 法位学

tenor of discourse 语旨

Terralingua 地球语言组织；语界

textual meaning 语篇意义

textual Theme 语篇主位

the Adelaide Group 阿德莱德团队

the assumption of human-orientedness 以人为本假定

the Bielefeld School 比勒菲尔德学派

the congruent form 一致式

the discursive turn 话语转向

the ecological dimension of metafunctions 元功能生态维度

the ecological turn 生态转向

the ecology of language 语言生态

the Graz Group 格拉茨团队

the Hallidayan approach 韩礼德模式

the Haugenian approach 豪根模式

the lexicogrammatical stratum 词汇语法层

the linguistic turn 语言转向

the Marxist linguistic view 马克思主义语言学观

thematic progression 主位推进

thematic system 主位系统

the metaphorical approach 隐喻模式

the metaphorical form 隐喻式

Theme 主位

the multistratal analysis framework 多层分析模式

the myth of human centrality 人类中心性神话

the myth of our separation from nature 人与自然分离神话

the myth of progress 进步神话

the non-metaphorical approach 非隐喻模式

the Odense Group 欧登塞团队

theoretical linguistics 理论语言学

the phonetic stratum 语音层

the phonological stratum 音系层

the politics of the Earth 地球政治

the politics of the environment 环境政治

the principle of conscience 良知原则

the principle of proximity 亲近原则

the principle of regulation 制约原则

the semantic stratum 语义层

the story of anthropocentrism 人类中心主义故事

the story of economism 经济主义故事

the story of individualism 个人主义故事

the story of progress 进步主义故事

the stratum of content 内容层

the stratum of expression 表达层

Thing 事物

three types of eco-discourse 生态话语三分类型

topical Theme 话题主位

trace 痕迹

Traditional Ecological Knowledge, TEK 传统生态知识

trans-disciplinary 超学科

transformational-generative grammar, TGG 转换生成语法

transitivity system 及物性系统

transitivity 及物性

translanguage 超语言

trichotomy of environment 环境三分法

triple model of reference 指称三分模型

true information 真实信息

typology of evolving systems 进化系统类型说

value-laden 价值取向

value judgment 价值判断

valuing living 重视生活

verbal process 言语过程

Verbiage 话语内容

void 空白

weak anthropocentrison 弱人类中心主义

wellbeing 福祉

# 汉—英术语对照

阿德莱德团队 the Adelaide Group

背景化 backgrounding

本体本质主义 ontological essentialism

本体副现象论 ontological epiphenomenalism

本体隐喻 ontological metaphor

本土化 localization

比勒菲尔德学派 the Bielefeld School

辩证生态语言学 dialectical ecolinguistics

辩证语言学 dialectical linguistics

表达层 the stratum of expression

不确定性 indeterminacy

参与者 Participant

层次语法 stratificational grammar

超学科 trans-disciplinary

超语言 translanguage

超主位 hypo-Theme

陈述句 declarative

抽象化 abstraction

词汇语法 lexicogrammar

词汇语法层 the lexicogrammatical stratum

存在过程 existential process

存在物 Existent

大地伦理 Land Ethic

单项主位 simple Theme

道义情态 deontic modality

等级主义 classism

地球语言组织；语界 Terralingua

地球政治 the politics of the Earth

第二秩序（或非在场的）资源 absent or second-order resources

第二秩序文化构建 second-order cultural construct

第二秩序语言 second-order language

第一秩序活动 first-order activity

第一秩序身体活动 first-order bodily activity

第一秩序言语行为 first-order languaging

动物福利论 Animal Welfare Theory

动物解放论 Animal Liberation Theory

动物权力论 Animal Rights Theory

动作者 Actor

对话模型 dialogue model

多层分析模式 the multistratal analysis framework

多语能力 multilingualism

多重主位 multiple Theme

二元论 dualism

法位学 tagmemics

反面话语 counter discourse

泛义生态学 pan ecology

范式 paradigm

方位隐喻 orientational metaphor

非人类中心主义 non-anthropocentrism

非一致式语法 incongruent grammar

非隐喻环境 non-metaphorical environment

非隐喻模式 the non-metaphorical approach

分布式语言观 distributed language

分享 sharing

弗斯学派 Firthian

符号环境 symbolic environment

符号生态 symbolic ecology

福祉 wellbeing

副语言 paralanguage

盖亚假说 Gaia Hypothesis

盖亚世 Gaiacene

概念意义 ideational meaning

概念隐喻 conceptual metaphor; ideational metaphor

感受者 Senser

格拉茨团队 the Graz Group

个别语言学 particular linguistics

个人主义故事 the story of individualism

个体发生 ontogenesis

给养 affordance

根性生态语言学 radical ecolinguistics

构架 framing

故事 story

关怀 care

关系过程 relational process

广义生态学 new ecology

国际生态语言学学会 International Ecolinguistics Association, IEA

过程 Process

韩礼德模式 the Hallidayan approach

豪根模式 the Haugenian approach

合作 co-operation

和平与非暴力 peace and non-violence

和谐 harmony

和谐话语分析 harmonious discourse analysis

痕迹 trace

宏观生态语言学 macro-ecolinguistics

宏观主位 macro-Theme

话题主位 topical Theme

话语内容 Verbiage

话语生态度 ecological degree of discourse

话语转向 the discursive turn

环境 Circumstance

环境 environment

环境（传播）修辞 environmental (communication) rhetoric

环境关联 environmental connectedness

环境极限 environmental limits

环境两分法 dichotomy of environment

环境三分法 trichotomy of environment

环境四分法 quadchotomy of environment

环境问题解决 environmental problem solving

环境政治 the politics of the environment

环境主义 environmentalism

恢复 resilience

机构生态语言学 institutional ecolinguistics

积极话语分析 positive discourse analysis, PDA

基础生态学 fundamental ecology

及物性 transitivity

及物性系统 transitivity system

建设性后现代主义 constructive postmodernism

交叉学科 cross-disciplinary

结构 structure

结构隐喻 structural metaphor

进步神话 the myth of progress

进步主义 progress

进步主义故事 the story of progress

进化系统类型说 typology of evolving systems

经济主义故事 the story of economism

经验元功能 experiential metafunction

竞争排斥原理 competitive exclusive principle

句项主位 clausal Theme

可持续性 sustainability

克里奥尔语 Creole

空白 void

空间生态位 spatial niche

跨学科 inter-disciplinary

框架 frame

框架改造 frame modification

框架链 frame chaining

框架位移 frame displacement

扩展 expansion

扩展生态假说 Extended Ecology Hypothesis

理论语言学 theoretical linguistics

良知原则 the principle of conscience

绿化 greening

绿色激进主义 green radicalism

绿色语法 green grammar

绿色语言 greenspeak

绿色运动 green movement

逻辑语义关系 logico-semantic relationship

逻辑语义系统 logico-semantic system

逻辑元功能 logical metafunction

马克思主义语言学观 the Marxist linguistic view

面具 mask

民主对话 democratic dialogue

名物化 nominalization

模态 mode

目标 Goal

内容层 the stratum of content

内型生态 endo-ecology

内在功能 intrinsic functionality

女权主义 feminism

欧登塞团队 the Odense Group

排除 exclusion

批评话语分析 critical discourse analysis, CDA

批评语言学 critical linguistics

漂绿 greenwash

平衡 equilibrium

评价系统 appraisal system

破坏性话语 destructive discourse

普罗米修斯主义者 Promethean

普通语言学 general linguistics

祈使句 imperative

潜势 potential

浅层生态学 shallow ecology

强人类中心主义 strong anthropocentrism

亲近原则 the principle of proximity

情景语境 context of situation

情态 modality

情态系统 modality system

缺省 absence

人际意义 interpersonal meaning

人际主位 nterpersonal Theme

人类世 Anthropocene

人类中心改革主义 anthropocentricre-formism

人类中心性神话 the myth of human centrality

人类中心主义故事 the story of anthropocentrism

人与自然分离神话 the myth of our separation from nature

认知环境 cognitive environment

认知情态 epistemic modality

认知生态 cognitive ecology

日常生活各领域的平等 equality in every sphere of daily life

弱人类中心主义 weak anthropocentrison

萨丕尔－沃尔夫假说 Sapir-Whorf Hypothesis

删略 erasure

删略模式 erasure pattern

上下文语境 context of co-text

社会公平 social justice

社会环境 social environment

社会生态可持续性 socio-ecological sustainability

社会生态系统 socio-ecological system

社会实践 social praxis

社会文化环境 sociocultural environment

社会文化生态 sociocultural ecology

社会系统 social systems

身份 identity

深层生态学 Deep Ecology

深度适应 deep adaptation

神话 myth

神秘主义 mysticism

生成语法 generative grammar

生存主义 survivalism

生活 Living

生命伦理学 Bioethics

生命中心平等主义 Biocentric Egalitarianism

生态的语言学 ecological linguistics

生态后现代主义 ecological postmodernism

生态话语分析 ecological discourse analysis / eco-discourse analysis

生态话语分析积极路径 positive approach to eco-discourse analysis

生态话语连续统 eco-discourse continuum

生态话语三分类型 three types of eco-discourse

生态教育 ecological education

生态可持续性 ecological sustainability

生态伦理 ecological ethics

生态马克思主义 Ecological Marxism

生态女性主义 ecofeminism

生态批评话语分析 eco-critical discourse analysis

生态人 eco-person

生态；生态学 ecology

生态素养 eco-literacy

生态位 ecological niche

生态位宽度 niche breadth

生态位重叠 niche overlap

生态文明 ecological civilization / eco-civilization

生态文明教育 eco-civilization education

生态系统 ecosystem

生态系统语言学 ecosystemic linguistics

生态现代化 ecological modernization

生态学化 ecologicalization

生态语言学 ecolinguistics

生态哲学观 ecosophy

生态中心论 ecocentrism

生态主义 ecologism

生态转向 the ecological turn

生物多样性 biodiversity

生物环境 bio-environment

生物生态；生物生态学 bio-ecology

生物生态意识 bio-ecological awareness

生物系统 biological systems

生命中心主义 biocentrism

诗歌行动主义 poetic activism

施动者 Agentive Participant

事实判断 factual judgment

事物 Thing

适用语言学 appliable linguistics

受动者 Affected Participant

述位 Rheme

双层分析框架 two-layered analytical framework

双语能力 bilingualism

说话人 Sayer

思想 / 意识形态环境 ideo-environment

提醒 re-minding

替代性话语 alternative discourse

统一的生态语言科学 a unified ecological language science

投射 projection

凸显 salience

凸显模式 salience pattern

外型生态 exo-ecology

外在功能 extrinsic functionality

微观生态语言学 micro-ecolinguistics

文化多样性 culture diversity

文化语境 context of culture

文化殖民 cultural colonization

稳态经济 steady state economy

问题导向 problem-oriented

物理系统 physical systems

物质过程 material process

物种主义 speciesism

系统 system

系统功能语法 systemic functional grammar, SFG

系统功能语言学 systemic functional linguistics, SFL

系统论 Systems Theory

系统生态语言学 systemic ecolinguistics

衔接 cohesion

衔接手段 cohesive device

现代人类中心主义 modern anthropocentrism

现象 Phenomenon

现象学的 phenomenological

现在和未来 now and the future

消费主义 consumerism

协和语法 consonant grammar

心理过程 mental process

心理环境 mental environment

新弗斯学派 Neo-Firthian

信息系统 information system

行为过程 behavioural process

行为者 Behaver

性别刻板印象，性别定型 gender stereotype

性别主义 sexism

虚假信息 false information

叙事 narrative

压制 suppression

言语过程 verbal process

言语社区 speech community

言语行为 languaging

洋泾浜语，皮钦语 Pidgin

一致式 the congruent form

一致语法 congruent grammar

意识形态 ideology

意义潜势 meaning potential

意义系统 semiotic systems

音系 phonology

音系层 the phonological stratum

隐喻 metaphor

隐喻环境 metaphorical environment

隐喻模式 the metaphorical approach

隐喻式 the metaphorical form

隐喻式语法 metaphorical grammar

应用语言学 applied linguistics

有益性话语 beneficial discourse

语场 field of discourse

语间生态 inter-language ecology

语境 context

语篇发生 logogenesis

语篇意义 textual meaning

语篇主位 textual Theme

语气 mood

语气系统 mood system

语式，话语模式 context of mode

语言霸权 language hegemony

语言濒危 language endangerment

语言帝国主义 linguistic imperialism

语言多样性 language diversity

语言功能 language function

语言规划 language planning

语言接触 language contact

语言进化 language evolution

语言灭绝 language death

语言潜势 language potential

语言生态 linguistic ecology; the ecology of language

语言生态系统 linguistic ecosystem

语言生态学 language ecology

语言世界系统 Language-World-System

语言学 linguistics

语言学应用 linguistics applied

语言政策 language policy

语言转向 the linguistic turn

语义 semantics

语义层 the semantic stratum

语义充分 semantic adequacy

语义矩阵 semantic matrix

语义生成 semogenesis

语音 phonetics

语音层 the phonetic stratum

语用充分 pragmatic adequacy

语用生态语法 pragmo-ecological grammar

语域 register

语旨 tenor of discourse

元功能 metafunction

元功能生态维度 the ecological dimension of metafunctions

元冗余 metaredundancy

增长极限 Limits to Growth

增长主义 growthism

真实信息 true information

政治性 politics

指称三分模型 triple model of reference

制约原则 the principle of regulation

中性话语 ambivalent discourse

种系发生 phylogenesis

种族主义 racism

重构 reframing

重视生活 valuing living

主位 Theme

主位推进 thematic progression

主位系统 thematic system

转换生成语法 transformational-generative grammar, TGG

资源无限性 resource infinity

自然环境 natural environment

自然价值理论 Natural Value Theory

自然生态 natural ecology

自然语言观 a naturalized language view

自然语言科学 a naturalized language science

自我实现 Self-realization

宗教主义 religionism